ullstein

Das Buch

Schonungslos seziert Joan Didion den Mythos des American Dream, ein Traum, der auch im Scheitern nichts von seiner Faszinationskraft eingebüßt hat. Der vorliegende Essayband versammelt einige ihrer besten Texte, darunter Auszüge aus *Stunde der Bestie* und *Das weiße Album*, die 1968 und 1979 in den USA erschienen sind und zu Klassikern wurden. Antje Rávik Strubel hat sie neu übersetzt und mit einem Vorwort versehen.

Die Autorin

Joan Didion, geboren 1934 in Sacramento, Kalifornien, arbeitete als Journalistin für große amerikanische Zeitungen und war Mitherausgeberin der *Vogue*. Heute gilt sie als eine der wichtigsten Stimmen der amerikanischen Literatur, die mit ihren fünf Romanen und zahlreichen Essaybänden das intellektuelle Leben der USA im 20. Jahrhundert entscheidend prägte.

Die Übersetzerin

Antje Rávik Strubel lebt und arbeitet als Schriftstellerin und Übersetzerin in Potsdam. Zuletzt erschienen von ihr *In den Wäldern des menschlichen Herzens* sowie Übersetzungen der Werke von Karolina Ramqvist und Lucia Berlin.

In unserem Hause sind von Joan Didion bereits erschienen:

Blaue Stunden · Das Jahr magischen Denkens ·
Im Land Gottes · Menschen am Fluss ·
Wir erzählen uns Geschichten, um zu leben ·
Sentimentale Reisen · Süden und Westen ·
Woher ich kam · Das Letzte, was er wollte

Joan Didion

Wir erzählen uns Geschichten, um zu leben

Aus dem Amerikanischen übersetzt
und mit einem Vorwort versehen
von Antje Rávik Strubel

Ullstein

Besuchen Sie uns im Internet:
www.ullstein.de

Wir verpflichten uns zu Nachhaltigkeit
- Klimaneutrales Produkt
- Papiere aus nachhaltiger Waldwirtschaft
- ullstein.de/nachhaltigkeit

MIX
Papier
FSC FSC® C083411

Neuausgabe im Ullstein Taschenbuch
1. Auflage Juni 2021

Die Originaltexte erschienen in den beiden Bänden
The White Album (1979 im Verlag Simon & Schuster) und
Slouching Towards Betlehem (1968 im Verlag Farras, Strauß und Giroux).
Umschlaggestaltung: Sabine Wimmer, Berlin
Titelabbildung: © Brigitte Lacombe
Satz: LVD GmbH, Berlin
Gesetzt aus der Bodoni Book
Druck und Bindearbeiten: CPI books GmbH, Leck
ISBN 978-3-548-06591-5

Inhalt

Eins

Zwei

Vorwort

Von Antje Rávik Strubel

Es ist bemerkenswert: Seit Joan Didion mit Anfang der achtziger Jahre auch in Deutschland gelesen werden kann, wird sie von der öffentlichen Aufmerksamkeit immer nur gestreift. Ihre Bücher tauchten in deutscher Übersetzung zwar auf, aber sie verschwanden auch rasch wieder. In wechselnden Verlagen wurden sie erneut aufgelegt und waren abermals schnell vergriffen. Gelegentlich blitzte das scharfe Denken Didions auch in unsere geistige Landschaft und ebenso gelegentlich traf man den einen oder den anderen aus jener ausgesuchten Gruppe an Verehrern wieder, die Didion seit dem Beginn ihrer Karriere als Schriftstellerin und Essayistin treu sind und die für sie glühen. Sie blieb ein Geheimtip. Als ich während des Übersetzens ahnungslosen Freunden Didions Essays zu lesen gab, brachten sie mir die Texte mit einem verschwörerischen Lächeln zurück, als hätten sie etwas Außergewöhnliches erfahren und seien jetzt aufgenommen in den exklusiven Kreis der Erhellten.

Didions großes, persönliches Trauerbuch *Das Jahr magischen Denkens* von 2006, in dem sie ihren tiefen Schmerz über den plötzlichen Verlust ihres Mannes John Gregory Dunne bis an die Grenzen des Denkvermögens auslotet, hat sie zwar am Ende doch noch auf eine deutsche Bestsellerliste gebracht. Aber die Didion, die sich mit den Essays des vorliegenden Buches in den sechziger und Anfang der siebziger Jahre des letzten Jahrhunderts als scharfsichtige, gesellschaftskritische Stimme in die Weltöffentlichkeit und in die amerikanische Denker-Elite schrieb, ist in

Deutschland bestenfalls einem kleinen Kreis bekannt. Das Renommee einer Susan Sontag hat Joan Didion hierzulande nie erreicht. Das mag daran liegen, daß ihren Texten die Schlagkraft des Eindeutigen fehlt. Es mag daran liegen, daß Didion keine fixen Antworten hat, keine ehernen Meinungen vertritt, die medial verwertbar wären, daß sie eben keine moralische, sondern eine analytische Denkerin ist und sich selten persönlich in der Öffentlichkeit äußert. Vielleicht liegt es auch daran, daß es offenbar noch immer schwierig ist, sich vorzustellen, auf dem Terrain der gesellschaftlichen Debatten könne es mehr als eine große, brillante Denkerin geben, obwohl sich viele mittelgroße Männer da ganz unbeschwert gemeinsam tummeln.

Vielleicht aber hat die mangelnde Prominenz dieses Denkens noch einen ganz anderen Grund; man möchte das private Leseglück nicht durch öffentliche Anpreisungen verwässern, die sich notwendigerweise unter das Niveau des Gepriesenen begäben.

Wann immer ich auf Lesungen über Joan Didion spreche und dann in meistens ratlose Gesichter im Publikum sehe, würde ich gern das Podium verlassen, nach draußen gehen, auf den Horizont zu und mich mit nichts mehr beschäftigen als den Gezeiten.

Wann immer mir jemand fragend entgegenblickt, weil der Name dieser Autorin ihm fremd ist und ich den Namen buchstabiere, als sei sie eine Debütantin und nicht schon lange eine der großen Zeitgeister, der überragenden Köpfe der amerikanischen Kultur- und Literaturgeschichte, wann immer ich daran denke, daß ich selbst vor wenigen Jahren mit dem Namen Didion noch nichts habe verbinden können, fällt mir ein, was sie in einem Interview zum Schreiben ihrer Essays sagte: »Man ist verpflichtet, Dinge zu tun, die man für sinnlos hält. Es ist wie leben.«

Das nimmt der Enttäuschung über die ungerechte Verteilung der Aufmerksamkeit sofort die Schwere. Was sie da sagte, könnte von der Sorge um Bekanntheitsgrad und Ruhm nicht ferner sein und trifft vielleicht am genauesten den Kern der seltsamen Verschwiegenheit: Im Angesicht der eigenen Vergänglichkeit ist das Schreiben am Ende so vergeblich wie alles andere auch. – Hier wird eine Erinnerung ans Wesentliche ausgesprochen, für die unsere Zeit nicht besonders gut gemacht scheint, aber vielleicht ist keine Zeit dafür gemacht.

Die, die Didion lesen und nicht mehr loskommen von ihrer schwindelerregend nüchternen Klarsicht, sind fasziniert von der doppelten Bewegung in ihren Texten: Die Essays machen den Gedanken der Vergänglichkeit, den sie aufwerfen, gleichzeitig erträglich; es kann Beruhigung, sogar Komik darin liegen, die Dinge von ihrem Ende her zu betrachten. Und sie zeigen, wie angesichts einer letztlichen Sinnlosigkeit gerade die Offenlegung eines unsauberen Denkens zur moralischen Pflicht wird.

Was Didion im Visier hat, sind unsere sprachlichen Rettungsversuche, sind die Illusionen, die hohlen Idealisierungen, die Lügen, die verlogene Moral, die bürokratischen und medialen Verrenkungen, die politischen und sozialen Euphemismen, mit denen wir uns einreden, unser Leben folge einem höheren Plan, strebe auf Ruhm und Glück zu, unterliege einer Gesetzmäßigkeit, ergäbe Sinn.

Didion interessiert, wie sich unsere Sprache in unterschiedlichen historischen Phasen den gesellschaftlichen Zweckmäßigkeiten anschmiegt, wie sie ge- und mißbraucht wird und wie sich das, wofür sie gebraucht wird, durch die Sprache verändert. Sie legt den Selbst- und den Fremdbetrug in unseren Reden bloß, sie macht die pädagogischen Versuche, die psychologischen Kniffe und all die eitlen Tricks sichtbar, die die grundsätzliche Unzulänglichkeit des menschlichen Daseins kaschieren helfen, und sie zeigt, wie daraus Geschichten entstehen, die wir nötig haben, um zu leben. Diese Geschichten ändern sich laufend. Wir färben sie unserer Situation, unserem Glauben, unserer Weltauffassung entsprechend ein. Ihre wesentliche Funktion ist jedoch von jener zeitlosen Gültigkeit, wie sie Didion ansonsten nur noch den Abläufen der Geologie zubilligt, der Unausweichlichkeit, mit der sich Erdbeben ereignen, tektonische Platten verschieben, Berge erodieren. Wir brauchen diese Geschichten als fabelhaftes, buntbebildertes Vergessen des uns bedrängenden Wissens: In diesem Leben sind wir von Anfang an tot.

Trotziges Aufbegehren oder der Glaube an menschlichen Fortschritt sind nicht Sache einer Autorin, die von sich sagt, sie sei »mit der Überzeugung aufgewachsen, daß das Herz der Finsternis nicht in einem Fehler der gesellschaftlichen Ordnung, sondern dem Menschen im Blut« liege. »Wenn es den Menschen bestimmt ist, Fehler zu machen, dann ist notwendigerweise jede gesellschaftliche Ordnung fehlerhaft.«

Auch diese Überzeugung, geschmiedet aus Joseph Conrads Novelle *Herz der Finsternis*, unterliegt für Didion den tektonischen Verschiebungen der Zeit; eine Fußnote der Geschichte, die bestenfalls noch Auskunft gibt über das intellektuelle Leben in Berkeley oder Harvard während der fünfziger Jahre, historisch aber irrelevant ist. Diese Fußnote hat Didions Weltsicht allerdings entscheidend geprägt. Die fünfziger Jahre in den USA sind der Horizont, vor dem sie den gesellschaftlichen Wandel der sechziger und siebziger Jahre betrachtet. Die radikale »Black-Power«-Bewegung, die sich als Reaktion auf die Ermordung des schwarzen Bürgerrechtlers Malcolm X entwickelte, die Studentenunruhen, die Frauenbewegung, die

Vietnam-Proteste, die militanten Auseinandersetzungen der Neuen Linken; all das sieht sie unter der Prämisse der Unzulänglichkeit des Menschen. Das ist ein Glück. Denn hier schreibt eine Autorin, die sich nicht korrumpieren läßt von sprachlichen Floskeln, geistigen Moden oder ideologischen Formeln, mit denen sich die Protestbewegungen ihrer selbst versichert und erst in eine trunkene Erregtheit, später in »einen Kater« hineingeredet haben. In der aufgepeitschten, hitzigen Phase der Studentenrevolten, die 1964 in Berkeley ihren Anfang nahm, der Hippie-Bewegung mit ihrer sexuellen und spirituellen Selbstbefreiungswut, der Sit-Ins, Beatniks, Anti-Kriegsdemonstrationen und Friedensmärsche; im Tumult einer gesellschaftlichen Umwälzung behält Didion ihre Distanz. Obwohl sie mitten im Geschehen ist (sie war die erste Journalistin, die sich ernsthaft für die »Blumenkinder« in San Francisco interessierte), bleibt sie eine ruhige Beobachterin. Ihr desillusionierter Blick zeigt jedes dieser Ereignisse als sprachliche Aufführung, als Show, die in einer bestimmten Epoche das Fehlerhafte der menschlichen Existenz vergessen macht. Ihre Essays, entkernt von emotionalem Ballast, wirken auf mich so, als seien sie außerhalb der Zeit oder doch mit großem zeitlichem Abstand zum geschilderten Gegenstand geschrieben worden. Ich erfahre viel über die Eruptionen, die das heutige geistige Leben der USA formten, gespalten zwischen fundamentalreligiösem Konservatismus und Kriegstreiberei auf der einen und wegweisenden Gender- und Anti-Rassismusdebatten und einer einflußreichen Kunst- und Musikszene auf der anderen Seite. Ich erfahre viel über amerikanische Mentalität und amerikanische Mythen und bekomme in Nahaufnahme zu sehen, was sich aus oft idealisierendem Weitwinkel seit fünfzig Jahren auch ins deutsche Bewußtsein geprägt hat.

Jenes Erkenntnisfeuer jedoch, das die Essays in mir zünden und das auch im verschwörerischen Blick meiner Freunde aufzuglühen schien, hat eine andere Ursache. Da Didion vom Ende her denkt, da sie von einem Handeln vor der Vergeblichkeit allen Handelns ausgeht, betrachtet sie immer auch den Einzelnen in seiner Verlorenheit. Ganz gleich also, wie verschieden die tagespolitischen Zusammenhänge, die zeitgeschichtlichen Umstände sein mögen, in denen der Einzelne lebt; aufs Persönliche bezogen, ähneln sich die Verhaltensweisen, mit denen Menschen mit bestimmten Anfechtungen klarzukommen versuchen. Und das ist es, was die Entzündung verursacht: Die Essays machen mir meine eigenen gedanklichen Flickenteppiche, meine Tricks und Taktiken begreiflich, mit denen ich mich behelfe, um mich in meiner eigenen Zeit zu orientieren.

Bei der Lektüre ergeben sich Parallelen zwischen Zeiten und Ländern wie von ungefähr.

Die »schweigende Generation« der fünfziger Jahre in den USA könnte so auch in der deutschen Nachkriegszeit geschwiegen haben, gleichzeitig erinnert mich die Beschreibung der Jaycees, geleckte Jungunternehmer mit Fünfziger-Jahre-Touch, an die studierenden Karriereautomaten von heute, die das Gefühl vermitteln, würde man sie knacken, fielen tatsächlich nichts als Münzen heraus.

Didions Kritik an der Frauenbewegung, die in ihrer dogmatischen Erstarrung und Trivialisierung nicht in ein wirklich radikales Denken gefunden habe, dürfte angesichts der Forderung nach einem neuen feministischen Ansatz, der jetzt zuweilen laut wird, immer noch für Diskussion sorgen.

Besonders interessant für mich, die nach der Wende begriffen hat, daß mit '68 nicht der Prager Frühling, sondern eine Studentenbewegung aus Frankfurt/Main gemeint ist, die bis heute im gesamtdeutschen Selbstverständnis den Ton vorgibt, ist Didions Beschreibung der Studentenrevolte am San Francisco State College. Unter all der Aufregung auf dem Campus findet sie ein ferienlagerhaftes Gemeinschaftsgefühl; ein Resultat dessen, wie gelangweilte Mittelschichtskinder sich Revolution vorstellen.

Und der Hollywood-Essay »Mir will dieses Monster nicht aus dem Kopf« läßt sich locker auf das heutige deutsche Fernsehdilemma beziehen; die Programm-Misere scheint weniger an der gern bemühten Einschaltquote zu liegen, als an jener »fehlenden Einbildungskraft und Schlamperei im Denken« der Fernsehmacher, die Didion den Regisseuren und Drehbuchautoren Hollywoods in den siebziger Jahren knallhart attestiert.

Ihre Analysen eines utopischen Moments, in dem sich eine Gesellschaft vor einer grundlegenden Erneuerung glaubt, haben nichts an Strahlkraft eingebüßt. Das zeigt sich vor dem Hintergrund des diesjährigen amerikanischen Wahlkampfs, in dem zur Stärkung eines Präsidentschaftskandidaten sehnsüchtig der Vergleich mit John F. Kennedy heraufbeschworen wird. Hier bedient sich eine junge Generation einer ähnlich aufgeblasenen euphorischen Rhetorik, wie sie Didion schon vor mehreren Jahrzehnten auf spitzer Feder hat zerplatzen lassen.

In ihren gesellschaftskritischen Essays wird eines immer wieder deutlich: Mit Didion kann man nicht auf die Barrikaden gehen. Sie ist eine Wirklichkeitsseziererin ohne Hoffnung. Ohne Plädoyers. Sie macht dem Vertrauen darauf, daß die Welt sich bessert, kein einziges Zugeständnis. Stattdessen erschüttert sie das Fundament und läßt uns dann zurück inmitten eingestürzter Bauten. Sie sagt es so: »Wenn ich daran glauben könnte, daß es das Schicksal der Menschen auch nur im geringsten beeinflussen würde, auf die Barrikaden zu gehen, dann würde ich auf diese Barrikaden gehen, und häufig wünsche ich mir, ich könnte daran glauben, aber es wäre nicht ganz ehrlich zu behaupten, ich verspräche mir davon ein Happy-End.«

Dieses Konstatieren einer Fruchtlosigkeit jeglichen gesellschaftlichen Engagements ist melancholisch und nicht folgenlos. Im Porträt der Malerin Georgia O'Keeffe wird aus der Melancholie Bewunderung und eine mitreißende Liebeserklärung an den kämpferischen Eigensinn einer einzelnen.

Didions Anti-Illusionismus reicht so tief, daß er dort, wo Ironie und sarkastische Zuspitzung ihn nicht mehr abfedern, tatsächlich schmerzt, und es ist unwahrscheinlich, daß der Kreis ihrer Verehrer sich bald wesentlich vergrößern wird. Momentan sicher nicht. Denn wer will sich schon in dieser von Terror, wirtschaftlicher Not und sozialen Grabenkämpfen aufgeriebenen Zeit noch zusätzlich verunsichern lassen? Wer will schon mit ständigem Einspruch aufgehalten werden, wo man sich gerade im Kampf um schwindende Arbeitsplätze zu einer neuen Gehorsamkeit erzieht? Wer will sich beim marktgerechten Verbiegen der Persönlichkeit so genau beobachtet wissen, wer bei der anstrengenden Selbstsuggestion stören lassen, daß das alles schon irgendwie sinnvoll und richtig sei?

Möglich, daß die Voraussetzungen, unter denen Didion zu schreiben begann, bessere waren. Möglich, daß gesichertere Lebensumstände eine skeptische Haltung begünstigen.

Ihre Studienjahre fielen in eine wohlstandsgesättigte Zeit, in eine Zeit der Vorort-Familien-Idyllen mit großen Autos und Farbfernsehern, in eine Zeit des höchsten Lebensstandards, den die USA je erreicht haben und der die Erfüllung des amerikanischen Traums in greifbare Nähe rückte. Nach Jahren der wirtschaftlichen Depression blühte das Land. Der Aufschwung in den fünfziger Jahren machte es möglich, sich wieder unbekümmert zu vermehren, und McCarthys schwarze Listen ließen es ratsam erscheinen, sich ins Private zurückzuziehen, wo Elvis Presley auf dem Plattenteller lag und weder die Echos der ersten Nukleartests noch der wachsende Unmut der bedrängten nichtweißen Minderheiten zu hören waren. Und an den Universitäten wurde der Rückzug ins Private als Erforschung des persönlichen Seelenlebens betrieben. Der auf Konsum und Privatvergnügen ausgerichtete Lebensstil lähmte allerdings und verlangte, zumindest bei den Jüngeren, nach Abwechslung.

Während die Scheinzufriedenheit die einen zu Rebellen oder Idealisten machte, scheint sich für Didion mit Joseph Conrad und seiner Reise ins Dunkel der menschlichen Psyche eine andere Denkrichtung eröffnet zu haben, die in der aufpolierten, Jukebox-Schlager-seligen Öffentlichkeit nur als unterströmendes Unbehagen spürbar gewesen sein wird: Die Seelenforschung endet im Leeren. Der Mensch ist isoliert. Die Frage nach seinem Sinn bleibt unbeantwortet oder verliert sich im Wahn. »Schwarze Gestalten kauerten, lagen, saßen ringsumher zwischen den Bäumen, an die Stämme gelehnt, sich an die Erde klammernd, halb sich abzeichnend in dem trüben Licht, halb davon verwischt, in allen Stellungen des Schmerzes, der Preisgegebenheit, der Verzweiflung«, schreibt Conrad über seine Entdeckungen an einem Ort, an dem der Zivilisationslack blättert und nichts als Gier, Gewalt und Grausamkeit hervortreten läßt; als letzte brutale Abwehrversuche einer endgültigen Ohnmacht.

An dieser soliden kulturpessimistischen Haltung Conrads hat Didion zweifellos ihre Beobachtungsgabe geschliffen. Aber im Unterschied zu dem durch die Kolonialgebiete getriebenen Schriftsteller machte sie diese

Haltung nicht zum Thema, sondern zum Ausgangspunkt ihres Schreibens.

Im Essay »Am Morgen nach den sechziger Jahren« sagt sie, daß sie beim Lesen von Conrads *Herz der Finsternis* vor allem eines begriffen habe: wie Sprache funktioniere. Sie habe es begriffen, als sie begriff, daß der wichtigste Satz, gleichsam die Quintessenz des Buches, in einem Postskriptum stehe. Das Wesentliche wird verschwiegen, nachträglich und beiläufig kommt es eventuell ans Licht. Diese Erkenntnis macht Didion zu einer Sprachskeptikerin. Für sie ist Sprache beherrscht von dem, was sie verbirgt. Da die Bedeutung eines Wortes sich mit jedem Gebrauch verändert, muß jedes Sprechen über eine Sache die Sache verfälschen, verschleiern. Unsere Selbsttäuschungen sind also bereits im Wesen der Sprache begründet.

Auf ihre Sprachskepsis kommt Didion in vielen Interviews zu sprechen, und die Skepsis ist vielleicht der Grund, weshalb sie in diesen Interviews gewöhnlich nicht viel sagt. Im *Jahr magischen Denkens* äußert sie sich so: »Sogar schon als Kind und lange bevor das, was ich schrieb, überhaupt veröffentlicht wurde, entwickelte ich ein Gefühl dafür, daß der eigentliche Sinn bereits im Rhythmus der Worte und Sätze und Abschnitte angelegt ist; eine Technik, um genau das zu verschweigen, was sich, wie ich vermutete, hinter einer immer undurchdringlicheren Fassade befand.«

Man hat sie mutig genannt, ihren Röntgenblick furchtbar, ihre Kritik scharfzüngig, ihren Verstand kristallklar, und ein Grund dafür mag sein, daß sie nicht wie andere den Inhalt der Worte kritisiert, sondern bereits bei der sprachlichen Form ansetzt. Und doch liegt über einigen ihrer Essays ein überraschend weiches Licht. Sobald sie von Kalifornien spricht, von Sacramento, von den Rettungsschwimmern an den Stränden des Pazifik oder vom Leben in Malibu, schwingt Traurigkeit mit. Es scheint, als betrauere sie den Verlust einer stimmigen, verstehbaren, sinnhaften Welt. Als hätte es diese Welt einmal gegeben. Das verwundert bei einer sonst so gnadenlosen Autorin, deren Gnadenlosigkeit sich auch gegen sie selbst richtet und der sicher nicht unterstellt werden kann, sie glaube, »früher war die Zukunft auch besser«; oder allerhöchstens in Form dieses ironischen Saltos von Karl Valentin.

Wann immer bei Didion leise Traurigkeit spürbar wird, geht es um ihre Wurzeln, um ihre Herkunft aus dem westlichsten Westen Amerikas. Ihre Kindheit verbrachte sie in der ehemaligen Goldgräberstadt Sacramento am Rand endloser Obstplantagen. Als Conrads Novelle 1899 zum erstenmal veröffentlicht wurde, hatte Kalifornien gerade eine seiner größten Zuwanderungswellen erlebt. Ab den fünfziger Jahren des 19. Jahrhunderts hatten sich immer mehr weiße Siedler in Richtung Westküste durchgeschlagen, sie drangen zum Pazifik vor und drängten die Eingeborenen zurück. Didions Familie gehörte zu denen, die sich 1850 in Sacramento niederließen, sie selbst zur vierten Generation. Vielleicht las sie *Herz der Finsternis* wie einen Referenztext auf das Erleben der Vorfahren. Die Reise des Helden ins Unerschlossene, Fremde mit allen idealistischen Überhöhungen und Ängsten und der Enthüllung einer entsetzlichen Brutalität findet leicht eine Entsprechung in der Besiedelung des amerikanischen Westens. Es sind die ersten Siedler mit ihrer Härte, ihrem Pragmatismus und dem schieren Überlebenswillen, die Didions Vorstellungskraft ebenso fesseln wie der mit der Besiedelung entstehende Mythos. Über die harte Realität legte sich das Bild eines vor Reichtum strotzenden, von sozialen Schranken und Hierarchien befreiten, selbstbestimmten Lebens. Didion kennt die Verlockungen dieses *Frontier*-Mythos, der bis heute das amerikanische Selbstverständnis prägt und immer wieder für die Behauptung einer politischen Großmachtstellung in Anspruch genommen wird. Der Held dieses Mythos, der amerikanische Adam, hat einen strahlenden Platz im kollektiven Gedächtnis. Dieser nur auf seine eigene Stärke vertrauende Mann, dessen Durchsetzungsvermögen von Charakterstärke kündet und der mit klarem Blick zwischen gut und böse unterscheidet, dieser freie Gegenspieler einer überzivilisierten Gesellschaft, findet in Didions Eloge auf John Wayne einen träumerischen Niederschlag.

Die Ureinwohner sind auf Didions essayistischer Landkarte nicht verortet. Die brutale Ausrottung der Indianer kommt in der ganzen Siedler-Thematik an keiner Stelle vor. Und wenn plötzlich doch drei noch lebende Indianer den Essay »Über Selbstachtung« betreten, ist man beinahe erschrocken …

Der weiße Westen ist das, was Didion interessiert, und was sie schildert, ist der Sturz dieses Westens von der Höhe seiner Idealisierung und hemmungslosen wirtschaftlichen Ausbeutung in die Tiefen einer staubigen Leere. Die Reise ins »Eden« wandelt sich zu einer Reise in ein ökonomisches und metaphysisches Vakuum, das die Menschen hier am äußersten Ende der westlichen Welt umgibt und das mich merkwürdig an ein Vakuum in den östlichen Regionen Deutschlands erinnert, das seit dem Fall der Mauer spürbar ist. Didions Sinnbilder dieses Vakuums sind die irr machende, schnurgerade Endlosigkeit eines Highways, die Verlassenheit ehemals aufbruchseliger Städte im Sacramento Valley, eine in ewiger Rückwärtsgewandtheit kreisende Tageszeitung oder die ausgebrannte Ödnis einer Orchideenzucht. Aber die Menschen, die immer noch da sind und ihre Wohnwagen wie Markierungspfeiler an die Orte stellen, von denen die Dinge verschwunden sind, sind Menschen, die es genauso auch in

Ostdeutschland geben könnte. Es ist verlockend, diese so kalifornischen Essays als Referenz auf das Verschwinden einer ganzen deutschen Gesellschaft zu lesen, von der nicht einmal mehr die Straßen übriggeblieben sind.

Aber es ist ja gar nicht das Verschwinden einer Welt, nicht der langsame Untergang eines »alten«, besseren, potenten Amerika, was Didion betrauert. Ihre Traurigkeit gilt dem Verlust des unschuldigen Blicks, eines Blicks, der die Welt immer besser aussehen läßt, als sie ist. Denn schließlich ist es dieser Blick, dieses naive, kindliche Gucken, das all die tröstenden Geschichten, die wir uns erzählen, glaubhaft sein läßt.

Es scheint allerdings nicht so, als sei ihr dieser Blick jemals geglückt. Es ist unwahrscheinlich für jemanden, die als Fünfjährige ihr erstes Notizbuch mit dem Eintrag über eine Frau eröffnet, »die glaubt, sie würde in der Arktischen Nacht erfrieren, bei Tagesanbruch jedoch feststellen muß, daß sie in die Sahara geraten ist, wo sie noch vor Mittag an der Hitze zugrunde gehen wird.« – Es gibt wohl nicht viel, was stärker zu bedauern wäre als der Verlust eines Glücks, an dem man nicht teilhatte.

Vielleicht ist ihr deshalb mit der romantischen Feier John Waynes ein so großer Abgesang auf jenen Kinderblick gelungen, der für Didion im amerikanischen Traum seinen deutlichsten Ausdruck findet und der in dem Moment verlorengeht, in dem man wirklich sieht. Daß dieses Sehen nicht rückgängig zu machen ist, davon erzählen alle ihre Texte.

Eins

Das Spiel ist aus

How many miles to Babylon?
Three score miles and ten –
Can I get there by candlelight?
Yes, and back again –
If your feet are nimble and light
You can get there by candlelight.

Es ist leicht, den Anfang der Dinge zu sehen, schwieriger ihr Ende. Ich kann mich gut und mit einer Klarheit, bei der sich mir die Muskeln im Nacken versteifen, daran erinnern, wie meine Zeit in New York begann, aber ich kann nicht genau sagen, wann diese Zeit zu Ende war, ich kann durch die Unklarheiten, die Neuanfänge, die uneingelösten Versprechen nicht zu der Stelle auf der Seite vordringen, an der die Heldin nicht länger die Optimistin ist, die sie einmal war. Als ich New York zum erstenmal sah, war ich zwanzig, und es war Sommer, und ich stieg im alten Behelfsterminal von Idlewild in einem neuen Kleid aus einer DC 7. Das Kleid schien in Sacramento ziemlich schick gewesen zu sein, aber schon in diesem alten Behelfsterminal von Idlewild schien es nicht mehr so schick, und die warme Luft roch nach Moder, und eine instinktive Eingebung, gesteuert von all den Filmen, die ich gesehen und all den Liedern, die ich gehört und all den Geschichten, die ich über New York gelesen hatte, sagte mir, daß es nie wieder so sein würde wie zuvor. Und es ist nie wieder so gewesen. Wenig später lief in allen Jukeboxen der Upper East Side ein Lied, in dem es hieß: »aber wo ist die Schülerin, die ich einst gewesen bin«, und nachts, wenn es sehr spät war, fragte ich mich das auch. Ich weiß jetzt, daß sich das fast jeder früher oder später einmal fragt, egal, was aus ihm oder ihr geworden ist, aber zum zweifelhaften Segen der Jugend von zwanzig, einundzwanzig oder auch dreiundzwanzig gehört die Überzeugung, daß das, was man erlebt, allen Gegenbeweisen zum Trotz noch nie zuvor irgend jemand erlebt hat.

Natürlich hätte es eine andere Stadt sein können, wären die Umstände andere gewesen, wäre die Zeit eine andere gewesen und wäre ich eine andere gewesen, es hätte Paris oder Chicago oder San Francisco sein können, aber weil ich von mir spreche, spreche ich von New York. In jener ersten Nacht öffnete ich das Fenster im Bus, der mich in die Stadt brachte, und hielt Ausschau nach der Skyline, aber alles, was ich sah, waren die Brachen von Queens und große Schilder mit der Aufschrift: MIDTOWN-TUNNEL DIESE SPUR, und dann die Sturzflut eines Sommerregens (schon das schien bemerkenswert und exotisch, da ich aus dem Westen kam, wo es keinen Sommerregen gab), und die nächsten drei Tage saß ich in Decken gewickelt in einem Hotelzimmer, in dem die Klimaanlage auf 2 Grad gestellt war, und versuchte, eine schlimme Erkältung mit hohem Fieber auszusitzen. Ich kam nicht auf die Idee, einen Arzt zu rufen, denn ich kannte keinen, und obwohl ich auf die Idee kam, die Rezeption anzurufen und darum zu bitten, die Klimaanlage auszuschalten, rief ich nicht an, denn ich wußte nicht, wieviel Trinkgeld ich der Person, die dann hochkommen würde, geben sollte – war jemals jemand so jung? Ich werde Ihnen davon erzählen, daß jemand tatsächlich so jung gewesen ist. Alles, was ich in diesen drei Tagen tun konnte, war, in Ferngesprächen mit dem Jungen zu reden, von dem ich schon wußte, daß ich ihn im Frühling nicht heiraten würde. Ich würde in New York bleiben, sagte ich ihm, nur sechs Monate, und von meinem Fenster könnte ich die Brooklyn Bridge sehen.

Wie sich herausstellte, war es die Triborough Bridge, und ich blieb acht Jahre.

Rückblickend scheint es mir, als seien die Tage, bevor ich die Namen all der Brücken kannte, glücklicher gewesen als die, die danach kamen, aber vielleicht werden Sie das im Laufe der Zeit selbst bemerken. Ich möchte Ihnen unter anderem erzählen, wie es ist, in New York jung zu sein, wie aus sechs Monaten acht Jahre werden können und zwar mit der trügerischen Leichtigkeit einer filmischen Überblendung, denn genau auf diese Weise tauchen die Jahre jetzt wieder vor mir auf, eine lange Abfolge sentimentaler Überblendungen und altmodischer Trickaufnahmen – die Fontänen vor dem Seagram-Gebäude werden zu Schneeflocken, ich gehe mit zwanzig in eine Drehtür und komme ein ganzes Stück älter und an einer anderen Straße wieder heraus. Aber vor allem möchte ich Ihnen, und damit vielleicht auch mir, erklären, warum ich nicht mehr in New York lebe. Oft heißt es, daß New York eine Stadt für sehr Reiche oder für sehr Arme sei, weniger oft heißt es, daß New York auch, wenigstens für die unter uns, die nicht von dort kommen, eine Stadt ausschließlich für die ganz Jungen ist.

Ich erinnere mich, wie ich an einem klaren, kalten Dezemberabend einem New Yorker Freund, der sich darüber beschwerte, daß er schon zu lange in der Stadt war, vorschlug, mit mir auf eine Party zu gehen, wo es, wie ich ihm mit der einfallsreichen Aufgewecktheit von dreiundzwanzig versicherte, »neue Gesichter« geben würde. Er lachte, bis er keine Luft mehr bekam und ich das Taxifenster herunterkurbeln und ihm auf den Rücken klopfen mußte. »Neue Gesichter«, sagte er dann, »erzähl mir nichts von neuen Gesichtern.« Auf der letzten Party, für die ihm »neue Gesichter« versprochen worden waren, hatte es offenbar fünfzehn Gäste gegeben, und mit fünf der Frauen hatte er bereits geschlafen und allen Männern, bis auf zwei, schuldete er Geld. Ich lachte mit ihm, aber der erste Schnee war gerade gefallen, die großen Weihnachtsbäume auf der Park Avenue glitzerten gelb und weiß, soweit ich sehen konnte, und ich trug ein neues Kleid, und es würde noch eine Weile dauern, ehe ich den tieferen Sinn dieser Geschichte verstand.

Es würde einfach deshalb eine Weile dauern, weil ich New York liebte. Ich meine mit »liebte« nicht irgendeine Floskel, ich meine, daß ich New York liebte, wie man die erste Person liebt, die einen je berührt, und wie man niemand anderen jemals mehr liebt. Ich erinnere mich, wie ich einmal in diesem ersten Frühling bei Dämmerung die zweiundsechzigste Straße überquerte oder auch im darauffolgenden Frühling, für eine Weile waren sie alle gleich. Ich kam schon zu spät zu meiner Verabredung, kaufte aber trotzdem einen Pfirsich auf der Lexington Avenue, blieb an einer Ecke stehen, um ihn zu essen, und wußte, daß ich aus dem Westen gekommen war und eine Fata Morgana erreicht hatte. Ich schmeckte den Pfirsich und spürte den weichen Wind an meinen Beinen, der aus einem U-Bahngitter kam, ich roch Flieder und Abfall und teures Parfüm, und ich wußte, daß das früher oder später seinen Preis haben würde – denn ich gehörte nicht hierher, ich kam nicht von hier –, aber wenn Sie zweiundzwanzig oder dreiundzwanzig sind, denken Sie sich, daß Sie später eine große emotionale Stabilität besitzen und in der Lage sein werden, den Preis zu zahlen, koste es, was es wolle. Ich glaubte damals noch an Möglichkeiten, hatte noch dieses für New York so wesentliche Gefühl, daß jede Minute etwas Außergewöhnliches passieren könnte, jeden Tag, jeden Monat. Ich verdiente nur 65 oder 70 Dollar die Woche (»Begib dich in die Hände von Hattie Carnegie«, riet mir ein Redakteur der Zeitschrift, für die ich arbeitete, ohne eine Spur von Ironie), das war so wenig, daß ich in manchen Wochen, um überhaupt etwas zu essen, in der Lebensmittelabteilung von Bloomingdale's anschreiben ließ, was in den Briefen, die ich nach Kalifornien schrieb, unerwähnt blieb. Ich sagte meinem Vater nie, daß ich Geld brauchte, denn dann hätte er welches geschickt, und ich hätte nie herausfinden können, ob ich es allein schaffte. Auf eigenen Füßen zu stehen, schien mir zu dieser Zeit wie ein Spiel, ein Spiel mit willkürlichen, aber ziemlich starren Regeln. Und mit Ausnahme bestimmter Winterabende – um halb sieben auf Höhe der Siebziger Straßen, sagen wir mal, wenn es dunkel war und ein eisiger Wind vom Fluß hoch fegte und ich zu einer Bushaltestelle hastete und hinter den erleuchteten Fenstern der Backsteinhäuser Köche in sauberen Küchen sah und mir vorstellte, wie eine Etage höher Frauen Kerzen anzündeten und wieder eine Etage höher hübsche Kinder gebadet wurden – mit Ausnahme solcher Nächte fühlte ich mich nie arm; ich hatte das Gefühl, mir Geld besorgen zu können, wann immer ich welches brauchte. Ich konnte für mehrere Zeitschriften eine Kolumne für Teenager unter dem Namen »Debbi Lynn« schreiben, oder ich konnte Gold nach Indien schmuggeln, oder ich konnte mich als 100-Dollar-Callgirl verdingen, und nichts davon spielte eine Rolle.

Nichts war unwiderruflich, und alles war erreichbar. Hinter jeder nächsten Ecke gab es irgend etwas Besonderes, etwas Interessantes, etwas, das ich nie zuvor gesehen, getan oder gekannt hatte. Ich konnte auf eine Party gehen und jemanden kennenlernen, der sich Mr. Emotional Appeal nannte und das Emotional Appeal Institute leitete, oder Tina Onassis Blandford oder einen Proleten aus Florida, der ein Stammgast der »Big C« war, wie er es nannte, der Nachtclubs der Southampton-El Morocco-Tourneeroute

(»Ich habe gute Kontakte zu den Big C, Schätzchen«, sagte er zu mir bei Kohlgemüse auf seiner riesigen geborgten Terrasse), oder ich konnte die Witwe des Selleriekönigs vom Harlemer Markt kennenlernen oder einen Klavierhändler aus Bonne Terre in Missouri, oder einen, der schon zweimal ein Vermögen in Midland, Texas, gemacht und wieder verloren hatte. Ich konnte mir und anderen Versprechen geben und hatte alle Zeit der Welt, sie zu halten. Ich konnte die ganze Nacht wach bleiben und Dummheiten machen, und nichts davon würde zählen.

Sehen Sie, ich war in New York in einer seltsamen Lage: Mir kam nie der Gedanke, daß ich ein wirkliches Leben lebte. In meiner Vorstellung war ich immer nur noch für ein paar Monate da, nur noch bis Weihnachten oder bis Ostern oder bis zum ersten warmen Tag im Mai. Deshalb fühlte ich mich in Begleitung von Leuten aus dem Süden am wohlsten. Sie schienen auf dieselbe Weise in New York zu sein wie ich, auf unbestimmte Zeit fern von dort, wo sie eigentlich hingehörten, ohne an die Zukunft denken zu wollen, Exilanten auf Widerruf, die immer wußten, wann die Flüge nach New Orleans, Memphis, Richmond oder, in meinem Fall, nach Kalifornien gingen. Wer mit einem Flugplan in der Schublade lebt, lebt mit einem etwas anderen Kalender. Weihnachten beispielsweise war immer eine schwierige Zeit. Andere wurden spielend damit fertig, sie fuhren nach Stowe, ins Ausland oder für einen Tag zu ihren Müttern nach Connecticut; aber diejenigen von uns, die glaubten, sie würden eigentlich woanders leben, verbrachten diese Zeit mit dem Buchen und Stornieren von Flügen und warteten auf günstige Witterungsverhältnisse, als ginge es darum, den letzten Flug zu erwischen, der 1940 aus Lissabon hinausging. Und schließlich trösteten wir, die wir noch übrig waren, uns gegenseitig mit Orangen und Erinnerungen und den geräucherten Auster-Füllungen unserer

Kindheit, eng beieinander, Gestrandete in einer fernen Kolonie.

Genau das waren wir. Ich bin nicht sicher, ob jemand, der an der Ostküste groß wurde, vollständig ermessen kann, was New York, die Idee New Yorks, für jene von uns bedeutet, die aus dem Westen und dem Süden kamen. Für ein Kind von der Ostküste, besonders für eines, das immer einen Onkel an der Wall Street hatte und hunderte von Samstagen zuerst zwischen den Spielwaren von F. A. O. Schwarz verbrachte, später mit dem Anprobieren neuer Schuhe bei Best's und schließlich damit, sich unter der Biltmore-Uhr zu verabreden und zu Lester Lanin zu tanzen, für dieses Kind ist New York einfach eine Stadt, wenn nicht *die* Stadt, der perfekte Ort zu leben. Aber für jene von uns, die aus Gegenden kamen, wo noch niemand von Lester Lanin gehört hatte und wo Grand Central Station eine Samstagsendung im Radio war und Wall Street, Fifth Avenue und Madison Avenue noch nicht mal Orte, sondern bloße Abstraktionen (»Geld«, »Haute Couture« und »Werbung«), war New York nicht bloß eine Stadt. Es war eine unendlich romantische Idee, die geheimnisvolle Verflechtung von Liebe, Geld und Macht, der glänzende, vergängliche Traum schlechthin. Zu denken, man würde dort »wohnen«, hätte bedeutet, das Wunderbare auf das Profane zu reduzieren; man »wohnt« nicht in Xanadu.

Es war extrem schwierig für mich, diese jungen Frauen zu verstehen, für die New York nicht einfach ein ephemeres Estoril, sondern ein konkreter Ort war, Mädchen, die Toaster kauften und neue Schränke in ihren Wohnungen aufstellten und sich einer sinnvollen Zukunft verpflichtet fühlten. Ich kaufte kein einziges Möbelstück in New York. Etwa ein Jahr lang lebte ich in den Wohnungen anderer Leute; danach wohnte ich auf Höhe der Neunziger Straßen in einer Wohnung, die komplett mit Sachen aus dem

Lager eines Freundes ausgestattet war, dessen Frau weggezogen war. Und als ich aus dieser Wohnung auszog (als ich alles hinter mir ließ, als alles auseinanderfiel), ließ ich alles zurück, sogar meine Winterkleidung und die Karte von Sacramento County, die ich an die Wand meines Schlafzimmers gehängt hatte, um nicht zu vergessen, wer ich war, und zog in eine klösterliche Vierzimmerwohnung über eine gesamte Etage in der fünfundsiebzigsten Straße. »Klösterlich« ist hier vielleicht irreführend, da es den Eindruck erlesener Strenge erweckt; dabei gab es, bis ich verheiratet war und mein Mann ein paar Möbel mitbrachte, dort nichts, nur eine billige Doppelmatratze und einen Lattenrost, den ich an dem Tag, an dem ich beschlossen hatte, umzuziehen, per Telefon bestellte, und zwei französische Gartenstühle, die mir ein Freund geliehen hatte, der sie importierte. (Jetzt fällt mir auf, daß alle meine Bekannten in New York merkwürdigen und völlig sinnlosen Nebenbeschäftigungen nachgingen. Sie importierten Gartenstühle, die bei Hammacher Schlemmer nicht besonders gut liefen, oder sie boten Haarglätter in Harlem an oder verdingten sich als Ghostwriter für die Sonntagsbeilagen und verfaßten Enthüllungsberichte über das organisierte Verbrechen. Ich denke, daß es uns allen nicht besonders ernst damit war, *engagé* nur, was unser Privatleben betraf.)

Alles, was ich in dieser Wohnung je gemacht habe, war, fünfzig Meter gelbe Theaterseide vor die Schlafzimmerfenster zu hängen, weil ich mir einbildete, daß mir das goldene Licht guttun würde, aber ich machte mir nicht die Mühe, die Vorhänge richtig zu gewichten, und den ganzen Sommer über wehten die langen Bahnen durchscheinender goldener Seide zum Fenster hinaus und verhedderten sich und wurden von den nachmittäglichen Gewittern durchnäßt. Das war das Jahr, mein achtundzwanzigstes, als ich entdeckte, daß nicht alle Versprechen eingelöst werden würden, daß einiges tatsächlich unwiderruflich war und daß am Ende doch alles gezählt hatte, jede Ausflucht, jedes Zögern, jede Dummheit, jedes Wort, alles.

Und das ist es doch, worum sich alles dreht, oder? Versprechen? Wenn New York mich jetzt wieder einholt, geschieht das in halluzinatorischen, blitzartigen Momenten, so klinisch detailgetreu, daß ich mir manchmal wünsche, die Erinnerung würde jene Verzerrung tatsächlich bewirken, die ihr gewöhnlich nachgesagt wird. Die meiste Zeit, die ich in New York war, benutzte ich ein Parfüm, das sich *Fleurs de Rocaille* nannte, und ein weiteres mit dem Namen *L'Air du Temps*, und nur der geringste Hauch von einem von beiden kann jetzt meine Verbindung mit damals für den Rest des Tages kurzschließen. Auch Jasminseife von Henri Bendel kann ich nicht riechen, ohne in die Vergangenheit zurückzufallen, oder die besondere Mischung von Gewürzen, die zum Kochen von Krebsen verwendet wird. In einem tschechischen Laden in den Achtziger Straßen, wo ich einmal eingekauft habe, gab es fässerweise gekochte Krebse. Gerüche sind natürlich altbekannte Stimulanzen der Erinnerung, aber es gibt andere Dinge, die dieselbe Wirkung auf mich haben. Blauweiß gestreifte Bettwäsche. Wermut-Cassis. Ausgeblichene Nachthemden, die 1959 oder 1960 einmal neu gewesen sein mögen, und Chiffonschals, die ich etwa zur selben Zeit kaufte.

Ich vermute, daß viele von uns, die in New York jung waren, dieselben Szenen vor sich sehen. Ich erinnere mich an eine Menge von Wohnungen, in denen ich morgens um fünf mit leichten Kopfschmerzen saß. Ich hatte einen Freund, der nicht schlafen konnte, und er kannte ein paar andere, die dasselbe Problem hatten, und wir sahen zu, wie der

Himmel hell wurde, und tranken einen letzten Drink ohne Eis, und im ersten Tageslicht gingen wir nach Hause, die Straßen waren sauber und naß (hatte es in der Nacht geregnet? wir wußten es nie), und die wenigen vorbeitreibenden Taxis hatten noch ihre Scheinwerfer an, und die einzigen Farben waren das Rot und Grün der Ampeln. Die White Rose Bars öffneten sehr früh am Morgen; ich erinnere mich, wie ich in einer von ihnen darauf wartete, einen Astronauten ins All hinaustreten zu sehen, wie ich so lange wartete, daß ich im Moment, in dem es passierte, gerade nicht zum Fernseher sah, sondern zu einer Kakerlake auf den Fliesen. Ich mochte die kahlen Äste im Morgendämmer am Washington Square und die monochrome Flächigkeit der Second Avenue, vor der die Feuerleitern und die vergitterten Geschäfte fremd und leer wirkten.

Es ist relativ schwierig, sich morgens um halb sechs oder sieben, ohne geschlafen zu haben, zu streiten, was vielleicht einer der Gründe war, warum wir die ganze Nacht wachblieben, und mir schien es immer eine angenehme Tageszeit. Jene Wohnung in der neunzigsten Straße besaß Fensterläden, und so konnte ich ein paar Stunden schlafen und ging dann zur Arbeit. Damals konnte ich mit nur zwei, drei Stunden Schlaf und einem Becher Kaffee von Chock Full O'Nuts gut arbeiten. Ich mochte es, zur Arbeit zu gehen, mochte den beruhigenden und befriedigenden Rhythmus der Produktion einer Zeitschrift, mochte die geordnete Abfolge von Deadlines für den Vierfarb-, Zweifarb- und Schwarzweißdruck und dann das Produkt, nichts Abstraktes, sondern etwas, das aussah, als wäre sein Glanz mühelos entstanden, das am Kiosk zu kaufen war und schwer in der Hand lag. Ich mochte jedes Detail von Farbe und Layout, mochte es, an den Abenden, wenn die Zeitschrift in Druck ging, bis spät zu arbeiten, dazusitzen, die *Variety* zu lesen und darauf zu warten, daß die Schlußredaktion anrief. Von meinem Büro aus konnte ich über die Stadt sehen, bis zur Wetteranzeige auf dem Mutual of New York-Gebäude, zu den Lichtern, die abwechselnd in den Schriftzügen TIME und LIFE über dem Rockefeller Plaza aufleuchteten; das bereitete mir ein ebenso ungekanntes Vergnügen wie im hellvioletten Acht-Uhr-Licht eines Frühsommerabends zu Fuß nach Uptown zu gehen und mir alles anzusehen, Terrinen aus Lowestoft-Porzellan in den Schaufenstern der siebenundfünfzigsten Straße, Menschen in Abendkleidung, die versuchten, ein Taxi anzuhalten, die Bäume, die gerade erst ihr volles Grün entfalteten, die bernsteinfarbene Luft, all diese süßen Versprechen von Geld und Sommer.

Einige Jahre vergingen, aber ich verlor noch immer nicht dieses Staunen über New York. Ich begann, die Einsamkeit zu genießen, das Gefühl, daß zu keinem Zeitpunkt irgendwer zu wissen brauchte, wo ich war oder was ich machte. Ich mochte es, an kalten Tagen vom East River hinüber zum Hudson zu laufen und wieder zurück, und an warmen Tagen quer durch Greenwich Village. Eine Freundin überließ mir den Schlüssel zu ihrer Wohnung im West Village, wenn sie für ein paar Tage wegfuhr, und manchmal zog ich dorthin, weil das Telefon anfing, mir auf die Nerven zu gehen (Sie sehen, da begann die Rose schon zu faulen), und weil diese Nummer dort nur wenige kannten. Ich erinnere mich an einen Tag, an dem mich einer von denen, die diese Nummer kannten, zum Mittagessen abholte, und daß wir beide einen Kater hatten, und als ich ihm ein Bier öffnen wollte, schnitt ich mir in den Finger und brach in Tränen aus, und wir gingen in ein spanisches Restaurant, tranken Bloody Mary und aßen Gazpacho, bis es uns besser ging. Damals hatte ich noch kein schlechtes Gewissen, so die Nachmittage zu verbringen, weil noch alle Nachmittage der Welt vor mir lagen.

Und selbst so kurz vor Ende des Spiels mochte ich es noch, auf Parties zu gehen, auf alle möglichen Parties, schlechte Parties, Samstagnachmittagsparties, die von frisch Verheirateten gegeben wurden, die in Stuyvesant Town lebten, Parties auf der West Side, die von Schriftstellern gegeben wurden, die noch nichts veröffentlicht hatten oder gescheitert waren und billigen Rotwein anboten und davon redeten, nach Guadalajara zu gehen, Parties in Greenwich Village, auf denen alle Gäste für Werbeagenturen arbeiteten und die Reformdemokraten wählten, Presse-Parties bei Sardi's, das waren die schlimmsten. Sie werden mittlerweile bemerkt haben, daß ich nicht zu denen gehörte, die von den Erfahrungen anderer profitierten, daß es tatsächlich sehr lange dauerte, bevor ich nicht mehr an neue Gesichter glaubte und die Lektion dieser Geschichte zu verstehen begann, die darin bestand, daß es sehr gut möglich ist, das Fest zu spät zu verlassen.

Ich könnte Ihnen nicht sagen, wann ich das zu verstehen begann. Ich weiß nur, daß es sehr schlimm wurde, als ich achtundzwanzig war. Alles, was man zu mir sagte, schien ich zuvor schon mal gehört zu haben, und ich konnte es nicht länger ertragen. Ich konnte nicht länger in kleinen Bars in der Nähe der Grand Central Station sitzen und mir anhören, wie jemand über die Unfähigkeit seiner Frau klagte, mit der Haushaltshilfe klarzukommen, und darüber seinen Zug nach Connecticut verpaßte. Ich war nicht länger daran interessiert zu hören, welche Vorschußsummen andere Leute von ihren Verlagen bekamen, welche Probleme man in Philadelphia mit dem zweiten Akt eines Theaterstücks hatte, oder welche Leute ich sehr mögen würde, wenn ich nur erst mitkommen und sie kennenlernen würde. Ich hatte sie bereits kennengelernt, immer. Es gab bestimmte Stadtteile, die ich meiden mußte. Ich konnte die Madison Avenue morgens an Wochentagen nicht ertragen (das war eine besonders ungünstige Abneigung, da ich damals nur etwa zwanzig Meter östlich der Madison Avenue wohnte), weil ich dann Frauen mit Yorkshireterriern bei ihren Einkäufen bei Gristede's begegnen und mir davon ganz veblenesk die Galle hochkommen würde. Ich konnte aus allen möglichen Gründen nachmittags nicht mehr zum Times Square gehen oder in die New York Public Library. Einmal konnte ich ein Restaurant von Schrafft's nicht betreten, ein andermal war es eine Filiale von Bonwit Teller.

Ich verletzte die Menschen, die mir wichtig waren, und beleidigte die anderen. Ich sagte mich von dem einen los, der mir näher war als irgend jemand sonst. Ich weinte so lange, bis ich nicht mal mehr unterscheiden konnte, wann ich weinte und wann nicht, ich weinte in Fahrstühlen, in Taxis und in chinesischen Wäschereien, und als ich zum Arzt ging, sagte er nur, daß ich offenbar Depressionen habe und einen »Spezialisten« aufsuchen solle. Er schrieb mir Namen und Adresse eines Psychiaters auf, aber ich ging nicht hin.

Stattdessen heiratete ich, was, wie sich herausstellte, eine gute Sache war, nur der Zeitpunkt war schlecht, da ich morgens noch immer nicht auf die Madison Avenue gehen und noch immer nicht mit Leuten reden konnte und immer noch in chinesischen Wäschereien weinte. Ich hatte bis dahin nie verstanden, was »Verzweiflung« bedeutete, und ich bin mir nicht sicher, ob ich es jetzt verstehe, aber in jenem Jahr verstand ich es. Natürlich konnte ich nicht arbeiten. Ich konnte noch nicht einmal mit einer gewissen Verläßlichkeit etwas zum Abendessen bestellen, und saß paralysiert in meiner Wohnung in der fünfundsiebzigsten Straße, bis mein Mann aus dem Büro anrief und liebevoll sagte, daß ich nichts zum Abendessen bestellen müsse, sondern ihn in Michael's Pub oder bei Toots Shor's oder im Sardi's East treffen könne. Und eines Morgens im April (wir hatten im Januar geheiratet) rief er an und sagte, daß er für eine Weile wegwolle aus New York, daß er sich für sechs Monate beurlauben lassen werde und wir irgendwohin fahren würden.

Das war vor drei Jahren, und seitdem leben wir in Los Angeles. Viele unserer Bekannten aus New York halten das für eine merkwürdige Verirrung und sagen uns das auch. Es gibt darauf keine passende Antwort, und so geben wir gewisse Standardantworten, Antworten, die jeder geben würde. Ich rede davon, wie wenig wir es uns im Moment »leisten« könnten, in New York zu leben, wieviel »Platz« wir benötigen. Was ich meine, ist, daß ich in New York sehr jung war und daß der goldene Rhythmus in einem bestimmten Moment abbrach und daß ich jetzt nicht mehr so jung bin. Das letzte Mal war ich im Januar in New York, es war sehr kalt, und alle waren krank und müde. Viele von denen, die ich dort einmal gekannt hatte, waren nach Dallas gezogen oder behandelten ihre Alkoholsucht mit Antabuse oder hatten eine Farm in New Hampshire gekauft. Wir blieben zehn Tage und flogen eines Nachmittags nach Los Angeles zurück, und nachts auf dem Weg vom Flughafen nach Hause sah ich den Mond über dem Pazifik und roch den Jasmin überall, und wir wußten beide, daß es keinen Grund mehr gab, die Wohnung, die wir noch immer in New York hatten, zu behalten. Es gab eine Zeit, in der ich Los Angeles »die Küste« nannte, aber das scheint lange her.

1967

Aus dem Vorwort zu *Stunde der Bestie*

»Stunde der Bestie« ist der Titel eines der Essays in diesem Buch, und dieser Essay, der aus einer Zeit stammt, die ich im Haight-Ashbury-Viertel von San Francisco verbrachte, war für mich der, den ich am dringlichsten schreiben wollte, und der, der mich als einziger mutlos machte, nachdem er veröffentlicht worden war. Es war das erste Mal, daß ich mich unmittelbar und ausdrücklich mit den Anzeichen einer Atomisierung der Gesellschaft beschäftigt hatte, mit den Beweisen, daß die Dinge auseinanderfielen: Ich ging nach San Francisco, weil ich mehrere Monate nicht in der Lage gewesen war zu arbeiten, weil mich die Überzeugung gelähmt hatte, daß Schreiben irrelevant war, daß es die Welt, wie ich sie verstanden hatte, nicht mehr gab. Um überhaupt wieder arbeiten zu können, mußte ich mich mit dem Zerfall auseinandersetzen. Deshalb war dieser Essay für mich wichtig. Und nachdem er gedruckt war, sah ich, daß es mir nicht gelungen war, mich vielen der Menschen, die den Essay gelesen und ihn sogar gemocht hatten, verständlich zu machen, obwohl ich die Dinge doch unmittelbar und ausdrücklich gesagt zu haben glaubte, es war mir nicht gelungen, ihnen klarzumachen, daß ich über etwas Grundsätzlicheres sprach als über eine Handvoll Kinder, die Mandalas auf ihrer Stirn trugen.

Discjockeys riefen bei mir zu Hause an und wollten (im Radio) über »den Abschaum« in Haight-Ashbury reden, und Bekannte gratulierten mir, daß ich den Artikel »gerade noch rechtzeitig« veröffentlicht hatte, weil »diese Spinnerei doch jetzt gestorben ist, fini, kaputt«. Vermutlich plagt jeden, der schreibt, hin und wieder der Verdacht, daß ihn da draußen niemand hört, aber damals schien es mir (vielleicht, weil der Artikel für mich so wichtig war), als hätte ich noch nie Rückmeldungen bekommen, die so gründlich danebenlagen.

Fast alle Essays dieses Buches wurden zwischen 1965 und 1967 für Zeitschriften geschrieben, und meistens waren sie, um diese Frage gleich zu Beginn aus dem Weg zu räumen, »meine Idee«. Ich wurde gebeten, ins Carmel Valley zu fahren und über die Schule von Joan Baez zu berichten; ich wurde gebeten, nach Hawaii zu fliegen; ich glaube, man bat mich, über John Wayne zu schreiben; und um die kurzen Essays »Über Moral« und »Über Selbstachtung« baten mich *The American Scholar* und *Vogue*. Dreizehn der zwanzig Texte erschienen in *The Saturday Evening Post*. Häufig schreiben mir Leute aus Orten wie Toronto und wollen wissen (verlangen zu wissen), wie ich es mit meinem Gewissen vereinbaren könne, für eine konservative Wochenzeitschrift wie *The Saturday Evening Post* zu schreiben; die Antwort ist ganz einfach. Die *Post* ist offen für das, was die Autoren wollen, sie zahlt ihnen genug, damit sie es auch gut machen können, und achtet peinlich genau darauf, das Manuskript nicht zu verändern. Ich gebe für die *Post* hin und wieder eine Feinheit im Tonfall auf, halte das aber nicht für ein Verbiegen. Natürlich handeln nicht alle Texte in diesem Buch vom allgemeinen Zerfall, von Dingen, die auseinanderbrechen; das wäre ein großer und anmaßender Anspruch, viele der Texte sind klein und persönlich. Aber da ich weder das Auge einer Kamera bin noch dazu neige, Texte zu schreiben, die mich nicht interessieren, spiegelt, was immer ich schreibe – manchmal ohne mein Zutun –, doch meine Befindlichkeit wider.

Ich weiß nicht, was ich Ihnen sonst noch zu diesen Texten sagen könnte. Vielleicht, daß ich einige lieber mochte als andere, aber alle schwierig zu schreiben waren und mehr Zeit kosteten, als sie es vielleicht wert waren; daß ich beim Schreiben eines Textes immer an einen Punkt komme, wo ich in einem Zimmer sitze, das mit falschen Anfängen buchstäblich tapeziert ist, kein Wort mehr vor das nächste setzen kann und mir einbilde, ich hätte einen leichten Schlaganfall erlitten, der mich scheinbar unbeschädigt, aber in Wirklichkeit mit Aphasie zurückgelassen hat. Als ich »Stunde der Bestie« schrieb, war ich krank wie nie; der Schmerz hielt mich nachts wach, und so trank ich zwanzig, einundzwanzig Stunden hintereinander Gin mit heißem Wasser, um den Schmerz zu betäuben, und nahm Dexedrin, um den Gin zu betäuben, und schrieb. (Ich würde Sie gern glauben machen, daß meine Arbeit auf echter Professionalität beruhte, um die Abgabetermine einzuhalten, aber das entspräche nicht ganz der Wahrheit; es war auch eine unruhige Zeit, und die Arbeit wirkte auf die Unruhe wie der Gin auf den Schmerz.) Was gibt es sonst noch zu sagen? Ich bin nicht gut darin, Leute zu interviewen. Ich vermeide Situationen, in denen ich mit PR-Agenten reden müßte. (Das schließt Artikel über Schauspieler schon von vornherein aus, was nicht das Schlechteste ist.) Ich führe nicht gern Telefonate und möchte nicht wissen, wie oft ich morgens auf dem Bett irgendeines Best Western Hotels saß und versuchte, mich dazu zu bringen, endlich den stellvertretenden Bezirksstaatsanwalt anzurufen. Mein einziger Vorteil als Journalistin besteht darin, daß ich von so kleiner Statur bin, so unscheinbar und auf so neurotische Weise um Worte verlegen, daß die Leute anfangen zu vergessen, daß meine Anwesenheit ihren Interessen schaden könnte. Und sie schadet immer. Denn eines sollte man niemals vergessen: *Schriftsteller liefern immer jemanden ans Messer.*

Stunde der Bestie

Die Mitte hielt nicht länger. Es war ein Land der Bankrotterklärungen und öffentlichen Versteigerungen, der täglichen Berichte über Gelegenheitsmorde und abhanden gekommene Kinder, der verlassenen Häuser und Randalierer, die sogar die einsilbigen Worte falsch schrieben, die sie überall hinschmierten. Es war ein Land, in dem regelmäßig ganze Familien verschwanden, ungedeckte Schecks und Vollstreckungsbescheide zurücklassend. Halbwüchsige trieben von einer zerrissenen Stadt in die nächste und warfen ihre Vergangenheit und ihre Zukunft ab wie Schlangen ihre Haut; Kinder, denen die Spiele, die die Gesellschaft zusammengehalten hatten, nicht beigebracht worden waren und die sie jetzt nicht mehr lernen würden. Menschen wurden vermißt. Kinder wurden vermißt. Eltern wurden vermißt. Die, die zurückblieben, gaben halbherzige Vermißtenmeldungen auf und zogen dann weiter.

Es war kein Land in offener Revolte. Es war kein Land im Belagerungszustand. Es handelte sich um die Vereinigten Staaten von Amerika im kalten Spätfrühling des Jahres 1967, die Börse war stabil, das Bruttosozialprodukt hoch, und viele wortgewandte Menschen schienen ein ausgeprägtes Gespür für soziale Verantwortung zu besitzen; es hätte ein Frühling großer Hoffnungen und nationaler Versprechen sein können, aber das war er nicht, und immer mehr Menschen hatten das ungute Gefühl, daß er das nicht war. Klar schien nur, daß wir uns irgendwann aufgegeben und das Ganze verpfuscht hatten, und weil nichts sonst wichtig schien, ging ich nach San Francisco.

San Francisco war der Ort, an dem sich das soziale Ausbluten zeigte. San Francisco war der Ort, an dem sich die vermißten Kinder sammelten und »Hippies« nannten. Als ich zum erstenmal in diesem kalten Spätfrühling des Jahres 1967 nach San Francisco kam, wußte ich nicht, was ich eigentlich suchte, und so blieb ich einfach eine Weile da und schloß ein paar Freundschaften.

Ein Schild auf der Haight Street, San Francisco:

Am letzten Ostertag im Ort
ging mein Christopher Robin fort.
Am 10. April rief er an,
er hat es seitdem nicht wieder getan,
er sagte, er würde nach Hause kommen,
er ist bisher nicht vorbeigekommen.

Begegnest du ihm auf der Haight irgendwann,
sag ihm, er soll nicht zögern so lang,
denn ich brauch ihn so,
werd sonst nicht froh.
Braucht er Moos,
schick ich's gleich los.

Darf ich Hoffnung hegen,
mußt du mir eine Nachricht hinterlegen,
wenn es ihn noch gibt,
sag ihm, ich hab' ihn geliebt,
wo er ist, muß ich wissen,
denn ich würde ihn so gern küssen.

Innig, Marla

Marla Pence
12702 NE. Multnomah
Portland, Ore. 97230
503/252–2720.

Ich suche einen, der Deadeye heißt, und erfahre, daß er sich an diesem Nachmittag hier in der Straße rumtreibt, um ein paar kleine Geschäfte zu regeln, also sehe ich mich um, und als ich vorgebe, die Anzeigen im Psycho-Laden auf der Haight Street zu lesen, kommt ein Junge herein, vielleicht sechzehn, siebzehn, und setzt sich neben mir auf den Boden.

»Was suchst du«, sagt er.

Ich sage, nicht viel.

»Seit drei Tagen bin ich total abgedreht«, sagt er. Er erzählt mir, daß er Crystal schießt, was ich bereits weiß, da er sich gar nicht erst die Mühe macht, seine Ärmel über die Nadeleinstiche herunterzukrempeln. Vor einigen Wochen ist er aus Los Angeles gekommen, er weiß nicht mehr, vor wie vielen Wochen, und jetzt will er nach New York, falls er bei irgendwem mitfahren kann. Ich zeige ihm einen Zettel, auf dem eine Mitfahrgelegenheit nach Chicago angeboten wird. Er fragt sich, wo Chicago ist. Ich frage ihn, wo er herkommt. »Von hier«, sagt er. Ich meine, bevor er hier war. »San Jose, Chula Vista, was weiß ich. Meine Mutter ist in Chula Vista.«

Einige Tage später treffe ich ihn im Golden Gate Park wieder, wo die Grateful Dead spielen. Ich frage ihn, ob er eine Mitfahrgelegenheit nach New York gefunden hat. »Hab' gehört, New York ist ätzend«, sagt er.

Deadeye tauchte an jenem Tag nicht mehr auf, und irgendwer sagt mir, ich würde ihn in seiner Wohnung finden. Es ist drei Uhr nachmittags, und Deadeye liegt im Bett. Ein Junge schläft auf dem Sofa im Wohnzimmer, ein Mädchen schläft auf dem Boden unter einem Poster von Allen Ginsberg, und ein paar Mädchen in Pyjamas machen Instantkaffee. Eines der Mädchen stellt mich dem Freund auf dem Sofa vor, der einen Arm ausstreckt, aber nicht aufsteht, weil er nackt ist. Deadeye und ich haben einen gemeinsamen Bekannten, aber vor den anderen will er den Namen nicht erwähnen. »Der Mann, mit dem du geredet hast«, sagt er oder, »dieser Mann, von dem ich vorhin gesprochen habe.« Der Mann ist ein Polizist.

Das Zimmer ist überheizt, und das Mädchen auf dem Fußboden ist krank. Deadeye sagt, sie schläft jetzt seit vierundzwanzig Stunden. »Eine Frage«, sagt er. »Willst du Gras?« Ich sage, ich muß weiter. »Ein Ja«, sagt er, »und es gehört dir.« Deadeye war früher ein Angel in Los Angeles, aber das ist ein paar Jahre her. »Im Moment«, sagt er, »versuche ich, eine coole religiöse Gruppe aufzumachen – Evangelismus für Teenager.«

Don und Max wollen essen gehen, aber Don ißt nur Makrobiotisches, also landen wir wieder in Japantown. Max erzählt mir, daß er die ganzen alten kleinbürgerlichen, Freudschen Blockaden losgeworden ist. »Ich bin jetzt seit einigen Monaten mit meiner Alten zusammen, und kann sein, daß sie mir gerade was Besonderes zum Abendessen gemacht hat und ich erst drei Tage später nach Hause komme und ihr sage, ich habe grad eine andere Braut gebumst, na ja, und da schreit sie ein bißchen rum, aber dann sag' ich: ›So bin ich eben, Baby‹, und sie lacht und sagt: ›So bist du eben, Max.‹« Max sagt, umgekehrt funktioniert es genauso. »Ich meine, wenn sie reinkommt und sagt, sie will Don bumsen, oder so, dann sag' ich: ›Okay, Baby, ist dein Trip.‹«

Max betrachtet sein Leben als Triumph über die »Neins«. Unter den »Neins«, zu denen er ja sagte, noch bevor er einundzwanzig war, waren Peyote, Alkohol, Meskalin und Methedrin. In New York und Tanger war er drei Jahre auf einem Meth-Trip, bevor er LSD entdeckte. Peyote probierte er zum erstenmal, als er auf eine Jungen-Schule in Arkansas ging und es ihn an den Golf verschlug und er »diesen

Indianerjungen traf, der zu einem Nein ja sagte. Dann bin ich jedes Wochenende, an dem ich mich loseisen konnte, tausend Kilometer nach Brownsville in Texas getrampt, um Peyote zu organisieren. In Brownsville hast du Peyote für dreißig Cent den Button auf der Straße gekriegt.« Max wechselte von Schule zu Schule und von einer teuren Klinik in der Osthälfte Amerikas zur nächsten, denn seine Standardtechnik, mit Langeweile umzugehen, bestand darin, abzuhauen. Beispiel: Max war in einem Krankenhaus in New York, »und die Nachtschwester war eine coole Schoko-Braut, und am Nachmittag hatte ich Therapie bei einer Braut aus Israel, die ganz interessant war, aber morgens war nichts los, also bin ich abgehauen«.

Wir trinken weiter grünen Tee und reden davon, zu den Malakoff Diggins in Nevada zu fahren, weil ein paar Leute dort eine Kommune gründen und Max denkt, daß es cool wäre, LSD in der alten Mine zu nehmen. Er sagt, daß wir vielleicht nächste Woche hinfahren könnten, oder die Woche drauf, oder irgendwann sonst, bevor sein Fall verhandelt wird. Fast jeder, den ich in San Francisco kennenlerne, muß irgendwann in absehbarer Zeit vor Gericht. Ich frage nie, warum.

Mich interessiert immer noch, wie Max seine kleinbürgerlichen, Freudschen Blockaden losgeworden ist, und ich frage ihn, ob er sich jetzt komplett davon befreit hat.

»Nee«, sagte er, »ich hab LSD.«

Max wirft alle sechs oder sieben Tage eine 250- oder 350 Mikrogramm-Pille ein.

Max und Don teilen sich im Auto einen Joint, und wir fahren zum North Beach, um zu hören, ob Otto, der dort gerade jobbt, auch zu den Malakoff Diggins will. Otto quatscht mit ein paar Elektroingenieuren. Die Ingenieure starren fasziniert zu uns herüber, wahrscheinlich, denke ich, weil Max Glöckchen und ein indianisches Stirnband trägt. Max hat nichts übrig für spießige Ingenieure und ihre Freudschen Blockaden. »Guck sie dir an«, sagt er. »Brüllen immer rum von wegen ›schwul‹ und so, und dann kommen sie nach Haight-Ashbury geschlichen und versuchen, eine der Hippie-Bräute zu kriegen, weil das welche sind, die ficken.«

Wir kommen nicht dazu, Otto wegen der Malakoff Diggins zu fragen, weil er mir von einer Vierzehnjährigen erzählen will, die er kennt und die neulich im Park geschnappt wurde. Sie war einfach so durch den Park gelaufen, sagt er, mit ihren Schulbüchern und ohne irgendwen zu stören, als die Bullen sie aufgriffen und verwarnten und ihr eine *Vagina-Visitation* verpaßten. *»Vierzehn Jahre alt«*, sagt Otto. »Und eine Vagina-Visitation.«

»Kein schöner Trip«, fügt er hinzu, »wenn man gerade von LSD runterkommt.«

Am nächsten Nachmittag rufe ich Otto an, um herauszufinden, ob er die Vierzehnjährige erreichen kann. Wie sich herausstellt, ist sie mit Proben für ihre Junior-Highschool-Aufführung von *Der Zauberer von Oz* beschäftigt. »Die Zeit des gelben Ziegelsteinwegs«, sagt Otto. Otto war den ganzen Tag krank. Er glaubt, es lag an dem Kokain mit Mehl, das ihm jemand gegeben hat.

Rockgruppen locken immer junge Mädchen an – die gleichen jungen Mädchen, die sich früher bei Saxophonspielern herumtrieben, Mädchen, die vom Ruhm, von der Macht und vom Sex leben, die eine Band beim Spielen ausstrahlt – und drei dieser Mädchen sind an diesem Nachmittag hier draußen in Sausalito, wo die Grateful Dead proben. Sie sind hübsch, zwei von ihnen haben noch Babyspeck, und eine von ihnen tanzt für sich allein und mit geschlossenen Augen.

Ich frage sie, was sie hier machen.

»Ich bin halt irgendwie oft hier draußen«, sagt eine von ihnen.

»Ich kenne die Dead halt irgendwie«, sagt die andere.

Die, die die Dead halt irgendwie kennt, fängt an, ein Baguette auf dem Klavierhocker aufzuschneiden. Die Jungs machen eine Pause, und einer redet davon, wie sie im Los Angeles Cheetah gespielt haben, dem ehemaligen Aragon-Ballsaal. »Wir haben genau da oben Bier getrunken, wo Lawrence Welk immer gesessen hat«, sagt Jerry Garcia.

Das junge Mädchen, das für sich allein getanzt hat, kichert. »Der Hammer«, sagt sie sanft. Ihre Augen sind noch immer geschlossen.

Man hat mir geraten, Hamburger und Cola zu besorgen, wenn ich vorhätte, ein paar Ausreißer zu treffen, was ich tue, und wir essen gemeinsam im Park, ich, Debbie, die fünfzehn ist, und Jeff, der sechzehn ist. Debbie und Jeff sind vor zwölf Tagen abgehauen, eines Morgens sind sie mit insgesamt hundert Dollar in der Tasche einfach von der Schule weg. Weil Debbie als vermißt gemeldet ist – sie war bereits auf Bewährung, weil ihre Mutter sie einmal zur Polizei gebracht und für schwer erziehbar erklärt hat –, ist es erst das zweite Mal, daß sie die Wohnung eines Freundes verlassen haben, seit sie in San Francisco sind. Beim erstenmal sind sie rüber zum Fairmont Hotel gegangen und mit dem Fahrstuhl an der Außenfront des Hotels dreimal hoch und dreimal runter gefahren. »Wow«, sagt Jeff, und das ist alles, was ihm dazu einfällt.

Ich frage sie, warum sie abgehauen sind.

»Meine Eltern wollten, daß ich in die Kirche gehe«, sagt Debbie. »Und sie ließen mich nicht die Klamotten tragen, die ich wollte. In der siebenten Klasse waren meine Röcke länger als die aller anderen – in der achten Klasse wurde es besser, aber trotzdem.«

»Deine Mutter war voll ätzend«, sagt Jeff.

»Sie konnten Jeff nicht leiden. Sie konnten meine Freundinnen nicht leiden. Mein Vater fand mich ordinär und hat mir das gesagt. Ich hatte einen Durchschnitt von 3,0, und er sagte, ich darf mich erst wieder verabreden, wenn ich mich verbessert habe, und das hat mich auch genervt.«

»Meine Mutter war eine echte amerikanische Zicke«, sagt Jeff. »Sie machte immer Probleme wegen der Haare. Und sie konnte Stiefel nicht leiden. Es war echt ätzend.«

»Erzähl das mit der Hausarbeit«, sagt Debbie.

»Zum Beispiel mußte ich im Haushalt helfen. Bevor ich meine Hemden für die Woche nicht fertig gebügelt hatte, durfte ich am Wochenende nicht raus. Es war ätzend. Wow.«

Debbie kichert und schüttelt den Kopf. »Dieses Jahr wird toll.«

»Wir werden's einfach mal laufenlassen«, sagt Jeff. »Alles liegt in der Zukunft, man kann sowieso nichts vorausplanen. Zuerst besorgen wir uns einen Job, dann eine Wohnung. Dann, keine Ahnung.«

Jeff ißt seine Pommes frites auf und überlegt, welchen Job er sich besorgen könnte. »Ich bin immer irgendwie auf Metallarbeiten abgefahren, Schweißen, so Sachen.« Vielleicht könnte er etwas mit Autos machen, sage ich. »Ich bin nicht so technisch veranlagt«, sagt er. »Egal, man kann es nicht vorausplanen.«

»Ich könnte babysitten«, sagt Debbie. »Oder irgendwas in einem Billig-Kaufhaus machen.«

»Du redest ständig von irgendwas in einem Billig-Kaufhaus«, sagt Jeff.

»Weil ich schon mal in einem gearbeitet habe.«

Debbie poliert ihre Fingernägel mit dem Gürtel ihrer Wildlederjacke. Sie ärgert sich, weil ein Nagel abgebrochen ist und ich keinen Nagellackentferner im Auto habe. Ich biete ihr an, sie in die Wohnung einer Freundin mitzunehmen, damit sie ihre Maniküre erneuern kann, aber etwas beschäftigt mich, und als ich am Zündschloß herumfummele, frage ich schließlich nach. Ich frage sie, ob sie sich an ihre Kindheit erinnern können, was sie einmal hatten werden wollen, als Erwachsene, wie sie sich die Zukunft vorgestellt hatten.

Jeff wirft eine Coca-Cola-Flasche aus dem Autofenster. »Kann mich nicht daran erinnern, daß ich darüber überhaupt nachgedacht habe«, sagt er.

»Ich weiß, daß ich mal Tierärztin werden wollte«, sagt Debbie. »Aber jetzt habe ich mehr den Hang zur Künstlerin oder zum Model oder zur Kosmetikerin. Oder sowas.«

Häufig ist von einem bestimmten Polizisten die Rede, Officer Arthur Gerrans, dessen Name auf der Straße ein Synonym für fanatischen Diensteifer geworden ist. »Er ist unser Officer Krupke«, sagte mir Max einmal. Max ist nicht allzu begeistert von Officer Gerrans, weil Officer Gerrans ihn letzten Winter nach dem *Human Be-In* festgenommen hat, dem großen *Human Be-In* im Golden Gate Park, wo 20 000 Menschen einen Gratisrausch erlebten oder 10 000 oder jedenfalls eine ganze Menge, aber Officer Gerrans hat eigentlich beinahe jeden im Viertel irgendwann schon einmal festgenommen. Offenbar um einem Persönlichkeitskult vorzubeugen, wurde Officer Gerrans vor kurzem aus dem Viertel versetzt, und deshalb treffe ich ihn nicht auf der Wache Park Station, sondern auf der Wache Central Station an der Greenwich Avenue.

Wir sind in einem Verhörzimmer, und ich verhöre Officer Gerrans. Er ist jung und blond und argwöhnisch, und ich gehe es langsam an. Was, frage ich ihn, sind seiner Meinung nach die »größten Probleme« auf der Haight.

Officer Gerrans denkt darüber nach. »Ich würde sagen, die größten Probleme dort«, sagt er schließlich, »die größten Probleme sind Drogen und Jugendliche. Jugendliche und Drogen, da haben Sie schon Ihre größten Probleme.«

Ich schreibe es auf.

»Einen Moment«, sagt Officer Gerrans und verläßt das Zimmer. Als er zurückkommt, sagt er, daß ich mit ihm nicht ohne Erlaubnis des Chiefs Thomas Cahill reden darf.

»In der Zwischenzeit«, ergänzt Officer Gerrans und zeigt auf das Notizbuch, in das ich *größte Probleme: Jugendliche und Drogen* geschrieben habe, »nehme ich diese Notizen an mich.«

Am nächsten Tag reiche ich mein Gesuch ein, mit Officer Gerrans und mit Chief Cahill sprechen zu dürfen. Einige Tage später ruft mich ein Sergeant zurück.

»Wir haben jetzt Nachricht vom Chief bezüglich Ihrer Anfrage. Die lautet: tabu.«

Ich frage, warum es tabu ist, mit Officer Gerrans zu sprechen.

Officer Gerrans sei mit schwebenden Gerichtsverfahren beschäftigt.

Ich frage, warum es tabu ist, mit Chief Cahill zu sprechen.

Der Chief sei mit dringenden Polizeiangelegenheiten beschäftigt.

Ich frage, ob ich überhaupt mit jemandem von der Polizei sprechen kann.

»Nein«, sagt der Sergeant. »Im Moment nicht.«

Das war mein letzter offizieller Kontakt mit der Polizei von San Francisco.

Norris und ich sind im Panhandle-Park, und Norris erzählt mir, daß er mit einem Freund, der mich mit nach Big Sur nehmen soll, alles geregelt hat. Ich sage, am liebsten würde ich ein paar Tage mit Norris, seiner Frau und den anderen in seinem Haus verbringen. Norris sagt, es wäre viel einfacher, wenn ich ein bißchen LSD nehmen würde. Ich sage, ich bin zu labil. Norris sagt okay, schön, dann eben *Gras* und drückt meine Hand.

Eines Tages fragt Norris, wie alt ich bin. Ich sage ihm, ich bin zweiunddreißig. Es dauert ein paar Minuten, aber dann hat er es verdaut. »Mach dir keine Sorgen«, sagt er schließlich. »Es gibt auch alte Hippies.«

Es ist ein ziemlich netter Abend, es passiert nicht viel, und Max bringt Sharon, seine Alte, mit ins Lagerhaus. Das Lagerhaus, wo Don und eine wechselnde Zahl von Leuten leben, ist eigentlich kein Lagerhaus, sondern die Garage eines abbruchreifen Hotels. Das Lagerhaus war als totales Theater geplant, als ununterbrochenes Happening, und mir geht es dort immer gut. Was vor zehn Minuten passiert ist oder was in einer halben Stunde passieren wird, hat man gewöhnlich sofort wieder vergessen. Irgend jemand macht immer irgend etwas Interessantes, arbeitet beispielsweise an einer Licht-Show, und überall gibt es jede Menge interessanter Dinge, wie den alten Chevrolet, der als Bett genutzt wird, eine riesige amerikanische Fahne, die in den Schatten unter der Decke aufweht, und einen prall gepolsterten Sessel, der wie eine Schaukel von den Dachbalken schwingt; er soll dir einen Rausch sensorischer Deprivation verschaffen.

Ein Grund, weshalb ich das Lagerhaus besonders mag, ist ein kleiner Junge, der jetzt dort wohnt. Er heißt Michael. Michaels Mutter Sue Ann ist ein liebes blasses Mädchen, das immer in der Küche steht und Algen kocht oder makrobiotisches Brot backt, während Michael sich mit Räucherstäbchen, einem alten Tamburin oder mit einem Schaukelpferd vergnügt, von dem die Farbe blättert. Als ich Michael zum erstenmal sah, saß er auf diesem Schaukelpferd, ein sehr blondes, blasses und schmutziges Kind auf einem Schaukelpferd ohne Farbe. Ein blauer Theaterspot war an diesem Nachmittag die einzige Lichtquelle im Lagerhaus, und in diesem Licht war Michael, der dem Schaukelpferd leise etwas vorsummte. Michael ist drei Jahre alt. Er ist ein aufgewecktes Kind, spricht aber noch nicht.

Heute abend versucht Michael seine Räucherstäbchen anzuzünden, und die übliche Menge von Leuten treibt vorbei und driftet in Dons Zimmer, sie sitzen auf dem Bett und lassen Joints herumgehen. Sharon ist ganz aufgeregt, als sie ankommt.

»*Don*«, schreit sie atemlos. »Wir haben heute STP aufgetrieben.« Zu jener Zeit ist STP noch eine große Sache, wie Sie sich vielleicht erinnern; noch wußte niemand, was das war, und es war relativ, wenn auch nur relativ, schwer zu bekommen. Sharon ist blond, geleckt und ungefähr siebzehn, aber Max äußert sich dazu nur vage, denn sein Fall kommt in ungefähr einem Monat vor Gericht, und Unzucht mit Minderjährigen kann er nicht auch noch gebrauchen. Sharons Eltern lebten getrennt, als sie sie zum letztenmal sah. Sie vermißt weder die Schule noch sonst viel aus ihrer Vergangenheit, außer ihrem jüngeren Bruder. »Ich will ihn high machen«, vertraut sie mir eines Tages an. »Er ist vierzehn, das ist das perfekte Alter. Ich weiß, in welche Schule er geht, und irgendwann werde ich einfach hingehen und ihn holen.«

Zeit vergeht, und ich verliere den Faden, und als ich ihn wiederfinde, scheint Max darüber zu reden, daß er es wunderschön findet, wie Sharon abwäscht.

»Na ja, es *ist* wunderschön«, sagt Sharon. »*Alles* ist wunderschön. Ich meine, du siehst, wie die blaue Blase vom Spülmittel den Teller runterläuft, du siehst, wie sie das Fett zerteilt – wow, das kann ein echter Trip sein.«

Ziemlich bald, vielleicht im nächsten Monat oder später, wollen Max und Sharon nach Afrika oder nach Indien gehen, wo sie von dem leben können, was der Boden hergibt. »Ich habe mein kleines Vermögen, weißt du«, sagt Max, »das ist ganz nützlich, weil es den Bullen und den Grenzern zeigt, daß ich okay bin, aber von dem zu leben, was der Boden hergibt, das ist es. In der Stadt kannst du high sein und hast dein Dope, alles okay, aber wir müssen mal richtig raus und organisch leben.«

»Wurzeln und so«, sagt Sharon und zündet Michael ein neues Räucherstäbchen an. Michaels Mutter kocht noch immer Algen in der Küche. »Die kann man essen.«

Gegen elf fahren wir vom Lagerhaus in die Wohnung, die Max und Sharon sich mit Tom und Barbara, einem Pärchen, teilen. Sharon freut sich, nach Hause zu kommen (»Ich hoffe, du hast in der Küche ein paar Joints fertiggemacht«, sagt sie zur Begrüßung zu Barbara), und alle freuen sich, die Wohnung vorführen zu können, die voller Blumen, Kerzen und Paisleytüchern ist. Max, Sharon, Tom und Barbara macht das Hasch ziemlich high, und alle tanzen ein bißchen, und wir projizieren ein paar Flüssigkeiten an die Wand und bauen ein Stroboskoplicht auf und wechseln uns mit dem High-Werden ab. Sehr spät kommt noch ein gewisser Steve mit einem hübschen, dunklen Mädchen vorbei. Sie waren auf einem Treffen von Leuten, die einen westlichen Yoga-Stil praktizieren, aber sie wollen offenbar nicht darüber reden. Sie liegen eine Weile auf dem Boden, dann steht Steve auf.

»Max«, sagt er, »eines sag ich dir.«

»Na los.« Max ist gereizt.

»Mit LSD habe ich die Liebe entdeckt. Aber dann habe ich sie verloren. Und jetzt finde ich sie wieder. Mit nichts als Gras.«

Max murmelt, daß zum eigenen Karma Himmel und Hölle gehören.

»Das ist es, was mich an psychedelischer Kunst nervt«, sagt Steve.

»Was denn für psychedelische Kunst«, sagt Max. »Ich habe nicht viel psychedelische Kunst gesehen.«

Max liegt mit Sharon auf dem Bett, und Steve beugt sich zu ihm hinunter. »Cool, Alter«, sagt er. »Du bist echt cool.«

Steve setzt sich hin und erzählt mir von einem Sommer auf einer Schule für Gestaltung in Rhode Island, wo er auf dreißig Trips war, die letzten alle schlecht. Ich frage ihn, wieso sie schlecht waren. »Ich könnte dir sagen, es lag an meinen Neurosen«, sagt er, »aber scheiß drauf.«

Einige Tage später schaue ich bei Steve zu Hause vorbei. Er läuft nervös im Zimmer herum, das er als Atelier benutzt, und zeigt mir ein paar seiner Bilder. Wir kommen irgendwie nicht voran.

»Vielleicht hast du gemerkt, was neulich bei Max los war«, sagt er abrupt.

Das Mädchen, das er mitgebracht hatte, die dunkle Schönheit, war früher die Freundin von Max. Sie ist ihm zuerst nach Tanger und jetzt nach San Francisco gefolgt. Aber Max hat Sharon. »Also bleibt sie jetzt halt irgendwie hier«, sagt Steve.

Steve macht vieles zu schaffen. Er ist dreiundzwanzig, in Virginia aufgewachsen und hält Kalifornien für den Anfang vom Ende. »Das ist doch idiotisch hier«, sagt er, und seine Stimme wird leiser. »Die Braut erzählt mir, das Leben ist sinnlos, aber egal, lassen wir es einfach laufen. Ich sage dir, es hat Zeiten gegeben, da wollte ich mein Zeug packen und zurück an die Ostküste, dort hatte ich wenigstens ein *Ziel*. Dort erwartest du wenigstens noch, daß was *losgeht.*« Er zündet mir eine Zigarette an, und seine Hand zittert. »Hier weißt du, es wird nichts losgehen.«

Ich frage ihn, was denn losgehen sollte.

»Ich weiß nicht«, sagt er. »Irgendwas.«

Arthur Lisch telefoniert in der Küche, er versucht, die Hilfsorganisation VISTA für ein Programm im Viertel zu gewinnen. »Wir *haben* hier schon eine Notsituation«, sagt er ins Telefon, während er versucht, seine anderthalbjährige Tochter aus der Telefonschnur zu befreien. »Wir kriegen hier keine Hilfe, niemand kann mit Sicherheit sagen, was noch passiert. Wir haben hier Leute, die auf der Straße schlafen. Wir haben Leute, die verhungern.« Er macht eine Pause. »Von mir aus«, sagt er dann, und seine Stimme wird lauter. »Ja, dann machen sie es eben freiwillig. Na und?«

Als er auflegt, hat er ein Bild vom Leben am Rande des Golden Gate Parks gemalt, das, wie ich finde, von Dickens stammen könnte, aber ich bin auch zum erstenmal diesem Wenn-nicht-dann-Straßenschlacht-Geschwätz von Arthur Lisch ausgesetzt. Arthur Lisch ist eine Art Anführer der Diggers, die laut der offiziellen Mythologie des Viertels eine Gruppe anonymer Gutmenschen sein sollen, die keinen anderen Gedanken in ihrem kollektiven Kopf haben als den, anderen eine helfende Hand zu reichen. Laut der offiziellen Mythologie des Viertels soll es bei den Diggers auch keine »Anführer« geben, aber Arthur Lisch ist trotzdem einer. Arthur Lisch arbeitet außerdem gegen Bezahlung für das American Friends Service Committee und lebt mit seiner Frau Jane und den beiden kleinen Kindern in einer Wohnung der Eisenbahn, in der an diesem Tag das Chaos herrscht. Erstens klingelt ständig das Telefon. Arthur verspricht, zu einer Anhörung in der City Hall zu gehen. Arthur verspricht, »Edward zu schicken, er ist okay«. Arthur verspricht, eine gute Band zu organisieren, vielleicht die Loading Zone, die honorarfrei für eine jüdische Wohltätigkeitsveranstaltung spielt. Zweitens schreit das Baby und hört erst auf, als Jane Lisch mit einem Glas Gerber's Junior Chicken Noodle-Dinner auftaucht. Ein weiterer Störfaktor ist ein gewisser Bob, der im Wohnzimmer sitzt und seine Zehen anstarrt. Erst starrt er die Zehen des einen Fußes an, dann die des anderen. Ich versuche mehrmals, Bob in die Unterhaltung einzubeziehen, bevor mir klar wird, daß er auf einem schlechten Trip ist. Außerdem gibt es noch zwei Leute, die auf dem Küchenboden etwas zerlegen, das wie eine Rindfleischseite aussieht, das zerlegte Fleisch soll Jane Lisch dann für die Digger-Fütterung im Park kochen.

Arthur Lisch scheint von all dem nichts mitzubekommen. Er redet einfach weiter von computergesteuerten Gesellschaften, festen Jahreslöhnen und wenn nicht, dann Straßenschlachten.

Ich rufe am nächsten oder übernächsten Tag bei den Lischs an und frage nach Arthur. Jane Lisch sagt mir, er ist nebenan duschen, weil bei ihnen im Badezimmer gerade jemand von einem schlechten Trip herunterkommt. Abgesehen von dem Ausgeflippten im Badezimmer erwarten sie noch einen Psychiater, der sich Bob ansehen will, und einen Arzt für Edward, der überhaupt nicht okay ist, sondern Grippe hat. Jane sagt, ich soll vielleicht mal mit Chester Anderson reden. Sie wird mir aber seine Nummer nicht geben.

Chester Anderson ist ein Nachkomme der Beat generation, ein Mann Mitte dreißig, dessen Einfluß im Viertel sich einem Vervielfältigungsapparat verdankt, auf dem er Kommuniqués druckt, die mit »Die Kommunikationsfirma«

unterzeichnet sind. Ein weiterer Glaubenssatz der offiziellen Mythologie des Viertels besagt, daß die Kommunikationsfirma alles druckt, was nur irgendwer zu sagen hat, aber im Grunde druckt Chester Anderson nur das, was er selbst schreibt oder gut findet oder für harmlose oder tote Materie hält. Seine Erklärungen, die in Stapeln herumliegen und auf Fenstern entlang der Haight Street kleben, werden im Viertel mit einer gewissen Besorgnis und von Außenstehenden mit beachtlichem Interesse betrachtet; letztere forschen wie Beobachter Chinas darin nach subtilsten Verschiebungen in einer obskuren Ideologie. Ein Anderson-Kommuniqué kann so konkret sein, jemanden zu verpfeifen, der angeblich für eine Marihuana-Razzia verantwortlich war, es kann aber auch in eine allgemeinere Richtung gehen:

> Hübsche kleine sechzehnjährige Braut aus der Mittelschicht kommt in die Haight, um zu gucken, was hier so los ist & wird von einem siebzehnjährigen Straßendealer abgeschleppt, der sie den ganzen Tag wieder & wieder mit Speed vollpumpt, dann mit 3000 Mikros füttert & ihren vorübergehend ruhiggestellten Körper für die größte Gruppenvergewaltigung auf der Haight Street seit der vorletzten Nacht verlost. Die Politik und die Moral von Ekstase. Vergewaltigung ist auf der Haight Street stinknormal. Kinder hungern auf der Straße. Geist und Körper werden vom Zusehen verstümmelt, ein maßstabsgetreues Abbild von Vietnam.

Nicht Jane Lisch, aber jemand anderes gab mir eine Adresse von Chester Anderson, 443 Arguello, aber 443 Arguello gibt es nicht. Ich rufe die Frau des Mannes an, der mir die 443-Arguello-Adresse gegeben hat, und sie sagt, es ist 742 Arguello.

»Aber gehen Sie da nicht hin«, sagt sie.

Ich sage, ich werde anrufen.

»Es gibt keine Nummer«, sagt sie. »Ich kann sie Ihnen nicht geben.«

»742 Arguello«, sage ich.

»Nein«, sagt sie. »Ich weiß nicht. Gehen Sie nicht da hin. Und wenn Sie doch hingehen, sagen Sie weder meinen Namen noch den meines Mannes.«

Sie ist die Frau eines Englisch-Professors am San Francisco State College. Ich beschließe, Chester Anderson für eine Weile ruhen zu lassen.

> *Paranoia strikes deep –*
> *into your life it will creep –*
> ist ein Lied, das die Buffalo Springfield
> singen.

Der Reiz der Malakoff Diggins ist irgendwie verblaßt, aber Max sagt, ich soll mit zu ihm kommen und einfach dabei sein, wenn er das nächste Mal LSD nimmt. Tom wird auch welches nehmen, wahrscheinlich Sharon, vielleicht Barbara. Wir können es die nächsten sechs oder sieben Tage nicht machen, weil Max und Tom gerade im STP-Universum sind. Sie sind nicht verrückt nach STP, aber es hat Vorteile. »Du hast immer noch dein Vorderhirn«, sagt Tom. »Auf STP könnte ich schreiben, auf LSD nicht.« Ich höre zum erstenmal, daß man auf LSD etwas nicht machen kann, und ich höre zum erstenmal, daß Tom schreibt.

Otto geht es besser, weil er entdeckt hat, daß es nicht das Kokain mit Mehl war, weshalb es ihm schlecht ging. Es waren die Windpocken, die er sich geholt hat, als er neulich bei einem Auftritt der Big Brother and the Holding Company den Babysitter gab. Als ich ihn besuche, treffe ich Vicki, die hin und wieder in einer Band, den Jook Savages, singt und bei Otto wohnt. Vicki hat die Laguna Highschool geschmissen, »weil ich Pfeiffersches Drüsenfieber hatte«, sie folgte den Grateful Dead nach San Francisco und ist jetzt »schon eine Weile da«. Ihre Eltern sind geschieden, ihren Vater, der bei einem Sender in New York arbeitet, sieht sie nicht mehr. Vor einigen Monaten kam er hierher, um eine Dokumentation über das Viertel zu machen, und hat versucht, sie zu finden, aber es ist ihm nicht gelungen. Später schrieb er ihr einen Brief an die Adresse ihrer Mutter, in dem er sie drängte, wieder zur Schule zu gehen. Vicki denkt, daß sie das vielleicht irgendwann auch macht, aber momentan sieht sie wenig Sinn darin.

Chet Helms und ich essen Tempura in Japantown, und er läßt mich an ein paar seiner Einsichten teilhaben. Bis vor ein paar Jahren hat Chet Helms nichts weiter gemacht, als durch die Gegend zu trampen, aber jetzt betreibt er den Avalon-Ballsaal und fliegt über den Pol, um sich die Londoner Szene anzusehen und sagt Sachen wie: »Einfach um der Klarheit willen möchte ich die Merkmale primitiver Religionen so kategorisieren, wie ich sie sehe.« Im Moment redet er über Marshall McLuhan und davon, daß die Zeit des gedruckten Wortes zu Ende ist, aus, vorbei. »*East Village Other* ist eine der wenigen Zeitungen in Amerika, die schwarze Zahlen schreiben«, sagt er. »Ich weiß das, weil ich das Wirtschaftsmagazin *Barron's* lese.«

Eine neue Band soll heute im Panhandle-Park spielen, aber es gibt Probleme mit dem Verstärker, und ich sitze in der Sonne und höre einer Gruppe junger Mädchen zu, die vielleicht siebzehn sind. Eine von ihnen hat viel Make-up aufgelegt, eine andere trägt Levi's und Cowboystiefel. Die Stiefel wirken nicht albern, sondern sehen so aus, als sei sie erst vor zwei Wochen von einer Ranch gekommen. Ich frage mich, was sie hier im Panhandle macht und warum sie sich mit einem Stadtmädchen anfreunden will, das sie links liegenläßt, aber ich frage mich das nicht lange, denn sie ist unscheinbar und linkisch, und ich stelle mir vor, wie sie dort, wo sie herkommt, all die Jahre in die Einheits-Highschool geht, ohne ein einziges Mal gefragt zu werden, ob sie nicht am Sonnabend mit nach Reno ins Autokino und später auf ein Bier ans Flußufer kommen will. Also haut sie ab. »Ich weiß was über Dollarscheine«, sagt sie gerade. »Wenn du einen hast, auf dem in der einen Ecke 1111 steht und 1111 in der anderen, dann geben sie dir in Dallas in Texas fünfzehn Dollar dafür.«

»Wer?« fragt das Stadtmädchen.

»Keine Ahnung.«

»Es gibt nur drei signifikante Informationen für die Welt von heute«, war auch etwas, was mir Chet Helms eines Abends erklärte. Wir waren im Avalon, und das große Stroboskoplicht war an, es gab bunte Lichter und Day-Glo-Gemälde, und alles war voller Schüler, die sich bemühten, berauscht auszusehen. Die Verstärkeranlage im Avalon schafft 126 Dezibel auf 30 Meter, aber für Chet Helms war es nur ein Geräusch, das da war wie die Luft, und er sprach einfach hindurch. »Die erste«, sagte er, »lautet: Gott ist letztes Jahr gestorben, und die Zeitungen brachten die Nachrufe. Die zweite lautet: Fünfzig Prozent der Bevölkerung sind unter fünfundzwanzig oder werden es demnächst sein.« Ein Junge schüttelte uns sein Tamburin entgegen, und Chet lächelte ihm wohlwollend zu. »Die dritte«, sagte er, »lautet, daß diese fünfzig Prozent zwanzig Millionen Dollar auf den Kopf hauen können, die sie nicht selber verdient haben.«

Es wird Donnerstag, irgendein Donnerstag, und Max, Tom und Sharon wollen LSD nehmen und Barbara vielleicht auch. Sie wollen es gegen drei nehmen. Barbara hat frisches Brot gebacken, Max hat Blumen aus dem Park geholt, und Sharon fertigt ein Schild für die Tür an, auf dem steht: »Bitte nicht stören, klingeln, klopfen oder sonstwie stören. Love.« So würde ich es nicht formulieren, weder für die Gesundheitsinspektion, die diese Woche fällig ist, noch für einen der vielen Drogenfahnder der Nachbarschaft, aber ich komme zu dem Schluß, daß das Schild Sharons Sache ist.

Als das Schild fertig ist, wird Sharon unruhig. »Kann ich wenigstens die neue Platte auflegen?« fragt sie Max.

»Tom und Barbara wollen sie aufheben, bis wir high sind.«

»Es ist langweilig, hier nur so rumzusitzen.«

Max sieht zu, wie sie aufspringt und aus dem Zimmer geht. »Das nennt man die große prä-LSD-Flatter«, sagt er.

Barbara bleibt verschwunden. Tom läuft immerzu rein und raus. »Was man noch alles auf die letzte Minute machen muß«, murmelt er.

»Heikle Angelenheit, LSD«, sagt Max nach einer Weile. Er schaltet die Stereoanlage ein und aus. »Wenn eine Braut LSD nimmt und allein ist, ist das okay, aber wenn sie mit jemandem zusammenlebt, dann kommt so eine Nervosität auf. Und wenn die anderthalb Stunden, bevor man LSD nimmt, nicht glatt verlaufen ...«

Er hebt eine Kippe auf und betrachtet sie, dann sagt er: »Sie sind dahinten noch mit Barbara am Reden.«

Sharon und Tom kommen herein.

»Bist du auch angenervt?« fragt Max Sharon.

Sharon antwortet nicht.

Max dreht sich zu Tom. »Ist sie okay?«

»Ja.«

»Nehmen wir jetzt LSD oder was?« Max ist genervt.

»Ich weiß nicht, was sie will.«

»Was willst du?«

»Was ich will, hängt davon ab, was sie will.«

Tom dreht ein paar Joints, das Papier reibt er mit selbstgemachtem Marihuana-Harz ein. Er geht mit den Joints zurück ins Schlafzimmer, Sharon geht mit.

»So geht das immer, wenn Leute LSD nehmen«, sagt Max. Nach einer Weile hellt sich sein Gesicht auf, und er entwickelt eine Theorie. »Manche gehen einfach nicht gern aus sich raus, das ist das Problem. Du zum Beispiel. Du würdest wahrscheinlich gerade mal eine Viertelpille nehmen. Mit einem Viertel gibt es immer noch ein Ego, und das will was. Und wenn das dann schiefläuft – und deine Alte oder dein Alter ist gerade auf einem Flash und will nicht angefaßt werden – na ja, dann zieht LSD dich runter, kann sein, daß du dann monatelang auf einem Horrortrip bist.«

Sharon driftet lächelnd herein. »Barbara nimmt vielleicht doch LSD, wir sind jetzt gut drauf, wir haben einen Joint geraucht.«

Um halb vier an diesem Nachmittag legten sich Max, Tom und Sharon eine Pille unter die Zunge und setzten sich zusammen ins Wohnzimmer und warteten auf den Flash. Barbara blieb im Schlafzimmer und rauchte Hasch. Während der nächsten vier Stunden schlug einmal ein Fenster in Barbaras Zimmer zu, und gegen halb sechs stritten sich Kinder auf der Straße. Eine Gardine bauschte sich im Nachmittagswind. Eine Katze kratzte den Beagle in Sharons Schoß. Außer der Sitar-Musik aus der Stereoanlage gab es bis halb acht kein weiteres Geräusch und auch keine Bewegung, und um halb acht sagte Max: »Wow.«

Ich entdecke Deadeye in der Haight Street, und er steigt zu mir ins Auto. Bis wir die Straße verlassen, macht er sich klein im Sitz und versucht, nicht aufzufallen. Deadeye will mir seine Alte vorstellen, aber zuerst will er mit mir darüber reden, wie er auf den Trip kam, anderen zu helfen.

»Da war ich also, nichts als ein Halbstarker auf einem Motorrad«, sagt er, »und plötzlich sehe ich, daß junge Menschen nicht allein sein müssen.« Deadeye hat einen klaren, evangelistischen Blick und die pragmatische Rhetorik eines Autohändlers. Er ist ein Vorzeigeprodukt dieser Gesellschaft. Ich versuche, seinen Blick direkt zu erwidern, denn er hat mir einmal gesagt, er kann den Charakter eines Menschen an den Augen ablesen, besonders, wenn er gerade LSD genommen hat, und das hat er, ungefähr um neun Uhr morgens. »Die dürfen nur eines nicht vergessen«, sagt er. »Das Vaterunser. Das kann ihnen auf viele Weise nützen.«

Er nimmt einen vielfach zusammengefalteten Brief aus seinem Portemonnaie. Der Brief stammt von einem jungen Mädchen, dem er geholfen hat. »Mein liebender Bruder«, beginnt der Brief. »Ich dachte, ich schreibe Dir, da ich ein Teil von Dir bin. Denk dran: Wenn Du glücklich bist, bin ich es auch, wenn Du ...«

»Und jetzt«, sagt Deadeye, »will ich ein Haus aufmachen, in das Leute jeden Alters kommen können, um dort ein paar Tage zu verbringen und über ihre Probleme zu reden. *Jeden Alters.* Leute in deinem Alter haben auch Probleme.«

Ich sage, ein Haus wird Geld verschlingen.

»Ich kenne einen Weg, um Geld zu machen«, sagt Deadeye. Er zögert nur wenige Sekunden. »Gerade eben auf der Straße hätte ich fünfundachtzig Dollar machen können. Hier, ich hatte hundert LSD-Pillen dabei. Bis heute abend muß ich zwanzig Dollar auftreiben oder wir müssen aus unserem Haus raus, na ja, und ich kenne einen, der LSD hat, und ich kenne einen, der welches braucht, und dann muß ich nur noch die Verbindung herstellen.«

Seit die Mafia ins einträgliche LSD-Geschäft eingestiegen ist, nimmt die Quantität zu und die Qualität ab … Der Historiker Arnold Toynbee feierte Freitagabend seinen 78. Geburtstag, indem er zur Rockmusik der Quicksilver Messenger Service mit den Fingern schnippte und mit den Füßen stampfte … lauteten einige Meldungen in Herb Caens Kolumne eines Morgens im Frühjahr 1967, als es mit dem Westen bergab ging.

Als ich in San Francisco war, kostete eine Pille oder eine Kapsel LSD-25 zwischen drei und fünf Dollar, je nach Verkäufer und Viertel. In Haight-Ashbury war LSD etwas billiger als auf der Fillmore, wo es selten und vor allem zur sexuellen Stimulierung benutzt und von Dealern harter Drogen wie Heroin, oder »Schnee«, vertrieben wurde. Häufig war das LSD mit Methedrin verschnitten, einem handelsüblichen Amphetamin, weil Methedrin den Flash simulieren kann, der bei LSD von geringer Qualität nicht entsteht. Niemand weiß, wieviel LSD wirklich in einer Pille ist, aber für einen normalen Trip reichen angeblich 250 Mikrogramm. Gras gab es für zehn Dollar die Unze, für fünf Dollar die Streichholzschachtel. Hasch galt als »Luxus«. Die Amphetamine, oder auch Speed – Benzedrin, Dexedrin und besonders Methedrin – wurden im Spätfrühling weitaus häufiger konsumiert als zu Frühlingsbeginn. Manche schrieben das dem Einfluß des Syndikats zu, andere einem generellen Verfall der Szene, dem Auftauchen von Gangs und jüngeren Teilzeit- oder »Plastik«-Hippies, die Amphetamine mochten und die Illusion von Action und

Macht, die sie bewirken. Wo viel Methedrin genommen wird, ist auch Heroin im Umlauf, weil, wie mir gesagt wurde, »du verdammt high davon werden kannst, wenn du Crystal schießt, und Schnee dich wieder runterbringt«.

Gerry, die Alte von Deadeye, erwartet uns an der Tür ihrer gemeinsamen Wohnung. Sie ist ein kräftiges, gutherziges Mädchen, das in den Sommerferien in Camps der Pfadfinderinnen ausgeholfen hat und an der Universität in Washington »bei der Wohlfahrt« war, bis sie beschloß, daß sie bisher »einfach noch nicht genug gelebt hatte« und nach San Francisco kam. »Die Hitze in Seattle war auch ziemlich schlimm«, ergänzt sie.

»Die erste Nacht hier verbrachte ich bei einem Mädel, das ich im Blue Unicorn kennengelernt hatte«, sagt sie. »Man hat gesehen, daß ich gerade angekommen war, mit Schlafsack und so.« Danach wohnte Gerry in einem Haus der Diggers, wo sie Deadeye traf. »Dann hat es eine Weile gedauert, bis ich mich zurechtfand, deshalb habe ich bisher noch nicht viel arbeiten können.«

Ich frage Gerry, was sie arbeitet. »Im Grunde bin ich Dichterin«, sagt sie, »aber gleich, als ich ankam, wurde meine Gitarre geklaut, und das hat mich dann irgendwie blockiert.«

»Hol deine Bücher«, befiehlt Deadeye. »Zeig ihr deine Bücher.«

Gerry zögert, dann geht sie ins Schlafzimmer und kommt mit mehreren Schreibheften voller Verse zurück. Ich blättere sie durch, aber Deadeye redet immer noch davon, wie er den Menschen helfen will. »Ich werde versuchen, jedes dieser Kids, die auf Speed sind«, sagt er, »davon runterzuholen. Der einzige Vorteil, den diese Kids darin sehen, ist doch, daß sie sich dann nicht mehr um Schlafen oder Essen kümmern müssen.«

»Oder um Sex«, sagt Gerry.

»Korrekt. Wenn du auf Crystal bist, brauchst du *nichts*.«

»Das kann direkt zu den harten Sachen führen«, sagt Gerry. »Nimm den durchschnittlichen Meth-Freak, wenn der einmal damit anfängt, sich eine Nadel in den Arm zu stechen, dann ist es leicht zu sagen, laß uns ein bißchen Schnee schießen.«

In der Zwischenzeit sehe ich mir Gerrys Gedichte an. Es sind die Gedichte eines sehr jungen Mädchens, alle in Schönschrift und am Ende mit einem Schnörkel versehen. Das Morgenrot ist rosa, der Himmel himmelblau. Wenn Gerry in ihren Büchern von »Schnee« schreibt, meint sie nicht Heroin.

»Du solltest weitermachen mit dem Schreiben«, sagt Deadeye liebevoll, aber Gerry ignoriert es. Sie erzählt von einem, der sie gestern frech angemacht hat. »Der kam auf der Straße einfach auf mich zu und hat mir sechshundert Dollar angeboten, damit ich mit nach Reno komme und es mit ihm mache.«

»Da bist du nicht die einzige«, sagt Deadeye.

»Wenn eine Braut das will, von mir aus«, sagt Gerry. »Aber versau mir nicht meinen Trip.« Sie leert die Thunfischbüchse, die wir als Aschenbecher benutzen, und geht hinüber, um nach dem Mädchen zu sehen, das auf dem Fußboden schläft. Es ist dasselbe Mädchen, das auf dem Fußboden schlief, als ich zum erstenmal zu Deadeye kam. Sie ist jetzt eine Woche krank, zehn Tage. »Normalerweise, wenn mir jemand so auf der Straße kommt, haue ich ihn um Kleingeld an.«

Als ich Gerry am nächsten Tag im Park traf, fragte ich sie nach dem kranken Mädchen, und Gerry sagte fröhlich, daß sie mit einer Lungenentzündung im Krankenhaus sei.

Max erzählt mir, wie er und Sharon sich kennengelernt haben. »Als ich sie das erste Mal auf der Haight Street sah, hatte ich einen echten Flash. Und ich meine Flash. Also habe ich irgendwas geredet, irgendwas über ihre Perlen gesagt, aber die Perlen, verstehst du, die waren mir ziemlich egal.« Sharon wohnte im Haus eines Freundes von Max, und das nächste Mal sah er sie, als er dem Freund ein paar Bananen vorbeibrachte. »Es war während des großen Bananenhypes. Du mußtest ihnen deine Persönlichkeit und die Bananenschalenjoints quasi aufdrücken. Sharon und ich waren wie Kinder – wir haben Bananen geraucht und uns angesehen und noch mehr Bananen geraucht und uns angesehen.«

Aber Max zögerte noch. Einerseits dachte er, Sharon sei das Mädchen seines Freundes. »Andererseits wußte ich nicht, ob ich überhaupt eine Alte am Hals haben wollte.« Als er sie das nächste Mal besuchte, war Sharon auf LSD.

»Und jeder brüllte ›Hier kommt der Bananenonkel‹«, sagt Sharon. »Und ich wurde ganz aufgeregt.«

»Sie wohnte in einem echten Irrenhaus«, sagt Max. »Da war dieser Typ, der immerzu schrie. Das war sein Trip; Schreien üben. Das war echt heftig.« Max zögerte immer noch, sich auf Sharon einzulassen. »Aber dann hat sie mir eine Pille angeboten, und alles war klar.«

Max lief mit der Pille in die Küche und zurück und fragte sich, ob er sie nehmen sollte. »Und dann dachte ich, jetzt machst du das einfach mal, und das war das. Denn wenn du einmal mit einer LSD nimmst, die dich richtig anturnt, dann siehst du die ganze Welt in ihren Augen schmelzen.«

»Es ist stärker als alles in der Welt«, sagt Sharon.

»Nichts kann es kaputtmachen«, sagt Max. »Solange es dauert.«

No milk today –
my love has gone away …
The end of my hopes –
The end of all my dreams –

ist ein Lied, das ich im kalten Spätfrühling von 1967 jeden Morgen auf KFRC hörte, dem Flower-Power-Sender von San Francisco.

Deadeye und Gerry erzählen mir, daß sie heiraten wollen. Ein Priester der Episkopalkirche im Viertel hat versprochen, die Trauung im Golden Gate Park durchzuführen, und ein paar Rockgruppen werden spielen, »ein richtiges Gemeinschaftsding«. Gerrys Bruder heiratet auch, in Seattle. »Irgendwie interessant«, überlegt Gerry, »weil, weißt du, er plant eine traditionelle, eine richtige Hochzeit, und dann hast du den Kontrast zu unserer.«

»Bei seiner muß ich mir eine Krawatte umbinden«, sagt Deadeye.

»Richtig«, sagt Gerry.

»Ihre Eltern sind hergekommen, um mich kennenzulernen, aber die waren noch nicht bereit für mich«, bemerkt Deadeye philosophisch.

»Am Ende haben sie uns ihren Segen gegeben«, sagt Gerry. »Irgendwie.«

»Die sind zu mir gekommen, und ihr Vater hat gesagt: ›Paß auf sie auf‹«, erinnert sich Deadeye. »Und ihre Mutter hat gesagt: ›Paß auf, daß sie nicht ins Gefängnis kommt.‹«

Barbara hat einen makrobiotischen Apfelkuchen gebakken, und sie, Tom, Max, Sharon und ich essen ihn. Barbara erzählt mir, wie sie lernte, »im Frauending« ihr Glück zu finden. Sie und Tom waren losgezogen, um mit

Indianern zu leben, und obwohl sie zuerst Schwierigkeiten damit hatte, zu den Frauen abgeschoben zu werden und nie an einem der Männergespräche teilzuhaben, hat sie schnell begriffen, worum es ging. »Das war es, worum es ging, das war der *Trip*«, sagt sie.

Barbara ist auf dem sogenannten Frauentrip, was beinahe alles andere ausschließt. Wenn sie, Tom, Max und Sharon Geld brauchen, sucht sich Barbara einen Teilzeit-Job, steht Modell oder arbeitet im Kindergarten, aber sie mag es nicht, mehr als zehn oder zwanzig Dollar die Woche zu verdienen. Meistens kümmert sie sich um den Haushalt und backt. »Was zu machen, womit du deine Liebe zeigen kannst«, sagt sie, »ist halt so ziemlich das Schönste, was ich kenne.« Wann immer ich vom Frauentrip höre, was oft geschieht, muß ich jedesmal an Liebe-geht-durch-den-Magen denken und an das Mysterium des Femininen und wie es Menschen möglich ist, unbewußt das Instrument von Werten zu sein, die sie auf bewußter Ebene strikt ablehnen würden, aber das erwähne ich Barbara gegenüber nicht.

Es ist ein ziemlich schöner Tag, und ich fahre nur so die Straße entlang, und an einer Ampel sehe ich Barbara.

Was ich mache, will sie wissen.

Ich fahre nur so herum.

»Cool«, sagt sie.

»Schöner Tag«, sage ich.

»Cool«, sagt sie.

Sie will wissen, ob ich vorbeikomme. Bald, sage ich.

»Cool«, sagt sie.

Ich frage sie, ob sie mit mir in den Park fahren will, aber sie ist zu beschäftigt. Sie ist unterwegs, um Wolle für ihren Webstuhl zu kaufen.

Arthur Lisch wird ziemlich nervös, wann immer er mir jetzt begegnet, weil die Devise der Diggers diese Woche lautet, nicht mit »Medienvergiftern« zu reden, und das bin ich. Also habe ich noch immer niemanden, den ich wegen Chester Anderson anzapfen kann, aber eines Tages treffe ich im Panhandle einen Jungen, der sagt, er sei Chesters »Kompagnon«. Er trägt einen schwarzen Umhang, einen schwarzen Schlapphut, einen malvenfarbenen Pullover der Job's Daughters und Sonnenbrille und sagt, er heißt Claude Hayward, aber das ist egal, denn bei mir läuft er einfach unter Die Verbindung. Die Verbindung bietet mir an, mich »abzuchecken«.

Ich nehme die Sonnenbrille ab, damit er meine Augen sehen kann. Seine behält er auf.

»Wieviel zahlen sie dir dafür, daß du die Medien vergiftest?« sagt er zur Eröffnung.

Ich setze die Sonnenbrille wieder auf.

»Es gibt nur einen Weg herauszufinden, wo's langgeht«, sagt Die Verbindung, und zückt seinen Daumen in Richtung des Fotografen, der mich begleitet. »Schick ihn weg und geh raus auf die Straße. Nimm kein Geld mit. Du wirst kein Geld brauchen.« Er greift in seinen Umhang und holt ein hektographiertes Blatt hervor, auf dem eine Reihe von Kursen im Digger-Free-Laden angeboten werden, Kurse zum Thema: Wie Sie Festnahmen, Gruppenvergewaltigungen, Vergewaltigungen, Geschlechtskrankheiten, Schwangerschaften, Schläge und Hunger vermeiden. »Du solltest kommen«, sagt Die Verbindung. »Du wirst es brauchen.«

Ich sage, vielleicht, aber in der Zwischenzeit würde ich gern mit Chester Anderson reden.

»Wenn wir uns entschließen, überhaupt mit dir Kontakt aufzunehmen«, sagt Die Verbindung, »dann werden wir den Kontakt sehr schnell aufnehmen.« Von nun an behielt er mich im Auge, wenn ich im Park war, aber unter der Nummer, die ich ihm gegeben hatte, rief er nie an.

Es wird langsam dunkel, und es ist kalt und zu früh, um Deadeye im Blue Unicorn zu treffen, also klingele ich bei Max. Barbara öffnet die Tür.

»Max und Tom haben Besuch wegen was Geschäftlichem«, sagt sie. »Kannst du später wiederkommen?«

Ich kann mir schwer vorstellen, wegen welcher Geschäfte Max und Tom Besuch haben könnten, aber wenige Tage später im Park wird es mir klar.

»Hey«, ruft Max. »Sorry, daß du neulich nicht reinkommen konntest, aber wir hatten *Geschäftliches* zu erledigen.« Jetzt begreife ich. »Wir haben gutes Zeug bekommen«, sagt er, und fängt an, ins Detail zu gehen. Jeder Dritte im Park sieht an diesem Nachmittag aus wie vom Drogendezernat, und ich versuche, das Thema zu wechseln. Später sage ich Max, er solle in der Öffentlichkeit wachsamer sein. »Hör mal, ich passe schon auf«, sagt er. »Man kann nicht vorsichtig genug sein.«

Mittlerweile habe ich einen inoffiziellen Tabu-Kontakt mit der Polizei von San Francisco. Der Kontakt sieht so aus, daß ein Polizist und ich uns auf eine Weise treffen, die aus bestimmten Filmen stammen könnte; ich sitze zufällig bei einem Baseball-Spiel auf den Rängen, und er setzt sich zufällig neben mich, und wir tauschen vorsichtig Allgemeinplätze aus. Zwischen uns wird keinerlei Information weitergegeben, aber nach einer Weile beginnen wir uns irgendwie zu mögen.

»Die Kids sind nicht gerade die Schlauesten«, sagt er mir an diesem Tag. »Sie behaupten, sie könnten jeden verdeckten Ermittler sofort erkennen, sie reden von dem ›Autotyp, den er fährt‹. Dabei reden sie gar nicht von verdeckten Ermittlern, sondern von Zivilen, die einfach wie ich nicht gekennzeichnete Autos fahren. Sie erkennen verdeckte Ermittler nicht. Ein Verdeckter fährt keinen schwarzen Ford mit Funkgerät.«

Er erzählt mir von einem verdeckten Ermittler, der aus dem Viertel abgezogen wurde, weil man dachte, er wäre zu exponiert, zu bekannt. Er wurde ins Drogendezernat versetzt und fälschlicherweise sofort wieder als verdeckter Drogen-Ermittler ins Viertel geschickt.

Der Polizist spielt mit seinem Schlüssel. »Wollen Sie wissen, wie schlau diese Kids wirklich sind?« sagt er schließlich. »In der ersten Woche hat der Typ dreiundvierzig zur Strecke gebracht.«

Die Jook Savages sollen in Larkspur eine 1.-Mai-Party geben, und als ich am Lagerhaus vorbeikomme, finden Don und Sue Ann, es könnte Spaß machen, hinzufahren, weil Sue Anns dreijähriger Sohn Michael schon länger nicht mehr draußen war. Die Luft ist weich, um die Golden Gate Bridge hängt verschleiert der Sonnenuntergang, und Don fragt Sue Ann, wie viele Geschmacksrichtungen sie in einem einzigen Reiskorn ausmachen kann, und Sue Ann sagt zu Don, daß sie vielleicht besser lernen sollte, wie man *yang* kocht, weil sie vielleicht im Lagerhaus alle viel zu *yin* sind, und ich versuche, Michael »Bruder Jakob« beizubringen. Wir sind jeder auf unserem eigenen Trip, und es ist eine schöne Fahrt. Dabei bleibt es auch, weil absolut niemand auf der Jook-Savages-Party ist, noch nicht einmal die Jook Savages selbst. Als wir zurückkommen, beschließt Sue Ann, die vielen Äpfel zu kochen, die um das Lagerhaus herumliegen, und Don beginnt an seiner Licht-Show zu arbeiten, und ich gehe kurz rüber zu Max.

»Echt heftig«, sagt Max über die Sache in Larkspur. »Irgend jemand findet es cool, fünfhundert Leute am ersten

Mai anzuturnen, und das wär auch cool, aber dann sind sie stattdessen am letzten Tag im April angeturnt, also passiert nichts. Wenn es passiert, passiert es. Wenn nicht, dann nicht. Wen interessiert's. Niemanden.«

Ein Junge mit Zahnspange spielt auf seiner Gitarre und prahlt damit, daß er das letzte von Mister O's persönlichem STP bekommen hat, und jemand redet davon, im nächsten Monat fünf Gramm LSD heranzuschaffen, und man sieht, daß an diesem Nachmittag in der Redaktion des *San Francisco Oracle* nicht besonders viel passiert. Ein Junge sitzt vor einem Zeichenblock und zeichnet die unendlich kleinen Figuren, wie sie Leute, die auf Speed sind, zeichnen, und der Junge mit Zahnspange sieht ihm dabei zu. *»I'm gonna shoot my wo-man«*, singt er dabei leise. *»She's been with a-noth-er man.«* Jemand berechnet die Numerologie meines Namens und des Namens des Fotografen, mit dem ich hier bin. Der des Fotografen enthält viel Weiß und das Meer (»Wenn ich dir eine Kette machen würde, weißt du, dann würde ich sie hauptsächlich in Weiß machen«, wird ihm gesagt.), aber meiner enthält ein doppeltes Todessymbol. Der Nachmittag scheint ins Leere zu laufen, also schlägt man uns vor, nach Japantown zu fahren und nach Sandy zu fragen, der uns den Zen-Tempel zeigen kann.

Vier Jungen und ein Mann mittleren Alters sitzen auf einer Strohmatte in Sandys Wohnung, trinken Anistee und sehen Sandy beim Lesen von Laura Huxleys *Das Leben meistern* zu.

Wir setzen uns und trinken ein bißchen Anistee. »Meditieren turnt uns an«, sagt Sandy. Er hat einen geschorenen Kopf und ein Cherubim-Gesicht, wie es gewöhnlich auf Zeitungsfotos von Massenmördern zu sehen ist. Der

Mann mittleren Alters, der George heißt, macht mich nervös, weil er in Trance neben mir sitzt und mich anstarrt, ohne mich zu sehen.

Ich merke, wie ich abdrifte – George ist *tot* oder wir *alle* sind es –, als das Telefon klingelt.

»Ist für George«, sagt Sandy.

»George, *Tele*fon.«

»*George*.«

Jemand wedelt mit der Hand vor Georges Gesicht, und schließlich steht George auf, verbeugt sich und bewegt sich auf Zehenspitzen Richtung Tür.

»Ich glaube, ich nehme Georges Tee«, sagt jemand. »George – kommst du wieder?«

George bleibt an der Tür stehen und starrt uns nacheinander an. »Gleich«, blafft er.

Weißt du, wer der erste ewige Astronaut dieses Universums ist?
Der erste, der die wilden Schwingungen, in denen er tickt, an all die kosmischen Raumstationen schickt?
Denn das Lied, das er singt, kommt als Schrei von den Lippen
es bringt die Planeten dazu, auszuflippen ...
Aber bevor du mich für verrückt erklärst,
wird es Zeit, daß du von Narada Muni erfährst,
der singt
HARE KRISHNA HARE KRISHNA
KRISHNA KRISHNA HARE HARE
HARE RAMA HARE RAMA
RAMA RAMA HARE HARE

ist ein Krishna Lied. Text: Howard Wheeler,
Musik: Michael Grant.

Vielleicht ist nicht Zen der Trip, sondern Krishna, also besuche ich Michael Grant, den wichtigsten Jünger des Swami A. C. Bhaktivedanta in San Francisco. Michael Grant ist zu Hause, und sein Schwager und seine Frau sind auch da, ein hübsches Mädchen, das einen Kaschmirpullover und ein Trägerkleid trägt und ein rotes Kastenzeichen auf ihrer Stirn hat.

»Ich stehe ungefähr seit letztem Juli mit dem Swami in Verbindung«, sagt Michael. »Weißt du, der Swami ist aus Indien gekommen, und war dann in diesem Aschram im Staat New York, und dort war er ganz für sich und sang viel. Mehrere Monate. Ich habe ihm ziemlich bald geholfen, einen Laden aufzumachen. Und jetzt ist daraus eine internationale Bewegung geworden, die wir verbreiten, indem wir diesen Gesang lehren.« Michael spielt mit seiner roten Holzperlenkette, und mir fällt auf, daß ich die einzige im Zimmer bin, die noch Schuhe anhat. »Das greift um sich wie ein Lauffeuer.«

»Wenn jeder singen würde«, sagt sein Schwager, »würde es keine Probleme mit der Polizei oder sonstwem geben.«

»Ginsberg nennt den Lobgesang Ekstase, aber der Swami sagt, das ist nicht ganz richtig.« Michael geht durch das Zimmer und rückt ein Bild gerade, das Krishna als Baby zeigt. »Zu schade, daß du den Swami nicht kennenlernst«, fügt er hinzu. »Der Swami ist jetzt in New York.«

»Ekstase ist ganz und gar nicht das richtige Wort«, sagt sein Schwager, der darüber nachgedacht hat. »Das würde ja sowas wie ... *welt*liche Ekstase bedeuten.«

Am nächsten Tag schaue ich bei Max und Sharon vorbei, und sie liegen im Bett und rauchen ein bißchen Morgenhasch. Sharon hat mir einmal offenbart, daß schon ein halber Gras-Joint das morgendliche Aufstehen zu einer wunderbaren Angelegenheit macht. Ich frage Max, was er von Krishna hält.

»Ein Mantra macht dich high«, sagt er. »Aber LSD macht mich heilig.«

Max gibt Sharon den Joint und legt sich zurück. »Zu schade, daß du den Swami nicht getroffen hast«, sagt er. »Der Swami war der Anturner.«

Jeder, der glaubt, hier ginge es nur um Drogen, hat den Kopf in den Wolken. Es handelt sich um eine soziale Bewegung, vom Wesen her romantisch, eine, die in Zeiten politischer Krise immer wieder auftaucht. Die Themen sind immer die gleichen. Rückkehr zur Unschuld. Die Beschwörung einer früheren Autorität und Kontrolle. Die Mysterien des Blutes. Ein Verlangen nach Transzendenz, nach Läuterung. Und genau das sind die Wege, auf denen die Romantik historisch gesehen immer in Schwierigkeiten gerät, sich für Autoritarismus hergibt. Sobald es in eine bestimmte Richtung geht. Wie lange, glauben Sie, dauert es diesmal? ist eine Frage, die mir ein Psychiater aus San Francisco stellte.

Zu der Zeit, als ich in San Francisco war, trat das politische Potential dessen, was damals die Bewegung genannt wurde, gerade erst klar hervor. Dem revolutionären Kern der Diggers, die ihr Guerilla-Talent jetzt darauf verwendeten, die offene Konfrontation zu suchen und einen Sommer-Notstand herbeizuführen, war es schon immer klar gewesen, und vielen der rechtschaffenen Ärzte, Priester und Soziologen, die sich veranlaßt sahen, im Viertel zu arbeiten, war es ebenfalls klar, und jedem Außenstehenden, der sich die Mühe machte, Chester Andersons Aktions-Aufrufe zu entschlüsseln, oder der darauf achtete, wer die ersten bei den Straßenunruhen waren, die jetzt die Atmosphäre im Viertel bestimmten, konnte es schnell klar werden. Man mußte kein politischer Beobachter sein, um es zu sehen; die Jungs in den Rockgruppen sahen es, weil sie oft am Ort des Geschehens waren. »Im Park sind immer zwanzig oder dreißig Typen vor der Tribüne«, beschwerte sich einer von den Dead bei mir, »die bereit sind, die Leute auf einen Gewalttrip mitzunehmen.«

Aber die besondere Schönheit dieses politischen Potentials bestand nach Meinung der Aktivisten darin, daß es den meisten Bewohnern des Viertels überhaupt nicht klar war, wahrscheinlich weil die paar politischen Realisten unter den Siebzehnjährigen gerade nicht zu denen gehören, die sich einen romantischen Idealismus als Lebensstil aneignen. Auch der Presse war es nicht klar, die mit unterschiedlich ausgeprägtem Sachverstand über das »Hippie-Phänomen« berichtete. Dort hielt man es weiter für eine ausgedehnte Kissenschlacht, für eine künstlerische Avantgarde, die von so angenehmen Stammgästen der Vereinigung Jüdischer Junger Männer wie Allen Ginsberg angeführt wurde, oder für einen vernunftbegründeten Protest ähnlich dem, sich dem Friedenskorps anzuschließen, ein Protest, der gegen eine Gesellschaft gerichtet war, die Plastikverpackungen und den Vietnamkrieg hervorgebracht hatte. Dieser letzte, dieser Sie-versuchen-uns-was-zu-sagen-Ansatz erreichte seinen Höhepunkt in einer Titelgeschichte des *Time*-Magazins, die enthüllte, daß Hippies »Geld verachten – sie nennen es ›Moos‹«. Diese Titelgeschichte ist nach wie vor einer der bemerkenswertesten, wenn auch unbeabsichtigten Beweise dafür, daß die Signale zwischen den Generationen unwiderruflich gestört sind.

Da die Signale, die die Presse empfing, nichts über die politischen Dimensionen enthielten, blieben die Spannungen im Viertel unerwähnt, sogar in der Phase, als *Life*,

Look und CBS so viele Beobachter in der Haight Street hatten, daß die sich hauptsächlich untereinander beobachteten. Im großen und ganzen glaubten die Beobachter das, was die Jugendlichen ihnen erzählten: daß sie eine Generation waren, die aus dem politischen Geschehen ausgestiegen war, die die Machtspiele hinter sich gelassen hatte, daß die Neue Linke einfach nur ein weiterer Egotrip war. *Ergo* gab es keine Aktivisten in Haight-Ashbury, und diese Dinge, die jeden Sonntag passierten, waren spontane Demonstrationen, die stattfanden, weil, wie die Diggers sagten, die Polizei brutal ist und Jugendliche keine Rechte haben und Ausreißer des Rechtes auf Selbstbestimmung beraubt sind und Leute auf der Haight Street verhungern, ein maßstabsgetreues Abbild von Vietnam.

Natürlich hatten die Aktivisten – nicht die, deren Denken sich verfestigt hatte, sondern die, die an Revolution phantasievoll und anarchisch herangingen – längst jene Realität begriffen, die der Presse noch immer entging: Wir bekamen hier etwas Bedeutendes zu sehen. Wir bekamen den verzweifelten Versuch einer Handvoll bemitleidenswert schlecht ausgerüsteter Kinder zu sehen, inmitten sozialer Leere eine Gemeinschaft zu schaffen. Als wir diese Kinder einmal gesehen hatten, konnten wir die Leere nicht länger ignorieren, konnten nicht länger so tun, als sei die Atomisierung der Gesellschaft rückgängig zu machen. Das war nicht das traditionelle Aufbegehren einer neuen Generation. Irgendwann zwischen 1945 und 1967 hatten wir es versäumt, diesen Kindern die Regeln des Spiels zu vermitteln, das wir im Moment spielten. Vielleicht hatten wir selbst aufgehört, an diese Regeln zu glauben, vielleicht hatten wir über diesem Spiel die Nerven verloren. Vielleicht gab es auch einfach nicht mehr genug Menschen, die das Vermitteln hätten übernehmen können.

Die Kinder wiederum waren solche, die nicht länger im Netz von Cousins, Großtanten, Hausärzten und lebenslangen Nachbarn aufwuchsen, die traditionell die Werte einer Gesellschaft vermittelt und ihnen Geltung verschafft hatten. Es sind Kinder, die viel herumgekommen sind, *San Jose, Chula Vista, hier*. Sie rebellieren nicht gegen die Gesellschaft; sie kennen sie gar nicht. Sie sind nur in der Lage, einige der populärsten Selbstzweifel wiederzugeben, *Vietnam, Plastikverpackungen, Diät-Tabletten, die Bombe.*

Sie geben genau das wieder, was ihnen gegeben wurde. Da sie nicht an Worte glauben – Worte sind für »Schreiberlinge«, wie Chester Anderson ihnen sagt, und ein Gedanke, der Worte braucht, ist nur ein weiterer Egotrip –, sind die Platitüden der Gesellschaft das einzige Vokabular, das sie kennen. Nun bin ich noch immer der Idee verpflichtet, daß die Fähigkeit selbständigen Denkens vom Beherrschen der Sprache abhängt, und Kinder, die sich damit zufriedengeben, zu sagen, sie kämen »aus einem kaputten Elternhaus«, wenn sie sagen wollen, daß sich ihre Eltern getrennt haben, machen mich nicht sehr zuversichtlich. Sie sind sechzehn, fünfzehn, vierzehn Jahre alt und werden ständig jünger, eine Armee von Kindern, die darauf warten, daß man ihnen Worte gibt.

Peter Berg kennt jede Menge Worte.

»Ist Peter Berg da?« frage ich.

»Vielleicht.«

»Sind Sie Peter Berg?«

»Hm.«

Daß Peter Berg keine Lust hat, viele Worte mit mir zu wechseln, liegt daran, daß zwei der Worte, die er kennt, »Medien« und »Vergiftung« sind. Peter Berg trägt einen goldenen Ohrring und ist wahrscheinlich der einzige im Viertel, an dem ein goldener Ohrring wie eine obskure

Drohung aussieht. Er gehört der Schauspielgruppe San Francisco Mime Troupe an, zu der auch die Gründer der Artist's-Liberation-Front gehören, die für jene gedacht ist, die »ihren kreativen Impuls mit gesellschaftspolitischem Engagement verbinden wollen«. 1966 sind während der Hunter's-Point-Unruhen aus der Mime Troupe die Diggers hervorgegangen, zu einer Zeit, in der es sinnvoll schien, Lebensmittel zu verteilen und Puppenspiele in den Straßen zu veranstalten, in denen sich über die Nationalgarde lustig gemacht wurde. Peter Berg gehört wie Arthur Lisch zu den Schattenanführern der Diggers, und er war es, der die Prognose, daß es im Sommer 1967 einen Zustrom von 200 000 bedürftigen Jugendlichen nach San Francisco geben würde, mehr oder weniger erfand und an die Presse gab. Das einzige Gespräch, das ich mit Peter Berg je führe, handelt davon, daß er mich persönlich dafür verantwortlich macht, wie *Life* die Kuba-Fotos von Henri Cartier-Bresson untertitelt hat, aber bei der Arbeit im Park sehe ich ihm gern zu.

Janis Joplin singt mit Big Brother im Panhandle, und fast jeder ist high, und es ist ein ziemlich schöner Sonntagnachmittag zwischen drei und sechs Uhr, die drei Stunden der Woche, in denen es, wie die Aktivisten sagen, am wahrscheinlichsten ist, daß in Haight-Ashbury etwas passiert, und wer auftaucht, ist Peter Berg. Er ist mit seiner Frau und sechs oder sieben anderen Leuten da, und bei ihm ist Chester Andersons Kompagnon Die Verbindung, und das Merkwürdige ist, daß sie schwarzgeschminkt sind.

Ich sage Max und Sharon, daß einige Mitglieder der Mime Troupe offenbar schwarzgeschminkt sind.

»Es ist Straßentheater«, versichert mir Sharon. »Das soll einfach cool aussehen.«

Die Mime Troupers kommen etwas näher, und es sind noch weitere Merkwürdigkeiten an ihnen auszumachen. Sie klopfen den Leuten mit billigen Plastikschlagstöcken auf den Kopf und tragen Schilder auf dem Rücken. »WIE OFT SEID IHR SCHON VERGEWALTIGT WORDEN, IHR LOVE-FREAKS?« und »WER HAT CHUCK BERRYS MUSIK GEKLAUT?«, solche Sachen. Und sie verteilen Flyer der Kommunikationsfirma, auf denen steht:

> & diesen Sommer werden tausende nicht weiße, nicht wohlbehütete Schläger wissen wollen, warum ihr das aufgegeben habt, was sie niemals haben werden & wie ihr damit durchkommt & wie es kommt, daß ihr mit so langen Haaren keine Schwulis seid & sie wollen die Haight Street haben, so oder so. WENN IHR DIE ANTWORT NICHT WISST, WIRD DIE HAIGHT STREET IM AUGUST EIN FRIEDHOF SEIN.

Max liest den Flyer und steht auf. »Ich kriege hier schlechte *vibes*«, sagt er, und er und Sharon gehen.

Ich muß dableiben, um Otto zu treffen, und gehe hinüber zu dem Kreis, den die Mime Troupers um einen Schwarzen gebildet haben. Peter Berg sagt, falls jemand fragt, ist das Straßentheater, und ich vermute, der Vorhang ist auf, denn im Moment benutzen sie den Schwarzen als Trommel. Sie trommeln mit ihren Schlagstöcken auf ihm herum, und sie blecken die Zähne, und sie wippen auf den Fußballen, und sie warten.

»Ich werde langsam sauer«, sagt der Schwarze. »Ich werde noch richtig wütend.«

Mittlerweile sind mehrere Schwarze da, die die Schilder lesen und zusehen.

»Du wirst also langsam wütend, ja?« sagt einer von den Mime Troupers. »Höchste Zeit, findest du nicht?«

»Niemand hat Chuck Berrys Musik *geklaut*, Mann«, sagt ein anderer Schwarzer, der die Schilder gelesen hat. »Chuck Berrys Musik gehört *allen.*«

»Ja?« fragt ein schwarzgeschminktes Mädchen. »Wer ist *alle?*«

»Wieso?« sagt er, verwirrt. »Allen. In Amerika.«

»In *Amerika*«, kreischt das schwarzgeschminkte Mädchen. »Hört euch das an, ausgerechnet der redet von *Amerika.*«

»Hör mal«, sagt er hilflos. »Hör doch mal.«

»Was hat *Amerika* denn je für dich getan?« höhnt das schwarzgeschminkte Mädchen. »Die weißen Kids hier, die können den ganzen Sommer über im Park sitzen und die Musik hören, die sie geklaut haben, weil ihre stinkreichen Eltern ihnen ständig Geld schicken. Wer hat dir jemals Geld geschickt?«

»Hör mal«, sagt der Schwarze, und seine Stimme wird lauter. »Wenn ihr hier was anzetteln wollt, das ist nicht in Ordnung –.«

»Du willst uns also sagen, was in Ordnung ist, Black Boy«, sagt das Mädchen.

Das jüngste Mitglied in der Gruppe der Schwarzgeschminkten, ein ernster, hochgewachsener Junge von neunzehn, zwanzig, hält sich zögerlich etwas abseits vom Geschehen. Ich biete ihm einen Apfel an und frage ihn, was los ist. »Na ja«, sagt er. »Ich bin neu hier, ich fange gerade an, das alles zu verstehen, aber im Grunde ist es so, daß die Kapitalisten das Viertel erobern, und das ist, was Peter – frag doch einfach Peter.«

Ich fragte Peter nicht. Es ging noch eine Weile so weiter. Aber an diesem Sonntag zwischen drei und sechs waren alle zu high, und das Wetter war zu gut, und die Hunter's-Point-Banden, die normalerweise zwischen drei und sechs am Sonntagnachmittag auftauchten, waren stattdessen schon am Sonnabend gekommen, und nichts wurde angezettelt. Während ich auf Otto wartete, fragte ich ein junges Mädchen, das ich flüchtig kannte, was sie von all dem hielt. »Es ist irgendwas Cooles, was sie Straßentheater nennen«, sagte sie. Ich sagte, ich hätte mich gefragt, ob es nicht auch politische Untertöne habe. Sie war siebzehn und ließ sich das eine Weile durch den Kopf gehen, und dann fielen ihr ein paar Worte ein, die sie irgendwo gehört hatte. »Vielleicht ist das so ein John-Birch-Ding«, sagte sie.

Als ich Otto endlich finde, sagt er: »Ich habe was zu Hause, das haut dich um«, und als wir dort ankommen, sehe ich ein kleines Mädchen auf dem Fußboden im Wohnzimmer, das einen Matrosenmantel trägt und einen Comic liest. Sie leckt sich voller Konzentration die Lippen, und das einzig Seltsame an ihr ist, daß sie weißen Lippenstift trägt.

»Fünf Jahre alt«, sagt Otto. »Auf LSD.«

Das fünfjährige Mädchen heißt Susan, und sie sagt mir, sie sei im Rausch-Kindergarten. Sie lebt bei ihrer Mutter und ein paar anderen Leuten, hat gerade die Masern hinter sich, wünscht sich zu Weihnachten ein Fahrrad und mag besonders Coca-Cola, Eis, Marty von den Jefferson Airplane, Bob von den Grateful Dead und den Strand. Sie weiß noch, daß sie vor langer Zeit mal am Strand war, und ist traurig, daß sie kein Eimerchen dabeihatte. Seit einem Jahr gibt ihre Mutter ihr LSD und Peyote. Susan nennt es »stoned« werden.

Ich frage, ob auch andere Kinder im Rausch-Kindergarten »stoned« werden, aber bei den Schlüsselworten gerate ich ins Stocken.

»Sie meint, ob die anderen Kinder in deiner Gruppe auch angeturnt sind, ob sie *stoned werden*«, sagt die Freundin ihrer Mutter, die sie zu Otto gebracht hat.

»Nur Sally und Anne«, sagt Susan.

»Was ist mit Lia?« souffliert die Freundin ihrer Mutter.

»Lia«, sagt Susan, »ist nicht im Rausch-Kindergarten.«

Bevor an diesem Morgen jemand wach war, hat Sue Anns dreijähriger Sohn Michael ein Feuer verursacht, aber Don hat es gelöscht, ehe es größeren Schaden anrichten konnte. Michael hat sich allerdings den Arm verbrannt, was wahrscheinlich der Grund für Sue Anns Schrecken war, als sie sah, wie er an einem Elektrokabel kaute. »Du wirst brutzeln wie Bratreis«, schrie sie ihn an. Nur Don, einer von Sue Anns makrobiotischen Freunden und einer, der auf dem Weg in eine Kommune in den Santa Lucia Bergen war, waren an diesem Morgen noch da, aber keiner bekam mit, wie Sue Ann Michael anschrie, weil sie gerade in der Küche waren und versuchten, ein Piece von dem guten marokkanischen Hasch zu retten, das durch eine vom Feuer zerstörte Diele gerutscht war.

Wo die Küsse niemals enden

Vor dem Gerichtsgebäude von Monterey County im kalifornischen Salinas glitzerte der Weihnachtsschmuck der Downtown-Geschäfte im dünnen Sonnenlicht, das den Wintersalat sprießen läßt. Drinnen blinzelte die Menge nervös ins blendende Licht der Fernsehkameras. Anlaß war die Sitzung der Bezirksdelegiertenversammlung von Monterey County, und an diesem warmen Nachmittag vor Weihnachten 1965 wurde darüber debattiert, ob eine kleine Schule im Carmel Valley, das Institut für Studien zur Gewaltfreiheit, das Miss Joan Baez gehörte, gegen Absatz 32-C der Flächennutzungsvorschriften von Monterey County verstieß oder nicht, eine Vorschrift, die eine Nutzung von Land untersagte, wenn sie »dem Frieden, der Moral und der allgemeinen Wohlfahrt von Monterey County« abträglich war. Mrs. Gerald Petkuss, die der Schule gegenüber wohnte, hatte das Problem anders formuliert. »Wir fragen uns, was das überhaupt für Leute sind, die so eine Schule besuchen«, hatte sie gleich zu Anfang der Kontroverse gefragt. »Warum gehen die nicht arbeiten und Geld verdienen.«

Mrs. Petkuss war eine feiste junge Matrone, die mit der Miene entrüsteter Entschlossenheit und im bonbonrosa Strickkleid ans Rednerpult trat, um zu sagen, sie sei »von Leuten belästigt worden, die mit Miss Baez' Schule zu tun hatten und mich fragten, wo diese Schule ist, dabei wußten sie *genau*, wo sie ist – einer von den Herren hatte einen Bart«.

»Das ist mir völlig *egal*«, rief sie, als jemand in der ersten Reihe kicherte. »Ich habe drei kleine Kinder, das ist eine große Verantwortung, und ich will mir keine Sorgen darüber machen müssen …«, Mrs. Petkuss machte eine feine Pause, »wer da so verkehrt.«

Die Anhörung dauerte von zwei Uhr mittags bis Viertel acht abends, fünf Stunden und fünfzehn Minuten angewandter Demokratie, in denen es einerseits hieß, die Bezirksdelegierten von Monterey County würden unser Land in ein Nazi-Deutschland verwandeln, und andererseits, die Anwesenheit von Miss Baez und ihrer fünfzehn Studenten im Carmel Valley würde zu »Berkeley-artigen« Demonstrationen führen, die Rekruten von Fort Ord demoralisieren, die Armeekonvois auf der Straße durchs Carmel Valley aufhalten und die Grundstückspreise im gesamten County abstürzen lassen. »Offen gesagt, kann ich mir nicht vorstellen, daß irgend jemand neben so einer Einrichtung ein Grundstück kauft«, verkündete der Ehemann von Mrs. Petkuss, ein Tierarzt. Sowohl Dr. als auch Mrs. Petkuss, die letztere den Tränen nahe, sagten, daß sie sich besonders am Wochenende von Miss Baez' Anwesenheit auf dem Grundstück gestört fühlten. Denn offensichtlich hielt sie sich nicht immer nur drinnen auf. Sie saß draußen unter den Bäumen und lief auf dem Grundstück herum.

»Wir fangen nicht vor ein Uhr an«, wandte einer der Schüler ein. »Normalerweise machen wir keinen Lärm, aber sollten wir doch welchen gemacht haben, konnten die Petkuss' immerhin bis ein Uhr schlafen, ich verstehe nicht, wo das Problem ist.«

Der Anwalt der Petkuss' sprang auf. »Das *Problem* ist, daß die Petkuss' zufälligerweise einen sehr schönen Swimmingpool haben, und am Wochenende kommen Gäste, und sie wollen den Pool auch mal benutzen.«

»Sie müßten schon auf einen Tisch steigen, um die Schule überhaupt zu sehen.«

»Und das machen die auch«, rief eine junge Frau dazwischen, die ihre Symphatie für Miss Baez bereits dadurch kundgetan hatte, daß sie den Delegierten laut eine Stelle aus John Stuart Mills *Über die Freiheit* vorlas. »Die holen dafür auch noch ihre Ferngläser raus.«

»Das ist nicht wahr«, wetterte Mrs. Petkuss. »Wir können die Schule von drei Fenstern im Schlafzimmer aus sehen und aus dem Fenster im Wohnzimmer, wir sehen überhaupt *nur* in diese Richtung.«

Miss Baez saß sehr still in der ersten Reihe. Sie trug ein langärmeliges marineblaues Kleid mit einem Kragen aus irischer Spitze und Bündchen an den Ärmeln und hatte ihre Hände im Schoß gefaltet. Sie ist außergewöhnlich schön, noch schöner als auf den Fotos, die das Indianische ihrer Züge betonen, aber weder die erstaunliche Feinheit oder die Geradlinigkeit von Knochen und Augen zeigen, noch ihr auffälligstes Merkmal: diese absolute Direktheit, das Fehlen jeglicher Arglist. Sie besitzt eine große Natürlichkeit und ist das, was man früher eine Dame nannte. »Abschaum«, zischte ein alter Mann mit einem Umhänge-Schlips, der sich zuvor als »Veteran zweier Kriege« vorgestellt hatte und ein Stammgast auf diesen Versammlungen war. »*Spaniel.*« Offenbar bezog er das auf Miss Baez' Haarlänge, und um ihre Aufmerksamkeit zu erregen, klopfte er mit seinem Gehstock auf den Boden, aber sie ließ das Rednerpult nicht aus den Augen. Nach einer Weile erhob sie sich und stand ruhig da, bis es im Saal vollkommen still geworden war. Ihre Gegner saßen angespannt auf den Stühlen, bereit aufzuspringen und alles zu kontern, was sie zur Verteidigung ihrer Politik, ihrer Schule, zur Verteidigung von Bärten, »Berkeley-artigen« Demonstrationen und Unordnung im allgemeinen vorzubringen gedachte.

»Jeder redet von seinem vierzig- oder fünfzigtausend Dollar-Haus und daß sein Grundstück an Wert verliert«, sagte sie schließlich langsam, während sie die Delegierten ruhig ansah, ihre klare Stimme blieb leise. »Ich möchte dazu nur eines sagen. Ich habe mehr als *hundert*tausend Dollar ins Carmel Valley investiert und bin ebenfalls daran interessiert, mein Eigentum zu schützen.« Daraufhin lächelte die Eigentümerin Dr. und Mrs. Petkuss hintersinnig an und nahm inmitten absoluter Stille wieder Platz.

Sie ist eine interessante Frau, eine Frau, die Henry James zu einer Zeit interessiert haben könnte, als er Verena Tarant in *Die Damen aus Boston* erfand. Joan Baez wuchs im eher evangelistischen Dickicht der Mittelschicht als Tochter eines Quäker-Physiklehrers und als Enkelin zweier protestantischer Pfarrer auf, von denen der eine, mütterlicherseits, der englisch-schottischen Episkopalkirche und der andere, väterlicherseits, den mexikanischen Methodisten angehörte. Sie wurde auf Staten Island geboren, aber an den Rändern der akademischen Gemeinde im ganzen Land aufgezogen; bis sie schließlich Carmel entdeckte, kam sie im Grunde nirgendwoher. Als sie alt genug war, um zur Highschool zu gehen, unterrichtete ihr Vater gerade in Stanford, und so ging sie auf die Palo Alto Highschool, wo sie sich auf einer Sears, Roebuck-Gitarre, selbst beibrachte, »House of the Rising Sun« zu spielen, und versuchte, ein Vibrato zu erzeugen, indem sie mit dem Finger auf ihre Kehle klopfte. Sie machte Schlagzeilen, als sie sich weigerte, die Schule während einer Luftschutzübung zu verlassen. Als sie alt genug war, um aufs College zu gehen, war ihr Vater gerade am M. I. T. und in Harvard, und so ging sie für einen Monat ans College in Boston, brach das Studium dann ab und sang eine Zeitlang in den Cafés am Harvard Square. Sie mochte das Leben am Harvard Square nicht besonders. (»Sie liegen in ihrer Bude, rauchen Pot und machen nichts als blödes Zeug«, sagte die Pfarrersenkelin über ihre dortigen Bekannten), aber noch kannte sie nichts anderes.

Im Sommer 1959 nahm ein Freund sie auf das erste Newport Folk Festival mit. Sie fuhr in einem Cadillac-Bestattungswagen in Newport vor, auf dem JOAN BAEZ prangte, sang vor 13 000 Menschen ein paar Lieder und schon war es da, das neue Leben. Ihr erstes Album verkaufte sich besser als das jeder anderen weiblichen Folk-Sängerin, seit es Schallplatten gibt. Ende 1961 erschien bei Vanguard ihr zweites Album, und ihre Gesamtverkaufszahl lag nur noch hinter Harry Belafonte, dem Kingston Trio und den Weavers. Sie hatte ihre erste lange Tournee hinter sich, hatte ein Konzert in der Carnegie Hall gegeben, das schon zwei Monate im voraus ausverkauft gewesen war, und hatte Konzertangebote im Wert von 100 000 Dollar abgelehnt, weil sie nur einige Monate im Jahr arbeiten wollte.

Sie war die richtige junge Frau zur richtigen Zeit. Sie hatte nur ein kleines Repertoire von Child-Balladen (»Was macht Joanie bloß immer noch mit dieser Mary Hamilton?« sorgte sich Bob Dylan später), hatte ihren klaren Sopran nie ausgebildet und ein paar Puristen verärgert, weil ihr die Ursprünge ihres Liedguts gleichgültig waren und sie alles »traurig« sang. Aber sie ritt auf der Folk-Welle, als diese gerade den Höhepunkt erreichte. Sie konnte das Publikum auf eine Weise erreichen, die weder die Puristen noch die kommerzielleren Folk-Sänger zu beherrschen schienen. Geld war nicht das, was sie interessierte, auch die Musik nicht unbedingt; stattdessen war sie an etwas interessiert, das zwischen ihr und dem Publikum ablief. »Am leichtesten fällt mir eine Beziehung, die ich mit zehntausend Menschen habe«, sagte sie. »Am schwersten die mit einem.«

Sie wollte nicht unterhalten, weder damals noch überhaupt jemals. Sie wollte die Menschen bewegen, mit ihnen eine Gefühlsgemeinschaft bilden. Ende 1963 hatte sie mit der Protestbewegung etwas gefunden, auf das sie ihre Gefühle konzentrieren konnte. Sie ging in den Süden. Sie sang an Schwarzen-Colleges und war immer gerade dort, wo die Barrikaden standen, in Selma, Montgomery, Birmingham. Nach dem Marsch auf Washington sang sie am Lincoln Memorial. Sie teilte dem Finanzamt mit, daß sie nicht vorhabe, die sechzig Prozent Einkommenssteuer zu zahlen, die ihrer Berechnung nach in den Verteidigungshaushalt fließen. Sie wurde die Stimme, die für Protest stand, obwohl sie den Ambivalenzen der Bewegung gegenüber immer distanziert blieb. (»Nach einer Weile hatte ich diese Südstaatenmärsche wirklich satt«, sagte sie später. »All diese großen Unterhaltungskünstler, die sich kleine Flieger mieteten und runterflogen, und immer waren 35 000 Menschen vor Ort.«) Sie hatte gerade mal eine Handvoll Alben aufgenommen und ihr Gesicht schon auf dem Cover von *Time* gesehen. Sie war zweiundzwanzig.

Joan Baez war bereits eine Persönlichkeit, bevor sie überhaupt eine Person geworden war, und wie alle, die in diese Lage kommen, ist sie ein glückloses Opfer dessen, was andere in ihr gesehen und über sie geschrieben haben und wie sie sie hatten haben wollen oder auch nicht. Die Rollen, die man ihr zuschreibt, variieren, aber sie sind Variationen auf ein einziges Thema. Sie ist die Madonna der Unzufriedenen. Sie ist das Pfand der Protestbewegung. Sie ist die unglückliche Analysandin. Sie ist die Sängerin, die ihre Stimme nicht ausbilden ließ, die Rebellin, die in ihrem Jaguar zu schnell fährt, die Rima, die sich mit den Vögeln und den Rehen versteckt. Und vor allem ist sie das Mädchen, die junge Frau, die die Dinge »fühlt«, die die Frische und den Schmerz der Jugend zu bewahren versucht hat, für immer verwundet, für immer jung. Und jetzt, in einem Alter, in dem die Wunden anfangen zu heilen, ob sie will oder nicht, verläßt Joan Baez das Carmel Valley kaum noch.

Alles, was Baez tut, ruft offenbar gewisse ominöse Untertöne im kollektiven Bewußtsein von Monterey County hervor. Dennoch scheint das, was wirklich im Institut für Studien zur Gewaltfreiheit geschieht, dem mit einer Mehrheit von drei zu zwei Stimmen der Bezirksdelegierten eine Existenzverlängerung zugesichert wurde, so harmlos zu sein, daß es sogar die Veteranen zweier Kriege, die Umhänge-Schlipse tragen, entwaffnen müßte. Viermal die Woche treffen sich Joan Baez und ihre Studenten zum Mittagessen in der Schule: Kartoffelsalat, Kool-Aid und Hotdogs, die auf einem tragbaren Grill zubereitet werden. Nach dem Essen machen sie Ballettübungen zu Beatles-Platten, danach sitzen sie auf dem Fußboden unter einer Fototapete von Cypress Point und diskutieren ihre Lektüre: Gandhis *Über die Gewaltlosigkeit*, Louis Fischers *Das Leben des Mahatma Gandhi*, Jerome Franks *Breaking the Thought Barrier*, Thoreaus *Über die Pflicht zum Ungehorsam gegen den Staat*, Krishnamurtis *Schöpferische Freiheit* und *Antworten auf Fragen des Lebens*, C. Wright Mills' *Die amerikanische Elite*, Huxleys *Ziele und Wege* und Marshall McLuhans *Die magischen Kanäle*.

Am fünften Tag treffen sie sich wie gewöhnlich, verbringen aber den Nachmittag in absoluter Stille, was nicht nur heißt, nicht zu reden, sondern auch, nicht zu lesen, zu schreiben oder zu rauchen. Sogar an den Tagen, wo diskutiert wird, wird diese Stille in regelmäßigen Pausen von zwanzig Minuten oder einer Stunde praktiziert, eine Übung, die von einem Studenten als »unschätzbar« beschrieben wird, »um deine Gedanken von persönlichen Blockaden zu reinigen«, und von Joan Baez als »einfach das, worauf es in dieser Schule ankommt«.

Es gibt keine Zulassungsbeschränkungen außer der, daß Bewerber mindestens achtzehn Jahre alt sein müssen; zugelassen werden die ersten fünfzehn, die schriftlich um Aufnahme bitten. Sie kommen von überall her und sind im Durchschnitt sehr jung, sehr ernst und haben keinen wirklichen Kontakt zur eigentlichen Szene, sind nicht unbedingt vor ihr geflüchtet, als vielmehr Kinder, die diese Szene nicht ganz durchschauen. Es liegt ihnen viel daran, »einander mit Schönheit und Zärtlichkeit zu begegnen«, und sie begegnen einander tatsächlich so zärtlich, daß ein Nachmittag an dieser Schule gefährlich in Richtung einer Traumwelt driftet. Sie diskutieren darüber, ob die Strategie des Vietnam Day Committee in Berkeley, mit den Hell's Angels »auf coole Weise« argumentieren zu wollen, klug war.

»Okay«, sagt jemand. »Die Angels zucken also mit den Schultern und sagen ›Gewalt ist aber unser Ding‹. Was soll denn der V. D.C-Typ darauf antworten?«

Sie diskutieren einen Vorschlag aus Berkeley für eine Internationale Gewaltfreie Armee: »Die Idee ist doch, wir gehen nach Vietnam, wir gehen in diese Dörfer, und wenn sie die dann abbrennen, dann brennen wir auch.«

»Das ist von wunderbarer Schlichtheit«, sagt jemand.

Viele von ihnen sind zu jung, um die denkwürdigen Momente der Protestbewegung schon miterlebt zu haben, und die wenigen, die tatsächlich dabei waren, erzählen den anderen Geschichten, Geschichten die anfangen mit »Eines Abends beim Scranton Y ...« oder »Neulich, als wir ein Sit-In im A. E. C. machten ...« und »Auf dem Kanada-Kuba-Marsch war ein Elfjähriger, der zu diesem Zeitpunkt mit einem Gandhianer im Briefwechsel stand, und der ...« Sie reden von Allan Ginsberg, »dem einzigen, der einzigen schönen Stimme, dem einzigen, der was zu sagen hat«. Ginsberg hatte vorgeschlagen, der V.D.C. sollte

Frauen mit Babys und Blumen im Arm zum Oakland Army Terminal schicken.

»Babys und Blumen«, haucht ein hübsches junges Mädchen. »Das ist so *wunderschön*, genau *darum* geht es doch.«

»Ginsberg war mal an einem Wochenende hier«, erinnert sich ein verträumter Junge mit blonden Locken. »Er hatte eine Ausgabe von *Fuck Songbag* mitgebracht, aber wir haben sie verbrannt.« Er kichert. Er hält eine durchsichtige violette Murmel gegen das Fenster und dreht sie im Sonnenlicht. »Die hat Joan mir gegeben«, sagt er. »Eines Abends bei ihr zu Hause, als wir alle eine Party gemacht haben und uns was schenkten. Es war wie Weihnachten, dabei war gar nicht Weihnachten.«

Die Schule ist ein altes, weiß getünchtes Haus aus Lehmziegeln, ziemlich weit draußen zwischen gelben Hügeln und den staubigen Buscheichen des Upper Carmel Valley. Oleander stützt einen zerfallenen Drahtzaun, der sich um die Schule zieht, ein Schild gibt es nicht, es gibt überhaupt keinen Hinweis. Das Lehmziegelhaus war bis 1950 eine County-Schule mit nur einem Klassenzimmer, danach beherbergte es zuerst das So-Help-Me-Hannah-Poison-Oak-Remedy-Labor und dann eine kleine Fabrik, die Gewehrpatronen herstellte, zwei Unternehmen, die offenbar die Grundstückspreise nicht so gefährdeten wie Joan Baez. Sie kaufte das Grundstück im Herbst 1965, nachdem der Planungsrat des Countys ihr mitgeteilt hatte, daß sie laut des Flächennutzungsplans ihre Schule nicht in ihrem Haus, das ein paar Kilometer weiter auf einem vier Hektar großen Gelände steht, betreiben dürfe. Miss Baez ist die Vizepräsidentin des Instituts und seine Sponsorin; die Gebühr von 120 Dollar, die jeder Student für einen sechswöchigen Kurs zu zahlen hat, schließt die Unterbringung in einem Wohnhaus in Pacific Grove mit ein und deckt nicht die laufenden Kosten der Schule. Miss Baez hat nicht nur 40000 Dollar in die Immobilie investiert, sie ist auch für das Gehalt von Ira Sandperl verantwortlich, dem Präsidenten des Instituts, dem Diskussionsleiter und im Grunde der *grauen Eminenz* des ganzen Unterfangens. »Sie denken vielleicht, wir fangen hier sehr klein an«, sagt Ira Sandperl. »Aber machmal können schon die kleinsten Dinge den Gang der Geschichte verändern. Gucken Sie sich nur den Benediktinerorden an.«

Es ist eigentlich unmöglich, über Joan Baez zu reden, ohne auch über Ira Sandperl zu reden. »Einer der Männer vom Planungsrat sagte, ich lasse mich von verrückten Randgruppen auf Abwege bringen«, Miss Baez kichert. »Ira hat gesagt, vielleicht ist er ja der Verrückte, und sein Bart ist der Rand.« Ira Sandperl ist zweiundvierzig und kommt aus St. Louis und außer dem Bart hat er einen geschorenen Kopf, ein riesiges Anti-Atomwaffen-Abzeichen an der Cordjacke, leuchtende und leicht messianische Augen, ein hohes brüchiges Lachen und das Aussehen eines Mannes, der sein ganzes Leben einem unmerklich, aber verheerend schiefhängenden Regenbogen nachgelaufen ist. Er hat viel Zeit in Friedensbewegungen in der Gegend von San Francisco, Berkeley und Palo Alto verbracht, und als er und Miss Baez die Idee mit dem Institut hatten, arbeitete er in einem Buchladen in Palo Alto.

Ira Sandperl hatte Joan Baez kennengelernt, als sie siebzehn war und ihr Vater sie auf ein Treffen der Quäker in Palo Alto mitnahm. »Schon damals hatte sie etwas Magisches, etwas ganz und gar Ungewöhnliches an sich«, sagt er. »Ich erinnere mich, wie sie auf einem der Treffen, auf dem ich eine Rede hielt, sang. Das kam beim Publikum so gut an, daß ich sagte: ›Honey, wenn du groß bist, müssen wir uns zu einem Prediger-Team zusammentun.‹« Er lächelt und streckt die Hände aus.

Die beiden kamen sich Ira Sandperl zufolge näher, nachdem Miss Baez' Vater als Berater für die UNESCO nach Paris gezogen war. »Ich war der älteste ihrer Freunde, also hat sie sich logischerweise an mich gewandt.« In der Zeit der Berkeley-Demonstrationen im Herbst 1964 war er bei ihr. »Wir waren im Grunde die Agitatoren von außen, von denen man soviel hörte«, sagt er. »Wir wollten vor allem eine nicht gewalt*tätige* Bewegung zu einer gewalt*losen* Bewegung machen. Joan hatte einen *ungeheueren* Anteil daran, die Bewegung aus ihrer Krise zu holen, auch wenn die Jungs das heute nicht unbedingt zugeben wollen.«

Etwa einen Monat nach ihrem Auftritt in Berkeley hatte Joan Baez mit Ira Sandperl über die Möglichkeit geredet, sie ein Jahr lang zu unterrichten. »Sie merkte, daß sie von Leuten umgeben war, die viel von Politik verstanden«, sagte er, »und während sie zwar tiefe *Gefühle* hatte, wußte sie nichts über die sozioökonomischen, politisch-historischen Begriffe der Gewaltlosigkeit.«

»Es war alles sehr vage«, unterbricht sie und streicht sich nervös das Haar zurück. »Ich möchte, daß die Dinge weniger vage sind.«

Sie entschieden sich dafür, aus dem auf ein Jahr begrenzten Unterricht eine Schule auf unbegrenzte Zeit zu machen und nahmen im Sommer 1965 die ersten Studenten auf. Das Institut ist auf keine bestimmte Bewegung ausgerichtet (»Einige von denen führen uns nur erneut in einen großen gewalttätigen Schlamassel«, sagt Miss Baez), und tatsächlich gibt es hier ein ausgeprägtes Mißtrauen gegenüber den meisten Aktivistenorganisationen. Ira Sandperl beispielsweise kann mit dem V.D.C. wenig anfangen, da der V.D.C. Gewaltlosigkeit nur für eine begrenzte Strategie hält, die konventionelle Machtblöcke akzeptiert, und sogar einen seiner Anführer für den Kongreß kandidieren ließ, was Ira Sandperl ein Greuel ist. »Laß es mich so sagen, Liebling. Zum Schutz der Bürgerrechte unterzeichnet der Präsident ein Gesetz, und wen läßt er es beglaubigen? Adam Powell? Nein. Er läßt es von Rustin, Farmer und King beglaubigen, von denen *keiner* in den herkömmlichen Machtstrukturen steckt.« Er macht eine Pause, als könne er bereits den Tag sehen, an dem er und Miss Baez die Unterzeichnung eines Gesetzes zum Verbot von Gewalt beglaubigen werden. »Ich bin nicht optimistisch, Liebling, aber ich bin voller Hoffnung. Das ist ein Unterschied. Ich bin voller Hoffnung.«

Die Gasheizung springt an und aus, und Miss Baez sieht dabei zu, den Dufflecoat um die Schultern gezogen. »Jeder sagt, ich sei politisch naiv, und das bin ich«, sagt sie nach einer Weile. Das sagt sie häufig zu Leuten, die sie nicht kennt. »Aber den Politikern geht es nicht anders, sonst würde es nicht ständig Kriege geben, oder?«

Die Tür geht auf, und ein kleiner Mann mittleren Alters in handgefertigten Sandalen kommt herein. Es ist Manuel Greenhill, der Manager von Joan Baez, und obwohl er bereits seit fünf Jahren ihr Manager ist, hat er dem Institut nie zuvor einen Besuch abgestattet und auch Ira Sandperl noch nicht kennengelernt.

»Na endlich«, ruft Ira Sandperl und springt auf. »Die körperlose Stimme vom Telefon ist endlich da! Es *gibt* ihn wirklich, den Manny Greenhill! Es *gibt* ihn wirklich, den Ira Sandperl! Hier bin ich! Hier ist das Ungeheuer!«

Es ist schwierig, sich mit Joan Baez zu verabreden, wenigstens für die, die keinen Draht zu den Untergrundkreisen der Protestbewegung haben. Vanguard, ihre New Yorker Plattenfirma, gibt nur Manny Greenhills Nummer in Boston heraus. Und Manny Greenhill sagt dann rauh: »Versuchen Sie es mit der Vorwahl 415, Ortsnetz DA 4 und die Nummer 4321.« Vorwahl 415, DA 4 – 4321 wird den Anrufer mit der Buchhandlung Keppler in Palo Alto verbinden, wo Ira Sandperl mal gearbeitet hat. Jemand aus dem Buchladen wird die Nummer aufnehmen und, nach Rücksprache mit Carmel, ob sich dort jemand für diesen Anrufer interessiert, zurückrufen und die Nummer von Carmel mitteilen. Die Nummer in Carmel ist nicht die von Joan Baez, wie man jetzt annehmen könnte, sondern die eines Telefonservice. Der Telefonservice wird die Nummer des Anrufers entgegennehmen, und ein paar Tage oder Wochen später erhält man dann eventuell einen Anruf von Judy Flynn, der Sekretärin von Miss Baez. Miss Flynn sagt, sie werde »versuchen« Miss Baez »zu kontaktieren«. »Ich möchte niemanden sehen«, spricht das Zentrum dieses merkwürdig improvisierten Netzes von falschen Nummern, unterbrochenen Telefonverbindungen und ausgebliebenen Rückrufen. »Ich schließe das Tor ab und hoffe, daß niemand kommt, aber sie kommen trotzdem. Irgend jemand hat ihnen gesagt, wo ich wohne.«

Sie lebt zurückgezogen. Sie liest, und sie redet mit den Leuten, die erfahren haben, wo sie wohnt, und gelegentlich fahren sie und Ira Sandperl nach San Francisco, um Freunde zu besuchen und über die Friedensbewegung zu sprechen. Sie trifft ihre beiden Schwestern, und sie trifft Ira Sandperl. Sie ist der Meinung, ihre Tage im Institut, an denen sie mit Ira Sandperl spricht und ihm zuhört, bringen sie der Zufriedenheit näher als alles, was sie bisher getan hat. »Auf jeden Fall mehr als das Singen. Gewöhnlich stand ich da oben und dachte, da kriege ich hier so viele tausend Dollar, und wofür?« Sie redet nicht über ihr Einkommen (»Ach, ich habe ein bißchen Geld irgendwoher.«) und nur vage über ihre Pläne. »Es gibt ein paar Sachen, die ich machen will. Ich möchte ein bißchen Rock'n'Roll ausprobieren und ein bißchen klassische Musik. Aber ich fange jetzt nicht an, über Charts und Verkaufszahlen nachzudenken, wo käme ich da hin?«

Wo sie hinwill, ist genau die Frage, die offen bleibt, die sie verunsichert und viel mehr noch ihren Manager. Wenn er gefragt wird, was seine berühmteste Klientin macht und in Zukunft machen will, dann redet Manny Greenhill über »jede Menge Pläne«, »andere Richtungen« und »ihre eigene Entscheidung«. Schließlich wird er doch konkreter: »Hören Sie, sie hat gerade eine Dokumentation für das kanadische Fernsehen gemacht, in der *Variety* war eine großartige Besprechung, ich les' Ihnen das mal vor.«

Manny Greenhill liest. »Warten Sie. Hier, *Variety* sagt *›plante nur ein zwanzigminütiges Interview, aber als die Leute von CBC in Toronto den Film sahen, beschlossen sie, ein Special daraus zu machen‹.*« Er unterbricht sich. »Das ist doch schon mal ziemlich bemerkenswert. Was noch. Hier zitieren sie ihre Gedanken zum Frieden ... wissen Sie, diese ... Hier sagt sie *›jedesmal, wenn ich in Hollywood bin, könnte ich kotzen‹* ... Das müssen wir nicht vertiefen ..., aber hier *›ihre Imitationen von Ringo Starr und George Harrison trafen ins Schwarze‹*, na also, das ist doch was.«

Manny Greenhill hofft, Miss Baez dazu bringen zu können, ein Buch zu schreiben, einen Film zu machen und endlich die Rock-'n'-Roll-Platte aufzunehmen. Über ihr Einkommen redet er nicht und sagt dann doch niedergeschlagen, aber mit Schwung, »*dieses* Jahr wird es nicht viel sein«. Miss Baez hat ihn nur ein Konzert für 1966 veranschlagen lassen (im Vergleich zu durchschnittlich dreißig pro Jahr), hat in ihrer gesamten Karriere nur eine einzige Einladung, in einem Club aufzutreten, angenommen, und ist praktisch nie im Fernsehen. »Was soll sie auch mit so einem Andy Williams anfangen?« sagt Manny Greenhill schulterzuckend. »Einmal hat sie mit ihm einen Pat-

Boone-Song gesungen«, ergänzt er, »was zeigt, daß sie das auch kann, aber trotzdem. Wir wollen nicht, daß sie mit so einer Tanznummer hinter sich da oben steht.« Greenhill behält ihre politischen Auftritte im Auge und versucht zu verhindern, daß ihr Name benutzt wird. »Wir sagen, wenn die ihren Namen benutzen wollen, dann nur für ein Konzert. Die Idee ist, daß sie, wenn die ihren Namen nicht benutzt haben, jederzeit verschwinden kann, wenn ihr die Sache nicht paßt.« Er hat sich damit abgefunden, daß das Institut ihren Terminkalender beschneidet. »Hören Sie«, sagt er. »Ich habe sie immer dazu ermutigt, politisch zu sein. Ich selbst bin zwar nicht aktiv, aber doch interessiert.« Er blinzelt in die Sonne. »Sagen wir mal, ich bin vielleicht einfach zu alt.«

Joan Baez dazu zu ermutigen, politisch zu sein, heißt eigentlich nur, sie dazu zu ermutigen, weiterhin Dinge »zu fühlen«, denn ihre politischen Überzeugungen sind noch immer, wie sie selbst sagte, »völlig vage«. Ihr Zugang ist instinktiv, pragmatisch, kaum anders als der eines Mitglieds der League of Women Voters. »Offen gesagt, mit dem Kommunismus bin ich durch«, lautet ihr jüngstes Statement zu diesem Thema. Über die neuesten Entwicklungen innerhalb der Friedensbewegung hat sie folgendes zu sagen: »Einberufungsbefehle zu verbrennen, ist sinnlos; sich selbst zu verbrennen, noch mehr.« Als sie an der Palo Alto Highschool war und sich weigerte, während einer Luftschutzübung das Gebäude zu verlassen, war das keine theoretische Entscheidung; sie tat es, weil »es das Praktischste war, ich meine, diese Übung schien mir völlig unpraktisch; alle glaubten, sie müßten nur in einen kleinen Schutzraum gehen und könnten mit Wasser aus der Dose gerettet werden«. Sie ist für die Demokraten aufgetreten und wird häufig mit dem Satz zitiert: »Es hat noch nie einen guten republikanischen Folk-Sänger gegeben«;

und das ist kaum die Sprache eines neuen Radikalismus. Ihr Konzertprogramm enthält einige ihrer Gedanken über »waiting on the eve of destruction« und ihre Gedanken sind folgende:

Mein Leben ist eine kristallene Träne. Schneeflocken fallen in der Träne, und kleine Gestalten wuseln in Zeitlupe herum. Aber selbst, wenn ich noch eine Million Jahre in diese Träne hineinschaue, werde ich nicht herausfinden, wer diese Menschen sind und was sie da machen.

Manchmal habe ich Sehnsucht nach einem Sturm. Nach einem heftig wütenden Sturm, in dem sich alles verändert. Der Himmel fliegt durch vier Tage in einer Stunde, die Bäume heulen, kleine Tiere jagen durch den Matsch, und alles wird dunkel und wild. Aber es ist doch Gott – der in seiner himmlischen Lieblingskathedrale Musik macht – buntes Glas zerschlägt – eine riesige Orgel spielt – auf die Tasten donnert – vollendete Harmonie – vollendete Freude.

Auch wenn Miss Baez nicht wirklich so redet, solange man sie von der Schreibmaschine fernhält, versucht sie doch, zumindest unbewußt, an der Unschuld und dem Aufgewühltsein ihrer Jugend und der Jugend im allgemeinen festzuhalten, an dieser Fähigkeit, sich zu wundern, sei sie auch noch so seicht und vordergründig. Diese Offenheit, diese Verletzbarkeit sind natürlich genau der Grund, weshalb sie so »gut ankommt« bei den Jungen, den Einsamen und bei denen, die Schwierigkeiten haben, sich auszudrücken, bei all denen, die den Verdacht haben, daß niemand sonst auf der ganzen Welt Schönheit, Schmerz, Liebe und Brüderlichkeit versteht. Vielleicht weil sie mittlerweile älter ist, ist Miss Baez manchmal darüber besorgt, daß sie für sehr viele ihrer Bewunderer der Inbegriff von Schönheit und Wahrheit ist.

»Es gefällt mir nicht, wie ich darüber denke«, sagt sie. »Manchmal sage ich mir, ›Ach, komm, Baez, du bist auch nicht anders als alle anderen‹, aber das gefällt mir dann auch wieder nicht.«

»Nicht alle anderen haben diese Stimme«, unterbricht Ira Sandperl schwärmerisch.

»Ja, okay, die *Stimme*, die *Stimme* ist schon okay ...«

Sie bricht ab und konzentriert sich auf die Schnalle an ihrem Schuh.

Also hat die junge Frau, deren Leben eine kristallene Träne ist, jetzt einen Ort für sich selbst, einen Ort, an dem die Sonne scheint und die Ambivalenzen noch für eine gewisse Zeit außer acht gelassen werden können, einen Ort voller Wärme, Liebe und Zuversicht, an der jeder teilhaben kann. »Eines Tages sind wir im Zimmer herumgelaufen und haben ein bißchen was von uns erzählt«, sagt sie vertraulich, »und da habe ich gemerkt, *Junge*, hatte ich es leicht.«

Die Nachmittagssonne wirft Streifen auf den sauberen Holzfußboden, die Vögel singen in den Buscheichen, und die schönen Kinder sitzen in ihren Mänteln auf dem Boden und hören Ira Sandperl zu.

»Bist du Vegetarier, Ira?« fragt jemand träge.

»Jaja, bin ich.«

»Erzähl ihnen das, Ira«, sagt Joan Baez, »Das ist schön.«

Er lehnt sich zurück und sieht an die Decke. »Ich war in der Sierra.« Er macht eine Pause, und Joan Baez lächelt beifällig. »Und da sah ich diesen prachtvollen Baum *direkt* aus dem Felsen wachsen, sich aus ihm heraus*stoßen* ... und ich dachte, *na gut, Baum*, wenn du so unbedingt leben willst, in *Ordnung*. Gut! *Okay!* Ich werde dich nicht fällen! Ich werde dich nicht essen! Das eine, was uns allen gemein ist, ist doch, daß wir alle *leben* wollen!«

»Aber was ist mit Gemüse«, murmelt ein Mädchen.

»Na ja, mir wurde klar, solange ich von *diesem Fleisch* und von *diesem Blut* bin, kann ich natürlich nicht *voll*kommen gewaltfrei sein.«

Es wird spät. Von jedem werden fünfzig Cent für das Mittagessen am nächsten Tag eingesammelt, und jemand verliest die Anordnung der Bezirksdelegiertenversammlung von Monterey County, nach der die Bürger aufgefordert werden, die amerikanische Flagge zu hissen, um so zu zeigen, daß »Ausgeflippte, Kommunisten und Feiglinge nicht unser County repräsentieren«, und jemand erwähnt das Vietnam Day Committee und ein dissidentisches Mitglied, das Carmel mal besucht hatte.

»Marv ist ein grundehrlicher Gewaltloser«, verkündet Ira Sandperl. »Ein Mann der Aufrichtigkeit und der Liebe.«

»Er sagte, daß er ein Anarchist ist«, wendet jemand zweifelnd ein.

»Richtig«, stimmt Ira Sandperl zu. »Absolut.«

»Würde der V.D.C. Gandhi als bourgeois bezeichnen?«

»Ach, die müßten es eigentlich besser wissen, aber die leben ja selbst so bürgerlich ...«

»Das ist so wahr«, sagt der verträumte blonde Junge mit der violetten Murmel. »Du kommst in deren Büro, und die sind so unfreundlich, so unfreundlich und kalt ...«

Alle lächeln ihn liebevoll an. Mittlerweile hat der Himmel die Farbe seiner Murmel angenommen, aber sie beginnen nur zögerlich damit, ihre Bücher, Zeitschriften und Schallplatten zusammenzupacken, ihre Autoschlüssel hervorzuholen und den Tag zu beenden, und als sie endlich doch bereit sind zum Gehen, ißt Joan Baez Kartoffelsalat mit den Fingern aus einer Schüssel im Kühlschrank und alle bleiben noch, um ihn gemeinsam zu essen, bleiben noch ein wenig dort, wo es warm ist.

1966

Vom Sinn, ein Notizbuch zu besitzen

»›Diese Estelle‹«, lautet der Eintrag, »›ist einer der Gründe, warum George Sharp und ich uns heute trennen.‹ *Schmutziger Crèpe-de-Chine-Morgenrock, Hotelbar, Wilmington Bahnhof, 9 Uhr 45, Montagmorgen, August.*«

Da sich dieser Eintrag in meinem Notizbuch befindet, hat er vermutlich eine Bedeutung für mich. Ich sehe ihn mir eine Weile an. Zuerst habe ich nur eine sehr vage Vorstellung davon, was ich an einem Montagmorgen im August in der Bar eines Hotels gemacht haben könnte, das gegenüber dem Bahnhof von Wilmington in Delaware liegt (auf den Zug warten? einen Zug verpassen? 1960? 1961? warum Wilmington?), aber ich erinnere mich daran, dort gewesen zu sein. Jene Frau im schmutzigen Crèpe-de-Chine-Morgenrock war auf ein Bier aus ihrem Zimmer heruntergekommen, und der Barkeeper hatte bereits gehört, warum George Sharp und sie sich heute trennten. »Ich weiß«, sagte er, während er weiter den Boden wischte. »Das haben Sie mir schon erzählt.« Am anderen Ende der Bar steht ein Mädchen. Sie redet, ostentativ, nicht mit dem Mann neben ihr, sondern mit der Katze, die in dem Dreieck aus Sonnenlicht liegt, das durch die offene Tür hereinfällt. Sie trägt ein kariertes Seidenkleid von Peck & Peck, und der Saum löst sich auf.

Die Sache ist die: Das Mädchen ist an der Ostküste gewesen, und jetzt fährt sie wieder in die Stadt und läßt den Mann an ihrer Seite zurück, und alles, was sie auf sich zukommen sieht, sind die im Sommer zerfließenden Gehwege und die Ferngespräche um drei Uhr morgens, die sie wachliegen und später dann betäubt durch die vor Hitze dampfenden Morgen schlafen lassen werden, durch all die noch verbleibenden Morgen im August (1960? 1961?). Weil sie in New York direkt vom Zug zu einem Mittagessen muß, hätte sie gern eine Sicherheitsnadel für den Saum ihres karierten Seidenkleids gehabt, und außerdem hätte sie gern den Saum und das Mittagessen vergessen und in der kühlen Bar bleiben wollen, die nach Desinfektionsmittel und Malz riecht, und mit der Frau im Crèpe-de-Chine-Morgenrock Freundschaft geschlossen. Ein bißchen Selbstmitleid überfällt sie, und sie möchte sich über die Estelles dieser Welt austauschen. Darum ging es hier.

Warum habe ich es aufgeschrieben? Um mich daran zu erinnern natürlich, aber was genau war es, woran ich mich erinnern wollte? Wieviel davon ist tatsächlich passiert? Ist es tatsächlich passiert? Warum besitze ich überhaupt ein Notizbuch? Es ist leicht, sich in jedem dieser Punkte etwas vorzumachen. Der Impuls, etwas aufzuschreiben, ist merkwürdig zwanghaft, nicht zu erklären für die, die ihn nicht verspüren, und nur zufällig und erst in zweiter Linie nützlich, nur insofern, als jeder Zwang eine Rechtfertigung braucht. Vermutlich beginnt es schon in der Wiege oder eben nicht. Obwohl ich mich seit dem fünften Lebensjahr gezwungen sehe, Dinge aufzuschreiben, bezweifle ich, daß es meiner Tochter genauso geht, denn sie ist ein außerordentlich heiteres und aufnahmefreudiges Kind, mit Vergnügen an dem, was das Leben ihr bietet, ohne Angst vor dem Einschlafen und ohne Angst vor dem Aufwachen. Besitzer von Notizbüchern gehören zu einem anderen Menschenschlag, sie sind einsam und widerborstig und müssen die Dinge ständig neu sortieren, sie sind ängstlich und unzufrieden, Kinder, die anscheinend schon bei ihrer Geburt eine Vorahnung von Verlust befallen hat.

Mein erstes Notizbuch war ein Big-Five-Block, den mir

meine Mutter mit dem vernünftigen Vorschlag gab, ich solle aufhören zu quengeln und lieber lernen, mich damit zu vergnügen, meine Gedanken aufzuschreiben. Sie gab mir den Block vor ein paar Jahren wieder; der erste Eintrag handelt von einer Frau, die glaubt, sie würde in der arktischen Nacht erfrieren, bei Tagesanbruch jedoch feststellen muß, daß sie in die Sahara geraten ist, wo sie noch vor Mittag an der Hitze zugrunde gehen wird. Ich habe keine Ahnung, welche Windung im Gehirn einer Fünfjährigen den Ausschlag zu einer so »ironischen« und exotischen Geschichte geben konnte, aber sie enthüllt eine gewisse Vorliebe für das Extreme, die mich bis ins Erwachsenenleben hinein verfolgt hat; wäre ich an Psychologie interessiert, erschiene mir diese Geschichte vielleicht wahrer als all die anderen, die ich von Donald Johnsons Geburtstagsfeier hätte erzählen können oder vom Tag, an dem meine Cousine Brenda Katzenstreu ins Aquarium schüttete.

Der Sinn, ein Notizbuch zu besitzen, bestand nie darin, exakt festzuhalten, was ich tatsächlich getan oder gedacht habe, und darin besteht er auch jetzt nicht. Das würde einem vollkommen anderen Impuls folgen, einem Instinkt für die Realität, auf den ich manchmal neidisch bin, den ich aber nicht besitze. Noch in keinem Moment bin ich je in der Lage gewesen, erfolgreich ein Tagebuch zu führen; mein Zugriff auf den Alltag reicht von grob nachlässig bis schlicht nicht vorhanden, und in den seltenen Momenten, in denen ich versuchte, pflichtschuldig die Ereignisse eines Tages aufzulisten, überkam mich eine derart starke Langeweile, daß das Resultat bestenfalls rätselhaft ist. Was soll dieses »einkaufen, Artikel tippen, Abendessen mit E, deprimiert«? Einkaufen was? Tippen von welchem Artikel? Wer ist E? War dieser E deprimiert, oder war ich deprimiert? Und wen interessiert's?

Ich habe diese sinnlosen Eintragungen gänzlich aufgegeben; stattdessen erzähle ich, was einige vielleicht Lügen nennen würden. »Das stimmt einfach nicht«, entgegnet mir meine Familie ständig, wenn sie mit meiner Erinnerung an ein gemeinsames Erlebnis konfrontiert wird. »Die Party war *nicht* für dich, die Spinne war *keine* Schwarze Witwe, *so war das alles überhaupt nicht.*« Sehr wahrscheinlich haben sie recht, denn ich habe nicht nur schon immer Schwierigkeiten damit, zwischen dem, was passiert ist, und dem, was einfach hätte passiert sein können, zu unterscheiden, sondern ich bin noch immer nicht davon überzeugt, daß diese Unterscheidung, jedenfalls für meine Zwecke, eine Rolle spielt. Der geknackte Krebs, den ich meiner Erinnerung nach an dem Tag zum Mittag aß, als mein Vater 1945 aus Detroit nach Hause zurückkam, wird sicherlich nur eine Ausschmückung gewesen sein, die in das Muster des Tages eingearbeitet wurde, um ihm Wahrhaftigkeit zu verleihen; ich war zehn Jahre alt und dürfte mich jetzt längst nicht mehr an einen geknackten Krebs erinnern können. Er war für die Ereignisse dieses Tages auch überhaupt nicht wichtig. Und dennoch ist es gerade dieser fiktive Krebs, der mich den Nachmittag noch einmal sehen läßt; ein Familienvideo, das zu oft gelaufen ist, der Vater beladen mit Geschenken, das Kind weinend, ein Durchexerzieren von Familienliebe und Schuld. So war es jedenfalls für mich. Ebenso hat es vielleicht in jenem August in Vermont gar nicht geschneit; vielleicht hat es das Gestöber im Nachtwind niemals gegeben, vielleicht hat niemand sonst gespürt, wie der Boden härter wurde und der Sommer bereits hinüber war, als wir noch vorgaben, ihn zu genießen, aber für mich fühlte es sich so an, und genausogut hätte es auch geschneit haben können, könnte es geschneit haben, schneite es.

Wie es sich für mich anfühlte: Das kommt der Wahrheit

über ein Notizbuch schon näher. Manchmal mache ich mir über den Sinn, ein Notizbuch zu besitzen, etwas vor, ich bilde mir ein, es könnte irgendeinen rechnerischen Vorteil haben, alles Beobachtete festzuhalten. Sieh dir nur genug an und schreib es auf, sage ich mir, und eines Morgens, wenn die Welt bar aller Wunder erscheint, eines Morgens, wenn ich nur noch mechanisch tue, was ich tun muß, nämlich schreiben – an diesem bankrotten Morgen werde ich einfach mein Notizbuch aufschlagen, und alles wird da sein, ein vergessenes Konto, auf dem sich die Zinsen angesammelt haben, die bezahlte Rückfahrt in die Welt dort draußen: Dialoge, die ich in Hotels und Fahrstühlen und an der Garderobe im Pavillon hörte (ein Mann mittleren Alters zeigt seine Garderobenmarke einem anderen und sagt: »Das ist meine alte Football-Nummer«); Eindrücke von Bettina Aptheker, Benjamin Sonnenberg und Teddy (»Mr. Acapulco«) Stauffer; vorsichtige *aperçus* über Tennisnieten, erfolglose Models und griechische Reederei-Erbinnen, von denen mir eine mal eine wichtige Lektion erteilte (eine Lektion, die ich von F. Scott Fitzgerald hätte lernen können, aber vielleicht müssen wir die ganz Reichen selbst treffen). Als ich am zweiten Tag eines heftigen New Yorker Schneesturms zum Interview in ihr von Orchideen überfülltes Wohnzimmer kam, fragte sie mich, ob es draußen schneie.

Mit anderen Worten, ich bilde mir ein, das Notizbuch würde von anderen Menschen handeln. Aber das ist natürlich nicht so. Was ein Fremder einem anderen an der Garderobe im Pavillon sagte, geht mich nicht wirklich etwas an; ich glaube sogar, daß die Zeile »Das ist meine alte Football-Nummer« meine Vorstellungskraft nicht im geringsten berührte, sondern vielmehr eine Erinnerung an etwas wachrief, das ich einmal gelesen hatte, vielleicht »The Eighty-Yard Run«. Auch eine Frau in einem schmutzigen Crèpe-de-Chine-Morgenrock in einer Bar in Wilmington ist nicht meine Angelegenheit. Dagegen interessiert mich immer, natürlich, das unerwähnte Mädchen im karierten Seidenkleid. *Sich daran erinnern, wie es war, ich zu sein*: Darin liegt der Sinn.

Es zuzugeben, ist schwierig. Wir sind mit der moralischen Vorstellung aufgewachsen, daß andere, irgendein anderer und alle anderen, der Definition nach interessanter sind, als wir selbst; wir haben gelernt, bescheiden zu sein, zurückhaltend. (»Du bist die unwichtigste Person in diesem Raum, vergiß das nicht«, zischte Jessica Mitfords Gouvernante ihr bei jedem gesellschaftlichen Anlaß ins Ohr; ich übertrug das in mein Notizbuch, weil ich erst seit kurzem einen Raum betreten kann, ohne einen dieser Sätze im Ohr zu haben.) Nur die sehr Jungen und die sehr Alten dürfen ihre Träume am Frühstückstisch erzählen, um sich selbst kreisen, die Unterhaltung mit Erinnerungen an Strandpicknicks und Lieblings-Blümchenkleider von Liberty und die Regenbogenforelle in einem Fluß bei Colorado Springs unterbrechen. Vom Rest von uns wird zu Recht erwartet, an anderer Leute Lieblingskleidern, anderer Leute Forellen Interesse zu zeigen.

Und das tun wir. Aber unsere Notizbücher verraten uns, denn egal, wie pflichtbewußt wir niederschreiben, was wir um uns herum beobachten, der gemeinsame Nenner ist immer, unverhüllt und schamlos, das unerbittliche »Ich«. Wir reden hier nicht von einem Notizbuch, das offenkundig für die Öffentlichkeit bestimmt ist, nicht von einer aufgeblasenen Konstruktion, die eine Serie gefälliger *pensées* verbinden soll; wir reden von etwas Privatem, von Gliedern aus der Gedankenkette, die zu kurz sind, um verwendet zu werden, von einer willkürlichen und erratischen Sammlung, die nur für ihren Schöpfer Bedeutung hat.

Und manchmal hat sogar der Schöpfer Probleme mit der Bedeutung. Zum Beispiel scheint es völlig sinnlos, für den Rest meines Lebens zu wissen, daß sich 1964 auf jede Quadratmeile in New York 720 Tonnen Ruß gelegt hatten, dennoch steht es in meinem Notizbuch, gekennzeichnet als »Fakt«. Ich muß mich auch nicht wirklich daran erinnern können, daß Ambrose Bierce den Namen Leland Stanford gern als »£eland $tanford« buchstabierte, oder daß »elegante Frauen in Kuba immer schwarz tragen«, ein modischer Hinweis ohne große Aussichten, jemals praktisch angewendet zu werden. Und scheint die Relevanz der folgenden Einträge nicht bestenfalls marginal?:

> Museum im Keller des Inyo-County-Gerichtsgebäudes in Kalifornien, Schild an einem Mandarin-Mantel, Aufschrift: »Dieser Mandarin-Mantel wurde oft von Mrs. Minnie S. Brooks getragen, wenn sie Vorträge über ihre Teekannen-Sammlung hielt.«
>
> Rotschopf steigt vor Beverly Wilshire Hotel aus Auto, Chinchilla-Stola, Tüten von Vuitton mit Anhängern, Aufschrift:
>
> MRS LOU FOX
> HOTEL SAHARA
> VEGAS

Na ja, vielleicht nicht völlig marginal. Mrs. Minnie S. Brooks und ihr Mandarin-Mantel bringen mich zurück in meine Kindheit, denn obwohl ich Mrs. Brooks nie begegnet bin und Inyo County, bevor ich dreißig war, nie besuchte, bin ich doch genau in einer solchen Welt aufgewachsen, in Häusern, die mit indischen Relikten, Golderz- und Bernsteinstücken und den Souvenirs vollgestopft waren, die meine Tante Mercy Farnsworth aus dem Orient mitbrachte. Von dieser Welt ist es ein langer Weg in die Welt von Mrs. Lou Fox, in der wir heute alle leben, aber ist es nicht gut, sich gerade dessen bewußt zu werden? Kann Mrs. Minnie S. Brooks mir nicht helfen, mich daran zu erinnern, was ich bin? Kann Mrs. Lou Fox mir nicht helfen, mich daran zu erinnern, was ich nicht bin?

Manchmal ist der Sinn weniger leicht erkennbar. Was genau habe ich mir gedacht, als ich aufschrieb, daß es den Vater eines Bekannten 650 Dollar im Monat kostete, das Haus am Hudson zu beleuchten, in dem er vor dem Börsenkrach lebte? Was hatte ich mit folgendem Satz von Jimmy Hoffa vor? »Ich mag ja Fehler haben, aber unrecht haben gehört nicht dazu.« Und obwohl es mich interessiert, wo die Mädchen, die mit dem Syndikat reisen, zum Friseur gehen, wenn sie an der Westküste sind – werde ich diese Information jemals sinnvoll verwenden können? Wäre ich nicht besser dran, sie einfach an John O'Hara weiterzugeben? Was hat ein Rezept für Sauerkraut in meinem Notizbuch zu suchen? Welcher Elster gehört dieses Notizbuch überhaupt? »Er wurde in der Nacht geboren, in der die Titanic unterging.« Dieser Satz scheint immerhin ganz gut zu sein, und ich erinnere mich sogar daran, wer ihn sagte, aber ist er nicht doch ein besserer Satz im Leben, als er es in der Literatur je sein könnte?

Natürlich kommt es genau darauf an: nicht, diesen Satz jemals zu verwenden, sondern mich an die Frau, die ihn sagte, und an den Nachmittag, an dem ich ihn hörte, zu erinnern. Wir saßen auf ihrer Terrasse am Meer, und wir leerten den Wein, der vom Mittagessen noch übrig war, und versuchten, soviel Sonne wie möglich zu tanken, eine kalifornische Wintersonne. Die Frau, deren Mann in der Nacht geboren wurde, in der die Titanic unterging, wollte ihr Haus vermieten und zu ihren Kindern nach Paris zurückkehren. Ich erinnere mich, daß ich mir wünschte, mir das Haus leisten zu können, das 1000 Dollar im Monat kostete. »Irgendwann werden Sie es können«, sagte sie träge. »Irgendwann kommt alles einmal.« Auf ihrer Terrasse in der Sonne schien es leicht, an irgendwann zu glauben, aber später hatte ich einen kleinen nachmittäglichen Kater, und auf dem Weg zum Supermarkt überfuhr ich eine schwarze Schlange und wurde von einer unerklärlichen Angst gepackt, als ich hörte, wie die Kassiererin einem Mann vor mir erklärte, warum sie sich letztendlich doch scheiden lasse. »Er ließ mir keine Wahl«, sagte sie wieder und wieder, während sie auf die Kasse einhieb. »Er hat ein sieben Monate altes Baby von ihr, er ließ mir keine Wahl.« Ich würde gern glauben, daß ich damals um den Zustand der Menschheit fürchtete, aber natürlich fürchtete ich um mich, weil ich ein Baby wollte und keines hatte und weil ich das Haus besitzen wollte, das 1000 Dollar Miete im Monat kostete, und weil ich einen Kater hatte.

Es kommt alles wieder. Vielleicht sieht man nicht so leicht, welchen Wert es hat, sich in die Stimmung von damals zurückzuversetzen, aber ich sehe es; ich glaube, wir sind gut beraten, mit den Menschen, die wir einst waren, flüchtig in Kontakt zu bleiben, ob wir ihre Gesellschaft angenehm finden oder nicht. Sonst tauchen sie unangemeldet auf und überraschen uns, hämmern in einer schlimmen Nacht um vier Uhr morgens an die Tür unserer Gedanken und wollen wissen, wer sie verlassen hat, wer sie verraten hat, wer das wiedergutmachen wird. Nur zu schnell vergessen wir die Dinge, von denen wir glaubten, wir würden sie nie vergessen. Wir vergessen Liebe und Verrat, wir vergessen, was wir flüsterten und was wir schrien, wir vergessen, wer wir waren. Zu einigen Menschen, die ich einst war, habe ich den Kontakt bereits verloren; eine davon, eine Siebzehnjährige, ist keine große

Bedrohung, aber ich würde gern noch einmal wissen, wie es sich anfühlt, an einem Flußbett zu sitzen und Wodka-Orangensaft zu trinken und im Autoradio Les Paul, Mary Ford und ihre Echos »How High the Moon« singen zu hören. (Sie merken, ich bin noch im Besitz der Szenen, aber ich sehe mich nicht mehr unter den Anwesenden, könnte noch nicht einmal mehr den Dialog improvisieren.) Die andere, eine Dreiundzwanzigjährige, beunruhigt mich mehr. Sie machte immer jede Menge Probleme, und ich vermute, daß sie auftauchen wird, wenn ich sie am wenigsten sehen will, die Röcke zu lang und so schüchtern, daß es aggressiv macht, immer das Opfer, immer voller Vorwürfe und kleiner Kränkungen und Geschichten, die ich nie wieder hören will, eine, die mich gleichzeitig traurig und wütend macht mit ihrer Verletzbarkeit und ihrer Ignoranz, eine Erscheinung, die durch die lange Verbannung nur hartnäckiger wird.

Es ist also eine gute Idee, in Kontakt zu bleiben, und ich vermute, es ist dieses Kontakthalten, worauf es bei Notizbüchern ankommt. Und wenn es darum geht, die Verbindung zu uns aufrechtzuerhalten, sind wir auf uns selbst zurückgeworfen: Ihr Notizbuch wird mir niemals helfen; meines Ihnen nicht. »*Was gibt's Neues im Whisky-Geschäft?*« Was könnte Ihnen das schon sagen? Mir sagt es etwas über eine Blonde in einem Badeanzug von Pucci, die mit einer Gruppe dicker Männer am Pool des Beverly Hills Hotel sitzt. Ein weiterer Mann kommt dazu, und sie sehen sich alle eine Weile schweigend an. »Was gibt's Neues im Whisky-Geschäft?« sagt einer der Dicken schließlich als Begrüßung, und die Blonde steht auf, krümmt ihren Fuß, taucht ihn in den Pool und schaut die ganze Zeit hinüber zum Umkleidehäuschen, vor dem Baby Pignatari telefoniert. Das ist alles, was es dazu zu sagen gibt, außer, daß ich die Blonde mehrere Jahre später mit ihrem kalifornischen Teint und in einem voluminösen Nerzmantel aus Saks Fifth Avenue in New York kommen sah. Im scharfen Wind, der an jenem Tag wehte, wirkte sie alt und irreparabel müde, und auch die Felle ihres Nerzmantels waren nicht so gearbeitet, wie es in diesem Jahr üblich war, nicht so, wie sie es gern gehabt hätte, und hier sind wir beim Kern der Geschichte. Danach konnte ich eine Zeitlang nicht in den Spiegel sehen, und wenn ich die Zeitung überflog, stieß ich nur auf die Todesfälle, die Krebsopfer, die vorzeitigen Herzinfarkte, die Selbstmorde, und mit der Lexington Avenue IRT fuhr ich nicht mehr, weil mir zum erstenmal auffiel, daß all die Fremden, die ich seit Jahren sah – der Mann mit dem Blindenhund, die alleinstehende Frau, die jeden Tag die Kleinanzeigen las, das dicke Mädchen, das immer mit mir in Grand Central ausstieg –, älter aussahen als früher.

Es kommt alles wieder. Sogar das Rezept für Sauerkraut: Sogar das bringt alles zurück. Ich war auf Fire Island, als ich dieses Sauerkraut zum erstenmal machte, es regnete, und wir tranken eine Menge Bourbon und aßen das Sauerkraut, und um zehn gingen wir ins Bett, und ich hörte den Regen und den Atlantik und fühlte mich sicher. Gestern abend habe ich das Sauerkraut noch einmal gemacht, und ich habe mich nicht sicherer gefühlt, aber das ist, wie man so sagt, eine andere Geschichte.

1966

Über Selbstachtung

Während einer Hitzephase schrieb ich in Großbuchstaben über zwei Seiten eines Notizbuches, daß Unschuld endet, wenn man von dem Irrglauben befreit wurde, sich selbst zu mögen. Obwohl ich mich jetzt, einige Jahre später, darüber wundere, daß sich ein Denken, das mit sich selbst hadert, dennoch akribisch über jede seiner Erschütterungen Rechenschaft gibt, erinnere ich mich mit peinlicher Genauigkeit an den Geschmack dieser Asche. Hier ging es um verlorene Selbstachtung.

Die Ehrengesellschaft Kappa Beta Phi, die vorzügliche Studienleistungen fördert, hatte mich nicht aufgenommen. Diese Niederlage hätte kaum vorhersehbarer und kaum unmißverständlicher sein können (mir fehlten dafür schlicht die Noten), aber ich war entmutigt; irgendwie hatte ich mich für eine Art akademischen Raskolnikov gehalten, auf den das übliche Prinzip von Ursache und Wirkung, das anderen im Weg stand, seltsamerweise keine Anwendung fand. Sogar die humorlose Neunzehnjährige, die ich war, mußte mitbekommen haben, daß der Situation echte Tragik fehlte, dennoch stellte der Tag, an dem ich Kappa Beta Phi nicht schaffte, das Ende von etwas dar, und Unschuld kann sehr wohl das Wort dafür sein. Ich verlor die Überzeugung, daß die Ampel für mich immer auf grün springen würde, die angenehme Sicherheit, daß mir die eher passiven Tugenden, für die ich als Kind gelobt worden war, automatisch nicht nur den Zugang zu Kappa Beta Phi garantierten, sondern auch Glück, Ehre und die Liebe eines anständigen Mannes; ich verlor mein rührendes Vertrauen in die Totem-gleiche Macht guter Manieren, gewaschener Haare und der im Stanford-Binet-Intelligenztest bewiesenen Fähigkeiten. An solche zweifelhaften Amulette hatte sich meine Selbstachtung gehängt, und an jenem Tag stand ich mir mit der ängstlichen Verblüffung von jemandem gegenüber, der einem Vampir begegnet und kein Kruzifix zur Hand hat.

Obwohl es bestenfalls unangenehm ist, den Rückzug zu sich selbst antreten zu müssen, ungefähr so, als hätte man versucht, mit geliehenen Papieren eine Grenze zu überqueren, scheint es mir jetzt die notwendige Voraussetzung dafür zu sein, um zu wirklicher Selbstachtung zu gelangen. Jenseits aller Platitüden ist Selbstbetrug immer noch die schwierigste Art des Betrugs. Die Tricks, die bei anderen funktionieren, taugen nichts in diesen gut ausgeleuchteten Hinterhöfen, in denen man sich heimlich mit sich selbst trifft: Hier genügt kein gewinnendes Lächeln, keine sauber angefertigte Liste guter Absichten. Die eigenen gezinkten Karten mag man noch so angeberisch mischen, es ist doch vergeblich – eine Nettigkeit erfolgte aus den falschen Gründen, der augenscheinliche Triumph beruhte auf keiner Anstrengung, zur scheinbar heroischen Handlung trieb einen bloß die Scham. Die trostlose Tatsache ist, daß Selbstachtung nichts mit dem Lob anderer zu tun hat, die schließlich leicht genug zu täuschen sind, sie hat nichts mit dem eigenen Ruf zu tun, den, wie Rhett Butler zu Scarlett O'Hara sagte, couragierte Menschen gar nicht brauchen.

Wer ohne Selbstachtung lebt, wird andererseits unfreiwillig zum einzigen Zuschauer einer endlosen Dokumentation, in der die eigenen Fehler, sowohl die realen als auch die eingebildeten, detailliert zu sehen sind, und mit jeder Vorführung wird neues Material dazwischengeschnitten. *Da ist das Glas, das man vor Wut zerbrochen hat, da ist der Schmerz im Gesicht von X, und jetzt sieh hin, die nächste Szene, die Nacht, in der Y aus Houston zurückkehrte, sieh dir an, wie du das vermasselst.*

Wer ohne Selbstachtung lebt, liegt eines Nachts wach, warme Milch, Phenobarbital und eine schlafende Hand auf der Decke außer Reichweite, und rechnet die Sünden auf, die durch Unterlassen oder Begehen einer Tat entstanden sind, das Vertrauen, das man verraten, die Versprechen, die man still gebrochen hat, die Talente, die unwiderruflich verschwendet wurden durch Faulheit, Feigheit oder Achtlosigkeit. Egal, wie lange wir es hinauszögern, irgendwann liegen wir doch allein in diesem notorisch unbequemen Bett, das wir uns selbst machen. Ob wir darin schlafen können oder nicht, hängt natürlich davon ab, ob wir Selbstachtung besitzen oder nicht.

An dieser Stelle einzuwenden, daß einige ziemlich unmögliche Menschen, Menschen, von denen es kaum vorstellbar ist, daß sie sich *selbst achten können*, ziemlich gut zu schlafen scheinen, heißt, die ganze Sache so sicher zu verfehlen, wie jene Menschen sie verfehlen, die glauben, bei Selbstachtung ginge es darum, die Unterhose nicht mit der Kneifzange anzuziehen. Es herrscht ein verbreiteter Aberglaube, daß Selbstachtung eine Art Zauber gegen Schlangen sei, etwas, das die, die sie besitzen, in einem unberührten Eden bewahrt, fern von fremden Betten, zweideutigen Gesprächen und Ärger im allgemeinen. Dem ist nicht so. Selbstachtung hat nichts mit dem Angesicht der Dinge zu tun, sondern betrifft einen gesonderten Frieden, eine Versöhnung mit sich selbst. Obwohl der leichtfertige, selbstmörderisch veranlagte Julian English im Roman *Begegnung in Samarra* und die leichtfertige, unheilbar verlogene Jordan Baker im Roman *Der große Gatsby* gleichermaßen ungeeignete Kandidaten für Selbstachtung zu sein scheinen, besaß Jordan Baker sie dennoch, Julian English allerdings nicht. Mit einer genialen Veranlagung, sich zu arrangieren, die häufiger bei Frauen als bei Männern vorkommt, legt Jordan ihr eigenes Maß an, sie macht ihren eigenen Frieden und geht Bedrohungen dieses Friedens aus dem Weg. »Ich hasse leichtfertige Menschen«, teilte sie Nick Carraway mit. »Zu einem Unfall braucht es immer zwei.«

Wie Jordan Baker stehen Menschen mit Selbstachtung zu ihren Fehlern. Sie wissen um den Preis der Dinge. Wenn sie beschließen fremdzugehen, laufen sie danach nicht in einem Anfall von schlechtem Gewissen zur geschädigten Partei, um Absolution zu erhalten; auch beschweren sie sich nicht unangebrachterweise über ungerechte Behandlung, über die unverdiente Beschämung, bei der Scheidung anderer mit zur Verantwortung gezogen zu werden. Kurz: Menschen mit Selbstachtung zeigen eine gewisse Härte, eine Art Gewissensstärke; sie stellen das zur Schau, was einmal *Charakter* genannt wurde, ein Wert, der, obwohl er theoretisch gelobt wird, gegenüber anderen, schneller verhandelbaren Tugenden an Boden verliert. Das Ausmaß, in dem sein Ansehen nachläßt, zeigt sich daran, daß *Charakter* nur im Zusammenhang mit unattraktiven Kindern und US-Senatoren auftaucht, die, vorzugsweise bei einer Vorwahl, nicht wiedergewählt wurden. Dennoch ist Charakter – der Wille, Verantwortung für das eigene Leben zu übernehmen – die Quelle, der Selbstachtung entspringt.

Selbstachtung ist etwas, mit dem sich unsere Großeltern auskannten, ob sie sie besaßen oder nicht. Bereits in jungen Jahren wurde ihnen eine gewisse Disziplin beigebracht, die Einsicht, daß Leben bedeutet, Dinge zu tun, die man nicht unbedingt tun will, daß man Ängste und Zweifel beiseite schiebt und die schnelle Belohnung gegenüber der Möglichkeit größerer, vielleicht sogar unerreichbarer Belohnung abwägt. Im 19. Jahrhundert schien es zwar bewunderswert, daß »Chinese« Gordon einen sauberen, weißen Anzug anlegte und Khartoum gegen den Madhi-Aufstand verteidigte, bemerkenswert war es nicht; man betrachtete es auch nicht als Ungerechtigkeit, daß die Landerschließung in Kalifornien Tod, Probleme und Schmutz mit sich brachte. In einem Tagebuch, das die zwölfjährige Emigrantin Narcissa Cornwall im Winter 1846 führte, notierte sie kühl: »Vater war mit Lesen beschäftigt und merkte nicht, wie sich das Haus mit seltsamen Indianern füllte, bis Mutter davon sprach.« Auch ohne den kleinsten Hinweis auf das, was Mutter sagte, kann man sich der Eindrücklichkeit dieses Vorfalls kaum entziehen: der lesende Vater, die Indianer, die nacheinander hereinkommen, die Mutter, die ihre Worte so wählt, daß niemand erschrickt, das Kind, das das Ereignis pflichtbewußt notiert und des weiteren schreibt, daß diese Indianer »zu unserem Glück« nicht feindlich gesinnt waren. Indianer waren einfach Teil der Gegebenheiten.

Das sind Indianer in der einen oder anderen Verkleidung immer. Und auch hier geht es um die Erkenntnis, daß alles Gute seinen Preis hat. Menschen mit Selbstachtung sind gewillt, das Risiko feindseliger Indianer zu akzeptieren, zu akzeptieren, daß das Unternehmen bankrott gehen oder die Liaison sich als eine herausstellen könnte, in der nicht *jeder Tag ein Feiertag ist, weil du mit mir verheiratet bist.* Sie sind willens, etwas von sich selbst zu investieren; möglich, daß sie dennoch überhaupt nicht spielen, aber wenn sie spielen, wissen sie, wie die Chancen stehen.

Diese Art der Selbstachtung ist eine Disziplin, eine Gepflogenheit des Denkens, die nie vorgetäuscht, aber entwickelt, trainiert, hervorgelockt werden kann. Mir wurde einmal als Gegenmittel zum Weinen vorgeschlagen, meinen Kopf in eine Papiertüte zu stecken. Es gibt dafür eine fundierte physiologische Begründung, die mit Sauerstoff zu tun hat, aber die psychologische Wirkung allein ist schon unschätzbar: Es ist extrem schwierig, sich weiterhin einzubilden, man wäre Cathy aus *Sturmhöhe*, wenn der eigene Kopf in der Papiertüte einer Lebensmittelkette steckt. Für die kleineren Formen von Disziplin, die an sich unbedeutend sind, gilt das gleiche; stellen Sie sich vor, einen Zustand ohnmächtiger Raserei, sei er aus Mitgefühl oder aus Sinnlichkeit, unter einer kalten Dusche aufrechtzuerhalten.

Aber diese kleineren Formen von Disziplin sind nur insofern wertvoll, als sie größere repräsentieren. Zu sagen, die Schlacht von Waterloo wurde auf dem Spielfeld von Eton gewonnen, heißt nicht, daß Napoleon durch einen Schnellkurs in Kricket zu retten gewesen wäre; ein förmliches Essen im Regenwald zu veranstalten, wäre ein fruchtloses Unterfangen, würde das Kerzengeflacker auf der Liane nicht tiefere, stärkere Formen von Disziplin wachrufen, Werte, die einem lange zuvor beigebracht wurden. Es ist ein Ritual, das uns daran erinnern hilft, wer und was wir sind. Um sich daran zu erinnern, muß man es gekannt haben.

Ein Gefühl für den eigenen inneren Wert zu haben, das ist es, was Selbstachtung ausmacht und was im Grunde schon heißt, alles Notwendige zu haben: die Fähigkeit zum Urteilen, zur Liebe und zur Gleichgültigkeit. Es nicht zu haben, heißt, in sich selbst eingeschlossen zu sein, paradoxerweise weder in der Lage zu lieben, noch gleichgültig zu bleiben. Ohne Selbstachtung sind wir einerseits gezwungen, jene zu verachten, die so wenig Möglichkeiten haben, daß sie mit uns verkehren müssen, so wenig Menschenkenntnis, daß sie unseren fatalen Schwächen gegenüber blind sind. Andererseits versklaven wir uns allen gegenüber, die uns begegnen, absurd entschlossen, deren falsche Annahmen von uns zu erfüllen – da unser Selbstbild hinfällig ist. Wir schmeicheln uns damit, daß wir diesen Drang, anderen zu gefallen, für einen attraktiven Zug halten: für den Gipfel phantasievoller Empathie, für den Beweis unserer Bereitwilligkeit zu geben. *Natürlich* werde ich die Francesca für jeden Paolo sein, die Helen Keller für jedermanns Annie Sullivan: Keine Erwartung ist zu abseitig, keine Rolle zu lächerlich. Jenen ausgeliefert, die wir nur hassen können, spielen wir Rollen, die schon zum Scheitern verurteilt sind, bevor wir überhaupt begonnen haben, und jede Niederlage ruft neue Verzweiflung über die Dringlichkeit hervor, die nächste an uns gestellte Forderung erahnen und erfüllen zu müssen.

Dieses Phänomen ist das, was manchmal als »Selbstentfremdung« bezeichnet wird. Im fortgeschrittenen Stadium gehen wir nicht mehr ans Telefon, da irgend jemand etwas von uns wollen könnte; die Idee, daß wir auch ohne Selbstvorwürfe nein sagen könnten, ist diesem Spiel fremd. Jede Begegnung überfordert uns, zerrt an den Nerven, laugt den Willen aus, und schon ein so kleines Gespenst wie ein unbeantworteter Brief bewirkt ein so unangemessenes Schuldgefühl, daß es außer Frage steht, ihn einfach zu beantworten. Unbeantworteten Briefen ihr richtiges Gewicht beizumessen, um uns von den Erwartungen der anderen zu befreien, uns uns selbst zurückzugeben – darin besteht die einzigartige Kraft der Selbstachtung. Ohne sie entdeckt man irgendwann das endgültige Festziehen der Schraube: Auf der Suche nach sich selbst läuft man sich davon, um dann festzustellen, daß niemand mehr daheim ist.

1961

Über Moral

Ich bin im Death Valley, in einem Zimmer des Enterprise Motel mit dazugehöriger Wohnwagensiedlung, es ist Juli, und es ist heiß. Es sind genau 48 Grad. Es gelingt mir nicht, die Klimaanlage zum Laufen zu bringen, aber es gibt einen kleinen Kühlschrank, und ich kann Eiswürfel in ein Handtuch wickeln und sie mir in den Nacken legen. Mithilfe der Eiswürfel habe ich versucht, in einem abstrakten Sinne über »Moral« nachzudenken, weil mich die Zeitschrift *The American Scholar* darum gebeten hat; ein Wort, dem ich mit jedem Tag mehr mißtraue, und mein Denken schwenkt unerbittlich vom Abstrakten zur konkreten Einzelheit.

Hier sind ein paar Einzelheiten. Gestern um Mitternacht wurde auf der Straße, die von Las Vegas nach Death Valley Junction führt, ein Auto aus der Kurve getragen und überschlug sich. Der Fahrer, sehr jung und offenbar betrunken, war sofort tot. Seine Freundin wurde lebend, aber mit inneren Blutungen geborgen, sie stand unter Schock. Heute nachmittag habe ich mit der Krankenschwester gesprochen, die die junge Frau zum nächsten Arzt gefahren hatte, dreihundert Kilometer durch das Tal von Death Valley und über die gefährlichen Bergstraßen dreier Gebirgsketten. Die Krankenschwester erklärte, daß ihr Mann, Arbeiter in einer Talkum-Mine, bei dem toten Jungen auf dem Highway geblieben war, bis der zuständige Beamte, der aus Bishop über die Berge kommen mußte, vor Ort eintraf; heute in den Morgenstunden. »Sie können einen Toten nicht einfach so auf dem Highway liegenlassen«, sagte sie. »Es ist unmoralisch.«

Das war ein Moment, in dem ich dem Wort nicht mißtraute, weil die Krankenschwester etwas sehr Konkretes gemeint hatte. Sie meinte, wenn man einen Toten nur für wenige Minuten in der Wüste allein läßt, nähern sich sofort die Kojoten und fressen sein Fleisch. Es mag eine sentimentale Überlegung sein, ob eine Leiche von Kojoten zerrissen wird oder nicht, und dennoch steckt mehr dahinter: Eines der grundlegenden Versprechen, die wir einander geben, lautet, daß wir versuchen werden, unsere Toten zu bergen, daß wir versuchen werden, unsere Verstorbenen nicht den Kojoten zu überlassen. Wenn wir gelernt haben, Versprechen zu halten – wenn, in anderen Worten, unsere Erziehung etwas taugt –, bleiben wir bei den Toten oder bekommen Alpträume.

Ich spreche hier natürlich von einer Art der sozialen Verabredung, die manchmal und gewöhnlich abschätzig Planwagen-Moral genannt wird. Und genau das ist sie auch. Wir sind wohl oder übel das, was wir als Kinder gelernt haben: Meine eigene Kindheit war erfüllt von plastischen Beschreibungen des Kummers, der jene erwartet, die einander keine Loyalitäten erweisen: die Siedler, die mit dem Donner-Reed-Treck über die Sierra Nevada zogen und im Schnee eingeschlossen verhungerten, nachdem sie sogar, als alle Zeichen der Zivilisation bereits verschwunden waren, noch das eine rudimentäre Tabu aufrechterhielten, die Vorschrift, daß niemand seine eigenen Blutsverwandten essen darf. Oder die Jayhawker, Guerilla-Kämpfer im amerikanischen Bürgerkrieg, die nicht weit von dem Ort, an dem ich heute übernachte, im Streit auseinandergingen. Einige von ihnen starben in den Funeral-Bergen, einige von ihnen starben im Tal in der Nähe von Badwater, und die meisten von denen, die noch übrig waren, starben im Panamint-Tal. Eine Frau, die durchkam, gab dem Tal seinen Namen. Manche mögen sagen, daß die Jayhawker vom

Wüstensommer und die Donner-Reed-Leute vom Gebirgswinter getötet wurden, durch Umstände also, die außerhalb ihrer Kontrolle lagen; *wir* lernten stattdessen, daß sie sich an irgendeiner Stelle ihrer Verantwortung entzogen haben mußten, daß sie auf irgendeine Weise ihre wichtigsten Bindungen verrieten, sonst wären sie nicht so hilflos dem Gebirgswinter oder dem Wüstensommer ausgeliefert gewesen, sonst hätten sie der eigenen Verbitterung nicht nachgegeben, einander nicht im Stich gelassen, sie wären nicht gescheitert. Kurz: Wir hörten diese Geschichten, und es waren Geschichten mit einer Moral, und bis heute ist diese Moral für mich die einzige, die überhaupt eine Bedeutung hat und nicht von vornherein schon verlogen ist.

Wahrscheinlich sind Sie mittlerweile sehr ungehalten über mich; ich rede, werden Sie sagen, über eine »Moral«, die so primitiv ist, daß sie kaum ihren Namen verdient, eine grundsätzliche Verabredung, deren einziger Zweck das Überleben ist und die nicht auf ein ideales Gutes zielt. Genau. Besonders heute nacht hier draußen in diesem bedrohlichen und unheimlichen Landstrich, in dem zu leben bedeutet, mit Antimaterie zu leben, ist es schwer zu glauben, daß »das Gute« eine erkennbare Größe ist. Lassen Sie mich erzählen, wie es ist, heute nacht hier draußen zu sein. Geschichten reisen nachts durch die Wüste. Jemand steigt in seinen Geländewagen und fährt ein paar hundert Kilometer, um ein Bier zu trinken, und bringt Neuigkeiten wieder mit dorthin, woher er kommt. Dann fährt er erneut ein paar hundert Kilometer, um noch ein Bier zu trinken, und gibt Geschichten weiter, die er dort, woher er kommt, und dort, wo er zuvor war, gehört hat; es ist ein Netzwerk, das von Menschen am Leben gehalten wird, denen der Instinkt sagt, daß sie den Verstand verlieren, wenn sie nachts in der Wüste nicht in Bewegung bleiben. Hier ist eine Geschichte, die heute nacht in der Wüste umgeht: Auf der anderen Seite der Nevada-Gebirgskette tauchen Hilfssheriffs in einen unterirdischen See hinab und versuchen, die Körper zu bergen, die sich in dem Loch befinden sollen. Die Witwe eines der ertrunkenen Jungen ist dort drüben; sie ist achtzehn und schwanger, und es heißt, sie weiche nicht vom Rand des Lochs. Die Taucher gehen runter und kommen wieder hoch, und sie steht einfach da und starrt ins Wasser. Sie tauchen bereits seit zehn Tagen und sind noch immer nicht bis zum Grund des Hohlraums vorgedrungen, sie haben keine Körper gefunden, nicht mal eine Spur der Körper, nur das schwarze, zweiunddreißig Grad warme Wasser, das immer tiefer hinabreicht, und einen einzigen durchsichtigen Fisch, nicht näher bestimmt. Die Geschichte von heute nacht handelt davon, daß einer der Taucher wirres Zeug redete, als er aus dem Wasser gezogen wurde, daß er außer sich war, herumbrüllte – bis sie ihn wegbrachten, damit die Witwe ihn nicht hörte –, daß er vom Wasser redete, das heißer, statt kälter wurde, je tiefer er kam, von durchs Wasser flackerndem Licht, von Magma, von unterirdischen Nukleartests.

So klingen die Geschichten hier draußen, und heute nacht gibt es davon nicht wenige. Und die Geschichten sind nicht das einzige. In der Faith Community Church auf der anderen Straßenseite veranstalten ein paar Dutzend alte Menschen, die hierherkommen, um im Wohnwagen zu leben und in der Sonne zu sterben, einen Gesangsgottesdienst. Ich kann sie nicht hören und will es auch nicht. Was ich höre, sind gelegentlich die Kojoten und ein Refrain aus der Jukebox im Snake Room nebenan, der ununterbrochen »Baby the Rain Must Fall« wiederholt, und wenn ich dazu noch diese sterbenden Stimmen, diese Stimmen von Leuten aus dem Mittleren Westen hören müßte, die es wegen irgendwelcher unvorstellbaren atavistischen Riten in diese Mondlandschaft zieht, *Fels der Jahrzehnte, gespalten für mich*, ich glaube, dann würde auch ich den Verstand verlieren. Hin und wieder bilde ich mir ein, eine Klapperschlange zu hören, aber mein Mann sagt, es sei der Wasserhahn, das Rascheln von Papier, der Wind. Dann steht er am Fenster und läßt das Licht einer Taschenlampe über das trockene Schwemmland draußen huschen.

Was bedeutet das? Es bedeutet nichts, das überschaubar wäre. Eine düstere Hysterie liegt heute nacht in der Luft, eine Spur jener ungeheuren Perversion, zu der jede menschliche Idee werden kann. »Ich bin meinem Gewissen gefolgt.« »Ich tat das, was ich für richtig hielt.« Wie viele Verrückte haben das schon gesagt und es auch so gemeint? Wie viele Mörder? Klaus Fuchs, Spion für den sowjetischen Geheimdienst, sagte es, und die Männer, die das Massaker von Mountain Meadow verübten, sagten es, und Alfred Rosenberg, einer der führenden Nationalsozialisten, sagte es. Und Jesus, so werden wir von denen, die es heute sagen würden, automatisch und auf eher vermessene Weise erinnert, Jesus sagte es auch. Vielleicht haben wir es alle schon einmal gesagt, und vielleicht haben wir uns geirrt. Die primitivste Ebene ausgenommen – unsere Loyalität denen gegenüber, die wir lieben –, was könnte arroganter sein, als Anspruch auf die Vorrangstellung des eigenen Gewissens zu erheben? (»Glaubst du«, fragte ein Rabbi Daniel Bell, als er, noch ein Kind, erklärte, er glaube nicht an Gott, »daß Gott das interessiert?«) Zumindest zeitweise erscheint mir die Welt wie ein Gemälde von Hieronymus Bosch, und würde ich dann meinem Gewissen folgen, würde es mich gemeinsam mit Marion Faye hinaus in die Wüste führen, dorthin, wo er in *Der Hirschpark* stand und nach Osten in Richtung Los Alamos sah und darum betete, als betete er für Regen, daß es passieren würde: »... *laß ihn kommen und die Fäulnis und den Geruch und den Gestank wegschwemmen, laß ihn kommen über alle von überall, damit er kommt und die Welt gereinigt steht im weißen toten Morgen.*«

Natürlich werden Sie sagen, daß ich, auch wenn ich die Macht dazu hätte, doch nicht das Recht hätte, Ihnen mein unvernünftiges Gewissen aufzubürden; ebensowenig möchte ich, daß Sie mir Ihr Gewissen aufbürden, wie vernünftig, wie aufgeklärt es auch sein möge. (»Wir müssen uns der Gefahren in unseren edelmütigsten Wünschen bewußt sein«, schrieb Lionel Trilling einmal. »Ein Paradox unserer Natur bringt uns dazu, unsere Mitmenschen, wenn wir sie einmal zu Objekten unseres aufgeklärten Interesses gemacht haben, auch zu Objekten unseres Mitleids zu machen, und dann unserer Weisheit, letztendlich also einer Zwangsausübung.«) Daß die Ethik des Gewissens ihre Tücken hat, ist keine neue Erkenntnis, nur eine, die immer seltener zur Sprache kommt, und auch die, die noch davon sprechen, neigen dazu, verstörend bereitwillig in die entgegengesetzte Position *hinüberzugleiten*: daß die Ethik des Gewissens gefährlich, wenn sie »falsch« und bewundernswert, wenn sie »richtig« sei.

Wie Sie sehen, möchte ich hier ganz hartnäckig darauf bestehen, daß wir bei allem, was über unsere fundamentale Loyalität der sozialen Verabredung gegenüber hinausgeht, keine Möglichkeit haben zu wissen, was »richtig« und was »falsch«, was »gut« und was »böse« ist. Ich halte mich so lange damit auf, weil das, was mich an »Moral« am meisten beunruhigt, die Häufigkeit ist, mit der das Wort heutzutage auftaucht; in Zeitungen, im Fernsehen, in den oberflächlichsten Gesprächen. Fragen einfacher Macht- (oder Überlebens-) Strategien, Fragen des allgemeinen öffentlichen Lebens, beinahe allen möglichen

Fragen wird diese aufgeblasene moralische Last aufgebürdet. Es ist leichtfertig, beinahe hemmungslos, was hier geschieht. Natürlich möchten wir gern alle an etwas »glauben«, möchten unsere privaten Schuldgefühle lindern, indem wir ihre Ursache in der Gesellschaft suchen, natürlich möchten wir unser leidiges Ich loswerden; möchten vielleicht die weiße Flagge der häuslichen Niederlage in das mutige Banner einer fernen Schlacht verwandeln. Und natürlich kann man das tun; so wurde seit uralten Zeiten vieles getan. Aber ich denke, wir können es nur tun, solange wir uns nicht über das, was wir tun und warum wir es tun, hinwegtäuschen. Wir können es nur tun, solange wir nicht vergessen, daß all die *Ad-hoc*-Komitees, all die Streikpostenketten, die mutigen Unterschriften in der *New York Times* und die Werkzeuge der Agitprop, die ganze Palette, niemanden *ipso facto* tugendhaft machen. Wir können es nur tun, solange wir erkennen, daß das, was am Ende dabei herauskommt, nützlich sein kann, genauso gut aber auch nicht, daß es eine gute Idee sein kann, genauso gut aber auch nicht, daß es aber in jedem Fall nichts mit »Moral« zu tun hat. Denn wenn wir anfangen, der Täuschung zu erliegen, daß wir bestimmte Dinge nicht einfach haben wollen oder sie brauchen, daß es für uns nicht einfach nur eine pragmatische Notwendigkeit darstellt, sie zu haben, sondern wenn dieses Haben-Wollen zu einem *moralischen Imperativ* wird, spätestens dann gehören wir zu den modernen Wahnsinnigen, spätestens dann ist das dünne Winseln der Hysterie im ganzen Land zu hören, und spätestens dann stecken wir in großen Schwierigkeiten. Und ich vermute, daß es bereits so weit ist.

1965

Vom Nachhausekommen

Ich bin zu Hause, um den ersten Geburtstag meiner Tochter zu feiern. Mit »zu Hause« meine ich nicht das Haus in Los Angeles, wo mein Mann, ich und das Kind leben, sondern den Ort, an dem meine Familie lebt, im Central Valley von Kalifornien. Das ist ein wichtiger, aber auch lästiger Unterschied. Mein Mann mag meine Familie, fühlt sich in ihrem Haus aber unwohl, denn sobald wir da sind, verfalle ich wieder in ihre Wesensart, die schwierig, ausweichend und bewußt wortkarg ist und nicht die Art meines Mannes. Wir leben in staubigen Häusern (»S-T-A-U-B«, schrieb er einmal mit seinem Finger auf jede Oberfläche im Haus, aber niemand hat es bemerkt), angefüllt mit Erinnerungen, die für ihn keine Bedeutung haben (was sollten ihm die Canton-Kuchenteller auch bedeuten? wie hätte er etwas über die Feinwaage wissen sollen und selbst wenn, warum sollte er sich dafür interessieren?), und offensichtlich reden wir nur von Bekannten, die in die Psychiatrie eingewiesen oder wegen Trunkenheit am Steuer angezeigt wurden, und von Grundbesitz, besonders von Grundbesitz, von Land, von Preisen pro Hektar, Flächennutzungsplänen, Besteuerung und Autobahnanbindungen. Mein Bruder versteht die Unfähigkeit meines Mannes nicht, die Vorteile der durchaus üblichen Immobilientransaktion zu sehen, die als Sale-Leaseback bekannt ist, und mein Mann wiederum versteht nicht, warum so viele Leute, von denen er im Haus meines Vaters hört, kürzlich in die Psychiatrie eingewiesen oder wegen Trunkenheit am Steuer angezeigt wurden. Er versteht auch nicht, daß wir, sobald wir über Sale-Leaseback-Verkäufe und Wegerechtsverweigerungen reden, eigentlich verschlüsselt über die Dinge reden, die uns am liebsten sind; die gelben Felder, die Silberpappeln, die an- und abschwellenden Flüsse und die Bergstraßen, die geschlossen werden, wenn die starken Schneefälle einsetzen. Wir reden aneinander vorbei, wir trinken noch was und kümmern uns um das Feuer. Mein Bruder redet in Gegenwart meines Mannes von ihm als »Joans Mann«. Ehe ist der klassische Verrat an der Familie.

Oder vielleicht nicht mehr. Manchmal denke ich, daß die unter uns, die jetzt in den Dreißigern sind, in die letzte Generation hineingeboren wurden, die noch die Last eines »Zuhauses« tragen muß, für die das Familienleben noch der Ursprung aller Spannungen und Dramen ist. Objektiven Darstellungen zufolge bin ich in einer »normalen« und »glücklichen« Familie aufgewachsen, und dennoch war ich fast dreißig, ehe ich mit meiner Familie am Telefon reden konnte, ohne nach dem Auflegen weinen zu müssen. Wir stritten uns nicht. Es war nichts Schlimmes passiert. Und dennoch färbte eine namenlose Furcht den emotionalen Austausch zwischen mir und dem Ort, von dem ich kam. Die Frage, ob man noch einmal nach Hause zurückkehren würde oder nicht, war sehr berechtigt und gehörte zu jenem sentimentalen und hauptsächlich literarischen Gepäck, mit dem wir in den fünfziger Jahren von zu Hause weggingen; ich vermute, daß diese Frage für Kinder, die erst in der Zersplitterung nach dem Zweiten Weltkrieg zur Welt kamen, unerheblich ist. Vor ein paar Wochen sah ich in einer Bar in San Francisco ein hübsches Mädchen, das auf Crystal war und sich auszog, um bei einem »Oben-ohne-Amateurwettbewerb« um das Preisgeld zu tanzen. Es war nichts weiter dabei, der Moment hatte nichts romantisch Düsteres an sich, nichts von jener »dunklen Reise«, nach der meine Generation so emsig gestrebt hatte. Was würde dieses Mädchen schon mit einem Film wie *Eines langen Tages Reise in die Nacht* anfangen können? Wer liegt hier falsch?

Daß ich in dieser Belanglosigkeit gefangen bin, wird mir nie deutlicher vor Augen geführt als zu Hause. Von der neurotischen Trägheit gelähmt, die entsteht, wenn man bei jeder Bewegung, hinter jeder Ecke, in jedem Schrank der eigenen Vergangenheit begegnet, laufe ich ziellos von Zimmer zu Zimmer. Ich beschließe, ihr ins Auge zu sehen und räume eine Schublade aus, den Inhalt verteile ich auf dem Bett. Ein Badeanzug, den ich im Sommer, als ich siebzehn war, trug. Ein Absagebrief von *The Nation*, eine Luftaufnahme des Geländes, auf dem 1954 ein Einkaufszentrum entstehen sollte, das mein Vater dann doch nicht baute. Drei handbemalte Teetassen, auf denen Kohlrosen und die Signatur »E. M.« zu sehen sind, die Initialen meiner Großmutter. Schwer zu entscheiden, was mit Absagebriefen von *The Nation* und handbemalten Teetassen von 1900 anzufangen ist. Es gibt auch keine Lösung für Schnappschüsse, die meinen Großvater als jungen Mann auf Skiern um 1910 zeigen, wie er den Blick über den Donner-Paß schweifen läßt. Ich glätte das Foto und sehe ihm ins Gesicht und sehe mein eigenes und sehe es doch nicht. Ich schließe die Schublade und trinke mit meiner Mutter noch eine Tasse Kaffee. Wir kommen gut miteinander aus, Veteranen eines Guerillakrieges, den wir nie begriffen haben.

Tage vergehen. Ich treffe niemanden. Ich beginne, den abendlichen Anruf meines Mannes zu fürchten, nicht nur, weil er voller Neuigkeiten ist, die ein Leben in Los Angeles betreffen, das mir mittlerweile völlig fern vorkommt, Menschen, die er getroffen hat, Briefe, die beachtet sein wollen, sondern ich fürchte den Anruf auch, weil er fragt, was ich denn so gemacht habe und zaghaft vorschlägt, ich solle mal rausgehen, nach San Francisco oder Berkeley fahren. Ich fahre stattdessen zu einem Familienfriedhof auf der anderen Seite des Flusses. Seit meinem letzten Besuch wurde er verwüstet, die Grabsteine sind zerborsten und ins trockene Gras gestürzt. Weil ich im Gras einmal eine Klapperschlange gesehen habe, bleibe ich im Auto sitzen und höre einen Country-und-Westernsender im Radio. Später fahre ich mit meinem Vater zu seiner Ranch in den Gebirgsausläufern. Der Mann, der sich dort um das Vieh kümmert, lädt uns zum Abtrieb der Herde in der nächsten Woche ein, und obwohl ich weiß, daß ich dann wieder in Los Angeles sein werde, sage ich in der ausweichenden Art und Weise meiner Familie zu. Wieder zu Hause, erwähne ich die zerborstenen Grabsteine auf dem Friedhof. Meine Mutter zuckt die Schultern.

Ich besuche meine Großtanten. Ein paar von ihnen denken mittlerweile, ich sei meine Cousine oder ihre Tochter, die jung verstorben ist. Wir erinnern uns an eine Anekdote über einen Verwandten, der 1948 zum letztenmal gesehen wurde, und sie fragen mich, ob ich noch immer gern in New York lebe. Ich lebe seit drei Jahren in Los Angeles, aber ich sage, ja. Dem Kind wird ein Andornbonbon angeboten, und mir wird ein Dollarschein zugesteckt, um mir »was Süßes« zu kaufen. Allmählich verstummen die Fragen, Antworten werden fallengelassen, das Baby spielt mit den Staubkörnchen in einem Strahl der Nachmittagssonne.

Es wird Zeit, den ersten Geburtstag des Kindes zu feiern: eine weiße Torte, Erdbeer-Marshmallow-Eis, eine Flasche Champagner, die von einer anderen Party noch übrig ist. Am Abend, als meine Tochter bereits schläft, kniee ich neben dem Gitterbett und lege mein Gesicht an ihres, das gegen die Stäbe gepreßt ist. Sie ist ein offenes, zutrauliches Kind, noch nicht vorbereitet auf die Hinterhalte des Familienlebens, nicht daran gewöhnt, und vielleicht ist es gut, daß ich ihr von diesem Leben nur wenig bieten kann. Ich würde ihr gern mehr geben. Ich würde ihr gern versprechen, daß sie gemeinsam mit Cousinen und Flüssen und den Teetassen ihrer Großmutter aufwachsen wird, würde ihr gern ein Picknick am Fluß mit Grillhähnchen und offenem Haar versprechen, würde ihr gern ein *Zuhause* an ihrem Geburtstag schenken, aber wir leben jetzt anders, und ich kann ihr nichts dergleichen versprechen. Ich schenke ihr ein Xylophon und ein Sommerkleid von Madeira und verspreche, ihr eine lustige Geschichte zu erzählen.

1967

Notizen einer Tochter des Landes

Es ist leicht, an der Bar des La Scala in Beverly Hills oder des Ernie's in San Francisco zu sitzen und sich dem verbreiteten Irrtum hinzugeben, daß Kalifornien nur fünf Flugstunden von New York entfernt sei. Das La Scala oder das Ernie's mögen tatsächlich fünf Flugstunden von New York entfernt sein. Kalifornien jedoch ist woanders.

Viele Menschen an der Ostküste (oder »drüben an der Ostküste«, wie sie in Kalifornien sagen, allerdings nicht im La Scala oder Ernie's) sehen das nicht so. Sie sind in Los Angeles oder in San Francisco gewesen, sie sind durch einen gigantischen Redwood-Baum hindurchgefahren und haben den Pazifik von Big Sur aus ruhig wie Glas in der Nachmittagssonne liegen sehen und denken naturgemäß, sie wären in Kalifornien gewesen. Das waren sie aber nicht, und sie werden es wahrscheinlich auch nie sein, denn das wäre eine längere und in vielerlei Hinsicht schwierigere Reise, als sie eigentlich unternehmen wollen, eine dieser Reisen, bei denen das Ziel schimärenhaft am Horizont aufleuchtet und immer weiter zurückweicht, immer weiter verschwindet. Ich kenne diese Reise, weil ich aus Kalifornien bin, weil ich aus einer Familie oder einer Ansammlung von Familien komme, die schon immer im Sacramento Valley gelebt haben.

Sie mögen dagegenhalten, keine Familie lebe so lange im Sacramento Valley, daß es dem Wort »immer« auch nur nahekommen würde. Aber es ist typisch für die Kalifornier, so feierlich von der Vergangenheit zu sprechen, als hätte diese Vergangenheit in dem Moment, als die Wagen sich in Richtung Westen aufmachten, sowohl begonnen, *tabula rasa*, als auch simultan ihr Happy-End erreicht. *Heureka* – »Ich habe es gefunden.« –, wie das Motto dieses Staates lautet. Eine solche Sicht auf die Geschichte legt eine gewisse Melancholie über jene, die daran teilhaben; meine Kindheit war durchzogen von der Überzeugung, daß wir unsere großartigsten Stunden längst hinter uns hatten. Und das ist es, wovon ich Ihnen eigentlich erzählen möchte: was es heißt, aus einem Ort wie Sacramento zu kommen. Wenn ich Ihnen das verständlich machen kann, kann ich Ihnen Kalifornien verständlich machen und vielleicht noch etwas mehr, denn Sacramento *ist* Kalifornien, und Kalifornien ist eine Gegend, in der sich Goldgräberstimmung und ein Gefühl Tschechowscher Verlorenheit in unsicherer Vorläufigkeit verbinden; eine Gegend, in der man vom längst begrabenen, aber unausrottbaren Verdacht geplagt wird, daß die Dinge hier nun wirklich besser laufen sollten, weil uns hier, unter diesem unermeßlichen, ausgewaschenen Himmel, der Kontinent ausgeht.

1847 war Sacramento nichts weiter als eine Einfriedung aus Lehm, Sutters Fort, die allein in der Prärie stand; durch die Küstengebirge von San Francisco und dem Meer und durch die Sierra Nevada vom Rest des Kontinents abgetrennt, war das Sacramento Valley damals ein Meer aus Gras, Gras, das so hochstand, daß ein Reiter es über seinem Sattel zusammenbinden konnte. Ein Jahr später wurde in den Ausläufern der Sierra Gold entdeckt, und schlagartig wurde aus Sacramento eine Stadt, eine Stadt, die jeder Kinogänger heute nacht im Traum entwerfen könnte – eine staubige Collage von Prüfämtern, Waggonbauern und Saloons. Nennen Sie das Phase Zwei. Dann kamen die Siedler – Farmer, Menschen, die seit zweihundert Jahren die Grenze zur Wildnis immer weiter nach Westen verschoben haben, Angehörige dieser seltsam unzulänglichen Spezies, die auch Virginia, Kentucky, Missouri gerodet hatte; sie machten Sacramento zu einer Stadt der Farmer. Da das Land fruchtbar war, wurde aus Sacramento schließlich eine Stadt reicher Farmer, was Stadtvillen bedeutete, Cadillac-Händler, einen Country Club. In diesem sanften Schlaf träumte Sacramento bis etwa 1950, als etwas geschah. Was geschah, war folgendes: Sacramento erwachte in eine Welt, die von draußen hereinbrach, schnell und heftig. Und im Moment des Erwachens verlor Sacramento seinen Charakter, ob im positiven oder negativen Sinne, und das gehört zu dem, wovon ich Ihnen erzählen will.

Aber die Veränderung ist nicht das, woran ich mich als erstes erinnere. Als erstes erinnere ich mich daran, wie ich mit einem Boxer, dem Hund meines Bruders, über dieselben flachen Felder laufe, die unser Urgroßvater unberührt vorgefunden und bebaut hat; ich erinnere mich, wie ich in denselben Flüssen schwimme (nervös, denn ich war ein nervöses Kind, ich fürchtete mich vor Untiefen und Schlangen, und vielleicht lag ich damit schon falsch), in denen wir seit einem Jahrhundert schwammen: der Sacramento, der so reich an Schlamm war, daß wir schon wenige Zentimeter unter der Wasseroberfläche kaum noch unsere Hände sehen konnten; der American, der mit dem geschmolzenen Schnee aus der Sierra sauber und schnell dahinfloß, bis er im Juli langsamer wurde und Klapperschlangen sich auf den vom Wasser befreiten Felsen sonnten. Der Sacramento, der American, manchmal der Cosumnes, gelegentlich der Feather. Jeden Tag ertranken in diesen Flüssen unvorsichtige Kinder; wir lasen davon in der Zeitung, wie sie sich bei der Strömung verschätzt hatten oder dort, wo der American in den Sacramento fließt, in ein Loch geraten waren, wie die Berry Brothers aus Yolo

County gerufen worden waren, um den Fluß abzusuchen, und die Körper dennoch nicht gefunden wurden. »Die kamen nicht von hier«, schloß meine Großmutter aus den Geschichten in der Zeitung. »Ihre Eltern hatten kein *Recht*, sie in den Fluß zu lassen. Sie waren zu Besuch aus Omaha.« Es war keine schlechte Lektion, allerdings auch nicht gerade eine, auf die man sich verlassen konnte; in den Flüssen starben auch Kinder, die wir kannten.

War der Sommer vorbei – wenn die State Fair, die Agrarmesse, schloß und die Hitze nachließ, wenn die letzten Reben des grünen Hopfens entlang der H Street abgeerntet waren und der Tule-Nebel nachts vom Boden aufzusteigen begann –, lernten wir wieder die »Produkte unserer lateinamerikanischen Nachbarn« auswendig und besuchten sonntags die Großtanten, Dutzende von Großtanten, Jahre voller Sonntage, einer nach dem anderen. Wenn ich jetzt an diese Winter denke, fallen mir die gelben Blätter der Ulmen ein, die die Gullys vor der Trinity-Episcopal-Kathedrale auf der M Street verstopften. Es gibt jetzt tatsächlich Leute in Sacramento, die die M Street Capitol Avenue nennen, und die Trinity-Kirche ist mittlerweile eines dieser gesichtslosen neuen Gebäude, aber vielleicht lernen die Kinder am Sonntagmorgen dort noch immer dasselbe:

Frage: *Inwiefern ähnelt das Heilige Land dem Sacramento Valley?*

Antwort: *In der Art und der Vielfalt seiner landwirtschaftlichen Produkte.*

Und ich denke an die anschwellenden Flüsse und wie ich Radio hörte, um zu erfahren, wann der Höchststand erreicht war, und wie ich mich fragte, ob, wann und wo die Deiche brechen würden. Wir hatten in jenen Jahren viel weniger Deiche. Die Abflußkanäle waren voll, und die

Männer stapelten die ganze Nacht Sandsäcke. Manchmal brach mitten in der Nacht ein Deich, irgendwo flußaufwärts, und morgens verbreitete sich das Gerücht, daß die Armee-Ingenieure ihn gesprengt hatten, um den Druck auf die Stadt zu verringern.

Nach dem Regen kam der Frühling, für ungefähr zehn Tage; die aufgeweichten Felder brachen in ein kurzlebiges, leuchtendes Grün aus (drei oder vier Wochen später waren sie gelb und trocken wie Zunder) und das Immobiliengeschäft hatte Konjunktur. Es war die Zeit im Jahr, in der die Großmütter nach Carmel fuhren; es war die Zeit im Jahr, in der jene Mädchen, die noch nicht einmal an den Universitäten von Stephens oder Arizona oder Oregon angenommen wurden, geschweige denn in Stanford oder Berkeley, mit der *Lurline* nach Honolulu geschickt wurden. Ich kann mich an niemanden erinnern, der nach New York gegangen wäre, mit Ausnahme eines Cousins, der sich dort umschauen wollte (ich kann mir nicht vorstellen, warum) und dann berichtete, daß die Schuhverkäufer bei Lord & Taylor »unglaublich unhöflich« seien. Was in New York, Washington und im Ausland geschah, schien auf den Geist von Sacramento nicht den geringsten Einfluß zu haben. Ich erinnere mich, daß man mich zu einer alten Frau mitnahm, die Witwe eines Viehzüchters, die sich in Erinnerungen an den Sohn einer Zeitgenossin erging (die bevorzugte Art der Unterhaltung in Sacramento). »Dieser Junge von den Johnstons hat es nie zu was gebracht.« Meine Mutter widersprach halbherzig: Alva Johnston, sagte sie, habe den Pulitzer-Preis gewonnen, als er für die *New York Times* schrieb. Unsere Gastgeberin sah uns teilnahmslos an. »In Sacramento hat er es nie zu was gebracht«, sagte sie.

Aus ihr sprach die wahre Stimme Sacramentos, eine, die nicht mehr lange zu hören sein würde, was mir damals allerdings nicht klar war, denn der Krieg war vorbei und der

Aufschwung hatte begonnen, und die Stimme des Luftfahrtingenieurs war jetzt im ganzen Land zu hören. KEINE ANZAHLUNG FÜR VETERANEN! ANSPRUCHSVOLLES WOHNEN BEI NIEDRIGEN RATEN!

Später, als ich in New York lebte, unternahm ich die Reise nach Sacramento vier- oder fünfmal im Jahr (je bequemer der Flug war, um so elender fühlte ich mich insgeheim, denn es lastet schwer auf unsereinem, daß wir es möglicherweise mit einem Planwagen nicht geschafft hätten), es war der Versuch, zu beweisen, daß ich gar nicht vorgehabt hatte, wegzugehen, denn wenigstens in einer Hinsicht ähnelt Kalifornien – das Kalifornien, von dem wir sprechen – tatsächlich Eden: Man nimmt an, daß die, die sich seinen himmlischen Geschenken fernhalten, verbannt worden sind, daß sie aufgrund einer Verdorbenheit des Herzens ins Exil geschickt wurden. Hatten die Siedler des Donner-Reed-Trecks am Ende nicht sogar ihre eigenen Toten gegessen, um Sacramento zu erreichen?

Ich habe gesagt, daß die Reise zurück schwierig ist, und das ist sie – sie verstärkt die Ambivalenzen noch, die sentimentale Reisen gewöhnlich ausmachen. Nach Kalifornien zurückzukehren ist anders, als nach Vermont oder nach Chicago zurückzukehren; Vermont und Chicago sind relativ konstante Orte, an denen man die eigene Veränderung messen kann. Alles, was am Kalifornien meiner Kindheit konstant ist, ist der Grad, in dem es verschwindet. Ein Beispiel: Am Saint Patrick's Day 1948 wurde mir die Legislative »im Einsatz« gezeigt, ein trostloser Vorgang; eine Handvoll rotgesichtiger Abgeordneter, die grüne Hüte trugen und Pat-und-Mike-Witze fürs Protokoll vorlasen. Und so sehe ich Volksvertreter noch heute vor mir – mit grünen Hüten sitzen sie auf der Veranda des Senator Hotels, fächeln sich Luft zu und lassen sich von Artie Samishs Emissären unterhalten (Samish war der Lobbyist, der sagte: »Earl Warren mag ja der Gouverneur dieses Bundesstaates sein, aber ich bin der Gouverneur der Legislative.«)

Tatsächlich gibt es die Veranda des Senator Hotels nicht mehr – sie wurde zum Ticketschalter einer Fluggesellschaft umgebaut, um die Sache hiermit noch ein bißchen auszuschmücken –, und die Legislative hat das Senator sowieso im großen und ganzen verlassen und ist in die protzigen Motels im Norden der Stadt gezogen, wo Tiki-Fackeln brennen und Dampf von den beheizten Swimmingpools in die kalten Valley-Nächte aufsteigt.

Kalifornien zu *finden* ist heute schwer, die Frage, wieviel davon einfach nur eingebildet oder improvisiert war, beunruhigt, und die Erkenntnis, wie viele der eigenen Erinnerungen keine echten Erinnerungen, sondern nur die Spuren anderer Leute Erinnerungen sind, stimmt melancholisch; Geschichte, die im Familienkreis weitergegeben wurde. Beispielsweise habe ich eine unauslöschlich anschauliche »Erinnerung« daran, wie sich die Alkoholprohibition auf die Hopfenpflanzer in der Gegend von Sacramento auswirkte: Die Schwester eines Pflanzers, den meine Familie kannte, brachte einen Nerzmantel aus San Francisco mit und wurde aufgefordert, ihn zurückzubringen, und dann saß sie im Wohnzimmer auf dem Fußboden, wiegte den Mantel und weinte. Obwohl ich erst ein Jahr nach Aufhebung des Gesetzes geboren wurde, ist diese Szene für mich »realer« als viele, in denen ich selbst mitspiele.

Ich erinnere mich an eine Reise nach Hause, als ich allein in einem nächtlichen Flieger aus New York saß und wieder und wieder einige Zeilen eines Gedichts von W. S. Merwin las, auf das ich in einer Zeitschrift gestoßen war, ein Gedicht über einen Mann, der lange Zeit im Ausland gewesen ist und weiß, daß er zurückkehren muß:

… Doch es sollte
bald sein. Schon jetzt verteidige ich glühend
einige unserer unverzeihlichsten Fehler,
Werde nicht gern erinnert; schon in Gedanken
Wird unsere Sprache befrachtet mit einer Fülle,
die keine andere Sprache bieten kann, und die Berge
sind wie nirgends auf der Welt, und die breiten Flüsse.

Sie sehen, worum es geht. Ich möchte Ihnen die Wahrheit sagen, und habe Ihnen doch schon von den breiten Flüssen erzählt.

Es sollte mittlerweile deutlich geworden sein, daß die Wahrheit über diesen Ort schwer faßbar und ihrer Spur mit Vorsicht zu folgen ist. Es könnte sein, daß Sie morgen nach Sacramento kommen und jemand (allerdings niemand, den ich kenne) Sie dann zum Gelände von Aerojet-General mitnimmt, das laut der örtlichen Kurzformel »etwas mit Raketen zu tun hat«. Fünfzehntausend Menschen arbeiten für Aerojet, beinahe alles Zugezogene; die Frau eines Rechtsanwalts aus Sacramento sagte mir wie zum Beweis dafür, daß Sacramento sich öffnete, sie glaube, sie habe einen davon zwei Jahre zuvor bei einem Tag der Offenen Tür kennengelernt. (»Hätte nicht netter sein können, wirklich«, ergänzte sie enthusiastisch. »Ich glaube, er und seine Frau haben das Haus gleich *neben* Mary und Al gekauft, oder so, weshalb *sie* ihn natürlich kennengelernt haben.«) Es könnte also sein, daß Sie zu Aerojet fahren und in der großen Verkaufshalle stehen, in der ein paar tausend Handelsvertreter von Zulieferfirmen jede Woche versuchen, ihre Ware zu verkaufen, und vielleicht sehen Sie dann hinauf zur elektronischen Anzeige, auf der die Belegschaft von Aerojet, ihre Projekte und Standorte aufgelistet sind, und fragen sich, ob ich kürzlich überhaupt in Sacramento gewesen bin. MINUTEMAN, POLARIS, TITAN blinken die Leuchtschriften auf, und die Kaffeetische sind mit Flugplänen übersät, sehr jetzig, sehr auf der Höhe.

Aber ich könnte Ihnen Städte zeigen, nur wenige Kilometer entfernt, in denen die Banken noch Namen tragen wie »Die Bank von Alex Brown«, Städte, in denen das einzige Hotel noch immer ein Restaurant mit achteckigen Bodenfliesen hat, in dem es staubige Topfpalmen und große Deckenventilatoren gibt; Städte, wo alles – das Saatgutgeschäft, die Harvester Filiale für Landmaschinen, das Hotel, das Kaufhaus und die Hauptstraße – ein und denselben Namen trägt, den Namen des Mannes, der die Stadt errichtet hat. An einem Sonntag vor ein paar Wochen war ich in einer solchen Stadt, eine Stadt, die sogar noch kleiner war, kein Hotel, keine Harvester Filiale, die Bank war niedergebrannt, eine Stadt am Fluß. Ich war dort zu Gast bei der goldenen Hochzeit von Verwandten, es waren 43 Grad, und die Ehrengäste saßen auf Stühlen mit aufrechten Lehnen vor einem Bund Gladiolen im Rebekah-Saal. Ich erzählte einem Cousin, den ich dort traf, daß ich Aerojet-General besuchen wolle, und er hörte mir mit interessiertem Unglauben zu. Welches ist das wahre Kalifornien? Das fragen wir uns alle.

Versuchen wir es mit ein paar unwiderlegbaren Feststellungen zu Themen, die nicht zur Diskussion stehen. Obwohl Sacramento in vielerlei Hinsicht die am wenigsten typische Stadt im Valley ist, *ist* sie doch eine Valley-Stadt und muß in diesem Zusammenhang betrachtet werden. Wenn Sie in Los Angeles vom »Valley« sprechen, glauben die meisten, es handele sich um das San Fernando Valley (und einige nehmen an, Sie sprächen von Warner Brothers), aber machen Sie keinen Fehler: Wir reden nicht über das Valley der Tonstudios und Mini-Ranches, sondern über das richtige Valley, das Central Valley, die hundertdreißigtausend Quadratkilometer, durch die der Sacramento und der San Joaquin fließen und die außerdem durch ein komplexes System von Tümpeln, kleinen Strömen, Bächen und den Delta-Mendota- und Friant-Kern-Kanälen bewässert werden.

Sobald Sie hundertsechzig Kilometer nördlich von Los Angeles aus den Tehachapi-Bergen kommen und in die Randgebiete von Bakersfield hineinfahren, lassen Sie Südkalifornien hinter sich und sind im Valley. »Du schaust den Highway entlang, und er geht meilenweit geradeaus, er kommt mit seiner schwarzen Mittellinie direkt auf dich zu und auf dich zu … und der weiße Asphalt blendet in der Hitze, so daß nur die schwarze Linie noch deutlich ist, und sie kommt auf dich zu mit dem Heulen der Räder, und wenn du nicht aufhörst, diese Linie anzustarren, und ein paarmal tief durchatmest und dir hart auf den Nacken schlägst, wirst du in Hypnose verfallen.«

Das schrieb Robert Penn Warren über eine andere Straße, aber er hätte genausogut über die Straße schreiben können, die durchs Valley führt, die U.S. 99, vierhundertachtzig Kilometer von Bakersfield nach Sacramento, ein Highway, der so geradlinig ist, daß man vom Flugzeug aus die U.S. 99 nie aus dem Blick verlöre, würde man auf direktem Weg von Los Angeles nach Sacramento fliegen. Die Landschaft längs des Highways bleibt für das ungeübte Auge immer gleich. Das Valley-Auge dagegen kann erkennen, wo kilometerlange Reihen von Baumwollsetzlingen in kilometerlange Reihen von Tomatensetzlingen übergehen, oder wo die großen Landwirtschaftskooperativen – Kern-County-Land, oder das, was von DiGiorgio noch übrig ist – privaten Unternehmen Platz machen (bei Privatland sind irgendwo am Horizont ein Haus und ein paar Buscheichen zu sehen), aber solche Unterscheidungen sind auf lange Sicht irrelevant. Das einzige, was sich hier den ganzen Tag lang bewegt, sind die Sonne und die großen Rainbird-Sprenger.

Hin und wieder liegt entlang der 99 zwischen Bakersfield und Sacramento eine Stadt: Delano, Tulare, Fresno, Madera, Merced, Modesto, Stockton. Einige dieser Städte sind mittlerweile ziemlich groß, aber sie sind im Grunde alle gleich, ein-, zwei- und dreistöckige Gebäude kunstlos arrangiert, das Modegeschäft neben einem W. T. Grant-Billigladen, die große Bank of America gegenüber einem mexikanischen Kino. *Dos Peliculas, Bingo Bingo Bingo.* Jenseits von Downtown (betont als *down*town, mit dem typischen Okie-Akzent, dem Akzent der Emigranten aus dem ländlichen Süden und mittleren Westen, der heute die Sprachmelodie im Valley durchzieht) liegen alte Bauernhäuser – blätternde Farbe, rissige Gehsteige, ihre bernsteinfarbenen Bleiglasfenster gehen auf ein *Foster's-Freeze*-Restaurant hinaus, auf eine Autowaschanlage oder auf ein Büro der State-Farm-Versicherung, dahinter wuchern Einkaufszentren und kilometerweit Einfamilienhäuser, pastellfarben mit Redwood-Holz verkleidet; die unverkennbaren Zeichen der Billigbauweise blühen an diesen Häusern bereits nach dem ersten Regen auf. Einem Fremden, der in einem klimatisierten Auto über die 99 fährt (jemand auf Geschäftsreise vermutlich, Fremde auf der 99 können nur Geschäftsreisende sein, denn die 99 würde keinen Touristen zur Big Sur oder nach San Simeon bringen oder in jenes Kalifornien, das er würde sehen wollen), müssen diese Städte so flach, so verarmt erscheinen, daß die Phantasie vertrocknet. Sie lassen an Abende denken, an denen die Zeit an Tankstellen totgeschlagen wird, und an Selbstmordpakte, die in Drive-ins geschlossen werden.

Aber vergessen Sie nicht:

Frage: *Inwiefern ähnelt das Heilige Land dem Sacramento Valley?*

Antwort: *In der Art und der Vielfalt seiner landwirtschaftlichen Produkte.*

Die U.S. 99 führt tatsächlich durch die fruchtbarste und am intensivsten bewirtschaftete Agrarregion der Welt, ein gigantisches Freiluftgewächshaus mit einer millionenschweren Ernte. Und wenn man sich diesen Reichtum des Valleys vor Augen führt, dann nimmt die monochrome Ödnis seiner Städte eine merkwürdige Bedeutung an; sie legt eine Geisteshaltung nahe, die manche für pervers halten mögen. Etwas an diesem Geist des Valleys spiegelt tatsächlich Gleichgültigkeit dem Fremden in seinem klimatisierten Auto gegenüber wider, das Unvermögen, auch nur seine Anwesenheit zu bemerken, ganz zu schweigen davon, seine Gedanken und Wünsche zu erahnen. Eine unüberwindbare Abgeschiedenheit drückt diesen Städten ihren Stempel auf. Einmal lernte ich in Dallas eine Frau kennen, eine äußerst charmante und attraktive Frau, die die Gastfreundlichkeit und die gesellschaftliche Hypersensibilität der Texaner gewöhnt war, und sie erzählte mir, daß sie die ganzen vier Kriegsjahre, die ihr Mann in Modesto stationiert gewesen war, nicht ein einziges Mal bei irgend jemandem zu Hause eingeladen war. In Sacramento würde niemand diese Geschichte bemerkenswert finden (»Wahrscheinlich hatte sie keine Verwandten dort«, sagte jemand, dem ich sie erzählte), denn die Städte im Valley verstehen einander, ihnen ist allen das gleiche sonderbare Wesen zu eigen. Sie denken ähnlich, und sie sehen sich ähnlich. *Ich* kann Modesto von Merced unterscheiden, aber ich bin dort auch öfter gewesen, bin dort tanzen gegangen; außerdem hängt über der Hauptstraße von Modesto ein gewölbtes Schild, auf dem steht:

Wasser – Reichtum
Genügsamkeit – Gesundheit

In Merced gibt es so ein Schild nicht.

Ich habe gesagt, daß Sacramento die untypischste Stadt im Valley ist, und das stimmt – aber nur weil sie größer und vielfältiger ist, nur weil sie die Flüsse und die Legislative hat; ihr wahrer Charakter bleibt dennoch der Valley-Charakter, ihre Vorzüge die Vorzüge des Valleys, ihre Traurigkeit die Traurigkeit des Valleys. Im Sommer ist es hier genauso heiß, so heiß, daß die Luft flimmert und das Gras ausbleicht, bis es ganz weiß geworden ist, und die Jalousien den ganzen Tag geschlossen bleiben, so heiß, daß der August nicht wie ein Monat, sondern wie eine Heimsuchung hereinbricht; und es ist genauso flach, so flach, daß eine Ranch meiner Familie mit einer Erhebung von vielleicht nur einem halben Meter für die hundert Jahre, die diesem Jahr vorausgegangen sind, unter der Bezeichnung »Hügel Ranch« bekannt war. (Dieses Jahr ist sie unter der Bezeichnung Baugelände-Erschließung bekannt, aber das ist eine andere Geschichte.) Vor allem aber bewahrt sich Sacramento trotz allem, was ihm von außen eingeflößt wird, die typische Valley-Abgeschiedenheit.

Um einen Eindruck dieser Abgeschiedenheit zu bekommen, braucht sich der Besucher nur eine der beiden Zeitungen zu kaufen, entweder die *Union*, die morgens, oder die *Bee*, die nachmittags erscheint. Die *Union* ist republikanisch und verarmt, die *Bee* demokratisch und einflußreich (»DAS TAL DER BIENEN!«, so betitelten die McClatchys, Eigentümer der *Bee* für Fresno, Modesto und Sacramento, ihre Werbung auf den Branchenseiten. »ISOLIERT VON ALLEN ANDEREN MEDIENEINFLÜSSEN!«), aber beide sind sich ziemlich gleich, und der Tenor ihrer wichtigsten redaktionellen Anliegen ist merkwürdig und wunderbar und aufschlußreich. Die *Union* sorgt sich in einem County, das stark und verläßlich demokratisch geprägt ist, hauptsächlich darüber, daß die John Birch-Gesellschaft die Macht übernehmen könnte; die *Bee* unternimmt getreu dem Willen ihres Gründers überhitzte Kreuzzüge gegen Phantome, die sie noch immer »die Machtkartelle« nennt; der lange Schatten von Hiram Johnson, dem die *Bee* 1910 zur Wahl zum Gouverneur verhalf. Der lange Schatten von Robert La Follette, dem die *Bee* das Valley 1924 überantwortete. Etwas an den Zeitungen in Sacramento stimmt nicht so ganz mit der heutigen Lebensart im Valley überein, etwas liegt total daneben. Die Luftfahrtingenieure, erfährt man, lesen den *Chronicle* aus San Francisco.

Die Zeitungen aus Sacramento spiegeln einfach die Absonderlichkeiten Sacramentos, das Schicksal des Valleys, das in der Lähmung durch eine Vergangenheit besteht, die nicht länger von Bedeutung ist. Sacramento ist eine Stadt, die durch Landwirtschaft groß wurde und zu ihrem Entsetzen entdecken mußte, daß sich das Land auch profitabler nutzen läßt. (Die Handelskammer wird Ihnen zwar Erntezahlen nennen, aber schenken Sie dem keine Beachtung – was zählt, ist das Gefühl, das Wissen, daß sich dort, wo früher grüner Hopfen wuchs, jetzt Larchmont Riviera befindet, daß das, was früher die Whitney Ranch war, jetzt Sunset City ist; dreiunddreißigtausend Häuser und eine Country-Club-Anlage.) Es ist eine Stadt, in der die Verteidigungsindustrie und ihre nicht ortsansässigen Besitzer plötzlich das Wichtigste sind; eine Stadt, die nie zuvor über mehr Menschen und mehr Geld verfügte, aber ihre *raison d'être* verloren hat. Es ist eine Stadt, in der viele ihrer verdientesten Bürger entdecken, daß sie zu Auslaufmodellen werden könnten. Die alten Familien verkehren noch immer nur untereinander, aber sie verkehren auch untereinander nicht mehr soviel wie früher; sie schließen die Reihen, bereiten sich auf die lange Nacht vor, verkaufen ihr Wegerecht und leben vom Erlös. Die Kinder heiraten noch immer untereinander, spielen immer noch Bridge und steigen zusammen ins Immobiliengeschäft ein. (Es gibt kein anderes Geschäft in Sacramento, keine Wirklichkeit jenseits der Wirklichkeit von Land – sogar als ich in New York lebte und arbeitete, sah ich mich genötigt, einen Fernkurs in Immobilienwirtschaft an der Universität von Kalifornien zu belegen.) Aber spätabends, wenn das Eis geschmolzen ist, gibt es jetzt immer jemanden, irgendeinen Julian English, der mit dem Herzen nicht mehr ganz dabei ist. Denn draußen in den Randgebieten der Stadt sind die Legionen der Luftfahrtingenieure aufmarschiert, die ihre merkwürdig herablassende Sprache sprechen und ihren Dichondrarasen pflegen und vorhaben, im gelobten Land zu bleiben; die eine neue Generation gebürtiger Sacramentaner großziehen und denen es egal ist, denen es völlig egal ist, daß man ihnen die Mitgliedschaft im Sutter Club nicht anbietet. Das macht nachdenklich, spätabends, wenn das Eis geschmolzen ist; läßt ein bißchen frischen Wind in den Mutterschoß, deutet darauf hin, daß der Sutter Club am Ende vielleicht nicht der Pacific Union oder der Bohemian ist und Sacramento nicht *die Stadt*. Und über solchen Selbstzweifeln verlieren kleine Städte ihren Charakter.

Ich möchte Ihnen eine Geschichte aus Sacramento erzählen. Wenige Kilometer vor der Stadt gibt es ein Stück Land, etwa zweieinhalbtausend Hektar, das anfangs einem Farmer gehörte, der eine Tochter hatte. Diese Tochter ging ins Ausland und heiratete einen Adligen, und als sie den

Adligen mit nach Hause brachte, baute ihnen ihr Vater ein riesiges Haus – Musikzimmer, Wintergarten, einen Tanzsaal. Sie brauchten einen Tanzsaal, weil sie Gesellschaften gaben: für Menschen aus dem Ausland, Menschen aus San Francisco, Hauspärties, die Wochen dauerten und für die Sonderzüge benötigt wurden. Mittlerweile sind sie natürlich lange tot, aber ihr einziger Sohn, unverheiratet und inzwischen alt, lebt noch immer dort. Er wohnt nicht in diesem Haus, denn das gibt es nicht mehr. Über die Jahre ist es abgebrannt, Zimmer für Zimmer, Flügel für Flügel. Nur die Schornsteine des Haupthauses stehen noch, und ihr Erbe lebt in ihren Schatten, lebt allein auf dem verkohlten Gelände in einem Wohnwagen.

Das ist eine Geschichte, die meine Generation kennt; ich bezweifle, daß die nächste Generation sie kennen wird, die Kinder der Luftfahrtingenieure. Wer würde sie ihnen erzählen? Ihre Großmütter leben in Scarsdale, und eine Großtante haben sie nie kennengelernt. Das »alte« Sacramento wird für sie etwas Farbenfrohes sein, etwas, von dem sie in *Sunset* lesen. Sie werden wahrscheinlich denken, daß es das Sanierungsgebiet schon immer gegeben hat, daß das Embarcadero unten am Fluß mit seinen neckischen Einkaufsläden und den zu Bars umgestalteten, pittoresken Spritzenhäusern noch dem wahren Gesicht von damals entspricht. Sie werden wohl nie erfahren, daß diese Gegend in schlichteren Zeiten die Front Street hieß (die Stadt ist schließlich nicht von Spaniern gegründet worden), auf der sich heruntergekommene Gestalten, Missionare und Wanderpflücker herumtrieben, die sich hier am Samstagabend betranken: SIEGREICHE LEBENSMISSION, JESUS HILFT, BETT 25 C DIE NACHT, ERNTEAUSKUNFT HIER. Sie werden die wirkliche Vergangenheit verloren und eine künstliche dafür bekommen haben, und sie werden keine Gelegenheit haben, absolut keine, zu erfahren, warum ein Wohnwagen einsam auf zweieinhalbtausend Hektar Land draußen vor der Stadt steht.

Aber vielleicht ist es anmaßend von mir zu glauben, sie würden etwas vermissen. Vielleicht handelt es sich hier gar nicht um eine Geschichte über Sacramento, sondern um eine Geschichte darüber, daß wir Dinge verlieren und Versprechen nicht halten, wenn wir erwachsen werden; vielleicht habe ich auch nur unbewußt die Rolle der Margaret aus folgendem Gedicht angenommen:

Margaret, bist du traurig
über Goldengrund sich entlaubend? …
Es ist der Moder Menschenschicksal
Margaret selbst ist deine Trübsal.

1965

John Wayne: Ein Liebeslied

Im Sommer 1943 war ich acht, und mein Vater, meine Mutter, mein kleiner Bruder und ich waren in Peterson Field in Colorado Springs. Ein heißer Wind wehte den ganzen Sommer über, wehte, als würde es den gesamten Staub von Kansas nach Colorado geweht haben, bevor der August begann, er wurde über die mit Teerpappe gedeckten Baracken und über das provisorische Rollfeld getrieben und setzte sich erst, als er Pikes Peak erreichte. Es war nicht viel los in so einem Sommer: Es gab den Tag, an dem die neue B-29 eingeführt wurde, ein erinnernswertes Ereignis, aber kaum eines, um sich damit die Ferien zu vertreiben. Es gab einen Offiziersclub, aber ohne Swimmingpool; das einzig Interessante, was der Offiziersclub zu bieten hatte, war der künstliche blaue Regen hinter der Bar. Der Regen faszinierte mich, aber ich konnte schlecht den Sommer damit verbringen, ihn anzustarren, und so gingen mein Bruder und ich ins Kino.

Wir gingen drei-, viermal die Woche, saßen in der Nachmittagsvorstellung auf Klappstühlen in einer abgedunkelten Blechbaracke, die als Vorführraum diente, und dort, in diesem Sommer 1943, während draußen der heiße Wind wehte, sah ich John Wayne zum erstenmal. Sah den Gang, hörte die Stimme. Hörte ihn zu einem Mädchen in einem Film mit dem Titel *Die Hölle von Oklahoma* sagen, daß er ihr ein Haus »an der Biegung des Flusses, wo die Pappeln wachsen«, bauen würde. Nun bin ich nicht eine jener Frauen geworden, die zur Filmheldin in einem Western taugen, und obwohl die Männer, die ich traf, viele

Vorzüge hatten und mich an Orte mitnahmen, die ich im Laufe unseres gemeinsamen Lebens dort liebgewann, waren sie doch nie John Wayne, und sie nahmen mich nie an diese Biegung des Flusses mit, wo die Pappeln wachsen.

Tief im Herzen, dort, wo der künstliche Regen für immer fällt, ist das noch heute der Satz, auf den ich warte.

Ich erzähle Ihnen das weder aus einer Laune der Selbstoffenbarung heraus, noch um mein Gedächtnis zu schulen, sondern ich erzähle Ihnen das, um Ihnen zu zeigen, daß John Wayne, als er durch meine Kindheit ritt und vielleicht auch durch Ihre, für immer die Form bestimmter Träume prägte. Daß ein Mann wie er krank werden könnte, daß er diese unerklärlichste und unbeherrschbarste aller Krankheiten in sich tragen könnte, war undenkbar. Dieses Gerücht trieb eine verborgene Angst auf, es stellte unsere gesamte Kindheit in Frage. In John Waynes Welt war es John Wayne, der die Befehle gab. »Reiten wir!« sagte er und »Aufsatteln!« »Vorwärts, *ho*« und »Ein Mann muß tun, was er tun muß.« »Na du«, sagte er, wenn er das Mädchen zum erstenmal sah, in einem Baulager oder im Zug oder schlicht auf einer Veranda, wo sie stand und darauf wartete, daß jemand durch das hohe Gras geritten kam. Wenn John Wayne etwas sagte, war er nicht mißzuverstehen; er hatte eine sexuelle Macht, die so groß war, daß auch ein Kind sie mitbekam. Und in einer Welt, die wir früh als eine kennenlernten, die von Käuflichkeit, Zweifel und lähmenden Mehrdeutigkeiten geprägt war, stand er für eine andere Welt, für eine, die es irgendwann gegeben haben mochte oder nicht, die es aber keinesfalls mehr gab: eine Welt, in der sich ein Mann frei bewegen, seine eigenen Regeln aufstellen und danach leben konnte; eine Welt, in der ein Mann, der tat, was er tun mußte, sich eines Tages das Mädchen nahm, durch die Prärie davonritt und dann zu Hause und frei sein konnte und sich nicht in einem Krankenhaus wiederfand, weil etwas mit ihm nicht stimmte, nicht in einem erhöhten Bett mit Blumen und Medikamenten und einem erzwungenen Lächeln, sondern an der Biegung des klaren Flusses, wo die Pappeln in der Morgensonne glänzten.

»Na du.« Wo war er gewesen, bevor er durch das hohe Gras geritten kam? Sogar seine Geschichte paßte zu ihm, denn er hatte keine, nichts, was den Traum hätte stören können: Als Sohn eines Apothekers unter dem Namen Marion Morrison in Winterset, Iowa, geboren. Als Kind mit seinen Eltern nach Lancaster, Kalifornien, gezogen, Teil der Migration in jenes gelobte Land, das manchmal »die Westküste von Iowa« genannt wird. Nicht, daß Lancaster schon die Erfüllung aller Wünsche gewesen wäre; Lancaster war eine Stadt in der Mojave-Wüste, durch die der Staub wehte. Aber Lancaster war dennoch Kalifornien, und von hier war Glendale nur noch ein Jahr entfernt, wo die Trostlosigkeit schon anders schmeckte: Schonbezüge unter Orangenhainen, das bürgerliche Vorspiel zu Forest Lawn, dem Friedhof der Stars. Stellen Sie sich Marion Morrison in Glendale vor. Ein Pfadfinder, dann Schüler an der Glendale High. Die Zulassung zur University of California, dann Mitglied des Studentenclubs Sigma Chi. Sommerferien, ein Job als Kulissenschieber auf dem alten Fox-Gelände. Dort traf er John Ford, einer der Regisseure, die spürten, daß in diese vollkommene Form die unausgesprochenen Sehnsüchte einer Nation gegossen werden konnten, einer Nation, die sich fragte, auf welchem Paß sie den richtigen Pfad übersehen hatte. »Verdammt«, sagte Raoul Walsh später, »dieser Scheißkerl sah aus wie ein Mann.« Und nach einer Weile wurde der Junge aus Glendale ein Star. Ein Schauspieler wurde er nie, wie er in Interviews immer wieder betonte (»Wie oft muß ich Ihnen noch sagen, daß ich nicht agiere, ich *re*agiere!«), aber ein Star, und der Star namens John Wayne verbrachte die meiste Zeit seines restlichen Lebens mit dem einen oder anderen dieser Regisseure an irgendwelchen verlassenen Drehorten, auf der Suche nach dem Traum.

Dort, wo der Himmel ein bißchen blauer,
dort, wo die Freundschaft ein bißchen wahrer,
dort fängt der Westen an.

In diesem Traum konnte nichts wirklich Schlimmes geschehen, nichts, was ein Mann nicht bewältigen konnte. Und dann geschah doch etwas. Dann war es da, dieses Gerücht, und nach einer Weile kamen die Schlagzeilen. »Ich habe die Zellen mal ordentlich durchgepustet«, verkündete John Wayne, wie es John Wayne tun muß, und holte die gesetzlosen Zellen auf das Niveau aller anderen Gesetzlosen herunter, und dennoch spürten wir alle, daß das die eine unvorhersehbare Auseinandersetzung sein würde, die eine Schießerei, die Wayne verlieren konnte. Ich habe dieselben Schwiergkeiten mit Illusion und Realität wie jeder andere, und ich wollte John Wayne nicht in einem Zustand sehen, in dem er (so dachte ich) damit selbst seine Schwierigkeiten haben würde, aber dann sah ich ihn doch, und zwar unten in Mexiko, als er den Film machte, der wegen seiner Krankheit so lange verschoben worden war, da unten im wahren Land der Träume.

Es war John Waynes 165. Film. Es war der 84. von Henry Hathaway. Es war Nummer 34 für Dean Martin, der einen alten Vertrag mit Hal Wallis abarbeitete, für den es die 65. unabhängige Produktion war. Der Film hieß *Die vier Söhne der Katie Elder*, ein Western, und mit einer dreimonatigen Verspätung hatten sie die Außenaufnahmen in Durango endlich abgeschlossen und waren jetzt dabei, die letzten

Innenaufnahmen im Estudio Churubusco nicht weit von Mexico City zu machen, und die Sonne brannte, und die Luft war klar, und es war Zeit, Mittag zu essen. Draußen saßen die Jungs der mexikanischen Filmcrew unter den Pfefferbäumen und lutschten Karamelbonbons, etwas weiter die Straße runter saßen die Techniker vor einem Lokal, in dem es gefüllten Hummer und einen Tequila für einen Dollar gab, aber das ganze Talent, der Sinn der Übung, saß drinnen; in der höhlenartigen, leeren Kantine hockten sie alle um den großen Tisch herum, stocherten in *huevos con queso* und tranken Carta-Blanca-Bier. Dean Martin, unrasiert. Mack Gray, der Martin überallhin folgt. Bob Goodfried, zuständig für die Publicity bei Paramount, der eingeflogen war, um einen Trailer zusammenzustellen, und einen empfindlichen Magen hatte. »Tee und Toast«, wiederholte er ständig. »Das ist der Trick. Salat kannst du vergessen.« Henry Hathaway, der Regisseur, der Goodfried nicht zuzuhören schien. Und John Wayne, der niemandem zuzuhören schien.

»Diese Woche hat sich ziemlich hingezogen«, sagte Dean Martin zum dritten Mal.

»Wie kannst du sowas sagen?« wollte Mack Gray wissen.

»*Diese ... Woche ... hat ... sich ... ziemlich ... hingezogen*, so kann ich das sagen.«

»Du meinst doch nicht etwa, du willst, daß sie vorbei ist.«

»Ich sag's dir ganz deutlich, Mack; ich will, daß sie *vorbei* ist. Morgen abend rasiere ich mir diesen Bart ab, fahre zum Flughafen und dann: *adios amigos*! Bye-bye *muchachos*!«

Henry Hathaway zündete sich eine Zigarre an und tätschelte liebevoll Martins Arm. »Nicht morgen, Dino.«

»Henry, was willst du denn noch dranhängen? Einen Weltkrieg?«

Hathaway tätschelte noch einmal Martins Arm und starrte vor sich hin. Am Ende des Tisches redete jemand von einem Mann, der vor einigen Jahren vergeblich versucht hatte, ein Flugzeug in die Luft zu jagen.

»Der ist immer noch im Knast«, sagte Hathaway auf einmal.

»Im Knast?« Martin war für einen Moment abgelenkt von der Frage, ob er seine Golfschläger mit Bob Goodfried zurückschicken oder sie Mack Gray anvertrauen sollte. »Wieso im Knast, wenn keiner getötet wurde?«

»Mordversuch, Dino«, sagte Hathaway sanft. »Ein Kapitalverbrechen.«

»Du meinst, einer *versucht* mich bloß umzubringen und landet schon im Knast?«

Hathaway nahm die Zigarre aus dem Mund und sah über den Tisch. »Einer, der versucht, *mich* umzubringen, landet garantiert nicht im Knast. Was denkst du, Duke?«

Sehr langsam wischte sich der Adressat von Hathaways Frage über den Mund, stieß seinen Stuhl zurück und stand auf. Da war sie, authentisch und im Original, die Bewegung, die schon tausend Szenen auf 165 flimmernden Prärien und phantasmagorischen Schlachtfeldern ihrem Höhepunkt zugeführt hatte und nun auch diese hier, in der Kantine im Estudio Churubusco nicht weit von Mexico City, ihrem Höhepunkt zuführen würde. »Gut«, sagte John Wayne langsam. »Ich würde ihn töten.«

Beinahe die gesamte Besetzung von *Katie Elder* war diese Woche abgereist; nur die Hauptdarsteller waren noch da, Wayne, Martin, Earl Holliman, Michael Anderson jr. und Martha Hyer. Martha Hyer war selten da, aber hin und wieder kam jemand auf sie zu sprechen, gewöhnlich in Form von »das Mädchen«. Sie hatten neun Wochen gemeinsam verbracht, sechs davon in Durango. Mexico City war nicht Durango; in Städte wie Mexico City kommen die Ehefrauen gern mit, sie gehen Handtaschen kaufen und besuchen Parties bei Merle Oberon Pagliai und sehen sich ihre Bilder an. Aber Durango. Schon der Name reizt die Phantasie. Männerland. Draußen, wo der Westen anfängt. In Durango hatte es mexikanische Zypressen gegeben; einen Wasserfall, Klapperschlangen. Das Wetter war schlecht gewesen, die Nächte so kalt, daß sie ein oder zwei Außenaufnahmen so lange verschieben mußten, bis sie im Churubusco drinnen drehen konnten. »Wegen dem Mädchen«, sagten sie. »Man konnte das Mädchen doch nicht einfach so in der Kälte lassen.« Henry Hathaway hatte in Durango gekocht, *Gazpacho* und Rippchen und die Steaks, die Dean Martin aus dem Sands hatte einfliegen lassen; er hatte auch in Mexico City kochen wollen, aber die Geschäftsleitung im Hotel Bamer hatte ihm untersagt, in seinem Zimmer einen Holzkohlegrill aufzustellen. »Du hast wirklich etwas verpaßt, *Durango*«, sagten sie, manchmal im Spaß, manchmal nicht, bis es ein Refrain geworden war – das verlorene Eden.

Auch wenn Mexico City nicht Durango war; Beverly Hills war es noch lange nicht. Niemand sonst drehte in dieser Woche im Churubusco, und in diesem großen Tonstudio, auf dessen Tür LOS HIJOS DE KATIE ELDER stand, mit den Pfefferbäumen und der blendenden Sonne draußen, war es leicht, dieses merkwürdige Männerland so lange lebendig zu halten, wie dieser Dreh dauerte, diese Welt von Männern, die gern Westernfilme machen, diese Welt voller Loyalitäten und gutmütiger Spöttelei, voller Rührseligkeiten und geteilter Zigarren, eine Welt nicht endender zusammenhangloser Erinnerungen; Lagerfeuergerede, dessen einziger Sinn darin bestand, der Nacht, dem Wind und dem Rascheln im Gebüsch eine menschliche Stimme entgegenzusetzen.

»In einem meiner Filme hat mal ein Stuntman richtig

was abgekriegt«, sagte Hathaway zwischen den Aufnahmen einer sorgfältig choreographierten Kampfszene. »Wie hieß er noch? Der Estelle Taylor geheiratet hat, hat sie in Arizona kennengelernt.«

Der Kreis schloß sich um ihn, man fummelte nach Zigarren. Es war Zeit, die schwierige Kunst des Schaukampfes zu debattieren.

»Von mir hat nur einmal im Leben einer was abgekriegt«, sagte Wayne. »Aus Versehen, meine ich. Das war Mike Mazurki.«

»Was'n Typ. Hey, Duke sagt, er hat in seinem Leben nur einem was draufgegeben, Mike Mazurki.«

»Ausgerechnet.« Gemurmel. Zustimmung.

»Ausgerechnet? Das war aus Versehen.«

»Ich glaub's nicht.«

»Kannst du Gift drauf nehmen.«

»Oh, Mann. Mike Mazurki.«

Und so ging es weiter. Web Overlander war da, der seit zwanzig Jahren Waynes Maskenbildner war; in eine blaue Windjacke gekauert, verteilte er Juicy-Fruit-Kaugummis. *»Insektenspray«*, sagte er. »Erzähl uns keiner was von Insektenspray. Von Insektenspray haben wir schon in Afrika genug gesehen, wißt ihr noch, Afrika?«

Oder »*Dampf*muscheln. Erzähl uns keiner was von Dampfmuscheln. Von Dampfmuscheln haben wir auf der *Hatari*-Werbetour schon genug gehabt. Wißt ihr noch, Bookbinder's?« Ralph Volkie war da, der seit elf Jahren Waynes Trainer war, er trug eine rote Baseball-Mütze und hatte immer einen Zeitungsartikel von Hedda Hopper bei sich, eine Hommage an Wayne. »Diese Hopper ist vielleicht eine«, sagte er wieder und wieder. »Nicht wie diese anderen Typen, die dauernd nur krank, krank, krank schreiben, wie kann man den Kerl *krank* nennen, wenn er mit Schmerzen und Husten den ganzen Tag arbeitet und sich *nie beschwert*. Der hat den besten Haken seit Dempsey, der ist nicht *krank*.«

Und Wayne war da und kämpfte sich durch Nummer 165. Wayne in seinen dreiunddreißig Jahre alten Sporen, seinem staubigen Halstuch, dem blauen Hemd. »Du brauchst nicht lange drüber nachdenken, was du in diesen Streifen anziehen sollst«, sagte er. »Du ziehst ein blaues Hemd an oder ein gelbes, wenn du im Monument Valley bist.« Wayne mit einem relativ neuen Hut, einem Hut, in dem er William S. Hart merkwürdig ähnlich sah. »Ich hatte mal so einen alten Reiterhut, den mochte ich, aber ich hab' ihn Sammy Davis geliehen. Hab' ihn auch zurückgekriegt, man konnte ihn dann bloß nicht mehr aufsetzen. Wahrscheinlich haben sie ihm den dauernd auf den Kopf geknallt und gesagt *Okay, John Wayne* – 'n Witz, verstehst du.«

Wayne, der zu früh wieder angefangen hatte zu arbeiten und den Film mit einer schlimmen Erkältung und einem quälenden Husten beendete und spätnachmittags so erschöpft war, daß er auf dem Set ein Sauerstoffgerät brauchte. Und noch immer zählte nur das, was ein Mann tun muß. »Dieser Typ«, schimpfte Wayne vor sich hin, als ein Reporter sein Mißfallen erregt hatte. »Ich gebe ja zu, ich krieg' eine Glatze. Ich geb' ja zu, ich krieg' einen Schwimmring auf den Hüften. Wer hat das mit siebenundfünfzig nicht? Ganz was Neues. Jedenfalls, dieser Typ.«

Er machte eine Pause, um zum Kern der Angelegenheit zu kommen, zur Wurzel des Übels, zum Verstoß gegen die Regeln, der ihn mehr störte als die angeblichen falschen Zitate oder die Andeutung, daß er nicht länger Ringo Kid sei. »Kommt hier runter, ist nicht eingeladen, aber ich bitte ihn trotzdem rein. Also sitzen wir da und trinken Mescal aus dem Wasserkrug.«

Er machte wieder eine Pause und sah Hathaway bedeutungsvoll an, um ihn auf den unvorstellbaren Ausgang der

Geschichte vorzubereiten. »Die haben ihn am Ende auf *sein Zimmer schaffen* müssen.«

Sie debattierten über die Vorzüge verschiedener Preisboxer, sie debattierten über den J&B-Preis in Pesos. Sie debattierten über die Dialoge im Film.

»So hart wie der Typ ist, Henry, ich glaub' trotzdem nicht, daß der die *Bibel* seiner Mutter weggeben würde.«

»Mir gefallen Schocker, Duke.«

Sie erzählten sich endlos Stammtisch-Witze. »Weißt du, warum sie das Erinnerungssoße nennen?« fragte Dean Martin und hielt eine Schale voll Chili hoch.

»Warum?«

»Weil du dich *am nächsten Morgen daran erinnerst.*«

»Hast du gehört, Duke? Hast du gehört, warum sie das Erinnerungssoße nennen?«

Sie unterhielten sich prächtig damit, immer wieder minutiös die Massenschlägereien durchzugehen, die ein fester Bestandteil von Wayne-Filmen sind; ob motiviert oder völlig grundlos, die Kampfszene muß rein in den Film, denn sie haben so großen Spaß daran, sie zu drehen. »Hör mal – das könnte richtig lustig sein. Duke hebt den Kleinen hoch, und dann müssen Dino *und* Earl ran, um Duke rauszuwerfen – *wie wär's damit?*«

Sie unterhielten sich, indem sie sich alte Witze erzählten; sie besiegelten ihre Kameradschaft, indem sie sich zärtlich und auf altmodische Art über ihre Frauen lustig machten, diese Erzieherinnen, diese Bändigerinnen. »Da setzt Señora Wayne es sich in den Kopf, etwas länger aufzubleiben und einen Brandy zu trinken. Und für den Rest der Nacht geht es dann so: ›Ja, Pilar, du hast recht, mein Schatz. Ich bin ein Rüpel, du hast ja recht, ich bin unmöglich.‹«

»Habt ihr das gehört? Duke hat gesagt, Pilar hat mit einem Tisch nach ihm geworfen.«

»Hey, Duke, ich habe da eine lustige Idee. Dieser Finger, den du dir heute gestoßen hast, laß den Arzt eine Bandage drum machen und fahr nach Hause und zeig's Pilar und sag ihr, das war sie, als sie mit dem Tisch geworfen hat. Kapierst du, dann wird sie denken, sie hat's wirklich übertrieben.«

Die ältesten unter ihnen behandelten sie mit Respekt, die jüngsten liebevoll. »Guckt euch den Kleinen an«, sagten sie über Michael Anderson jr. »Toller Junge.«

»Er schauspielert nicht. Er macht es mit dem Herzen«, sagte Hathaway und klopfte auf sein Herz.

»Hey, Kleiner«, sagte Martin. »Du bist in meinem nächsten Film. Das wird eine runde Sache, kein Beschiß. Gestreifte Hemden, Mädchen, Hi-Fi, Augenlichter.«

Sie hatten für Michael Anderson einen eigenen Stuhl bestellt, auf dessen Rückenlehne BIG MIKE eingestanzt war. Als er auf dem Set eintraf, umarmte Hathaway den Jungen. »Hast du das gesehen?« fragte Anderson Wayne und war plötzlich zu schüchtern, um ihm in die Augen zu sehen. Wayne grinste und nickte ihm zu; der endgültige Ritterschlag. »Ich hab's gesehen, Kleiner.«

Am Morgen des Tages, an dem sie *Katie Elder* beenden wollten, tauchte Web Overlander nicht wie gewohnt in seiner Windjacke, sondern in einem blauen Blazer auf. »Nach Hause, Mama«, sagte er und teilte die letzten seiner Juicy Fruits aus. »Ich hab' schon meine Abhau-Klamotten an.« Aber er wirkte gedämpft. Gegen Mittag schaute Henry Hathaways Frau in der Kantine vorbei, um ihm zu sagen, daß sie eventuell nach Acapulco fliegen würde. »Mach ruhig«, sagte er ihr. »Wenn ich hier fertig bin, werf' ich mir sowieso soviel Seconal ein, bis ich kurz vorm Selbstmord bin.« Sie waren alle gedämpft. Als Mrs. Hathaway gegangen war, gab es noch einmal halbherzige Versuche, in Erinnerungen zu schwelgen, doch das Männerland schwand jetzt schnell dahin, und sie waren schon halb zu Hause, das einzige, was sie noch heraufbeschwören konnten, war der Brand in Bel Air 1961, als Henry Hathaway die Feuerwehr von Los Angeles von seinem Grundstück gejagt und es dann hauptsächlich dadurch gerettet hatte, daß er alles Brennbare in den Swimmingpool warf. »Diese Feuerheinis hätten es wahrscheinlich einfach aufgegeben«, sagte Wayne. »Hätten es einfach abbrennen lassen.« Es war wirklich eine gute Geschichte, die viele ihrer Lieblingsthemen enthielt, aber eine Bel-Air-Geschichte war noch lange keine Durango-Geschichte.

Am frühen Nachmittag begannen sie die letzte Szene zu drehen, und obwohl sie so lange wie möglich damit verbrachten, sie einzurichten, kam irgendwann doch der Moment, in dem nichts anderes mehr zu tun war, als sie aufzunehmen. »Zweites Team ab, erstes Team rein, *Türen zu*«, rief der Regieassistent ein letztes Mal. Die Doubles verließen das Set, John Wayne und Martha Hyer betraten es. »Okay, Jungs, *silencio*, Film ab.« Sie drehten die Szene zweimal. Zweimal hielt das Mädchen John Wayne die zerfledderte Bibel hin. Zweimal sagte John Wayne zu ihr, daß es »unterwegs jede Menge Orte gibt, wo die nicht hinpassen würde«. Alle waren sehr still. Und um halb drei an diesem Nachmittag drehte sich Henry Hathaway von der Kamera weg, und im Schweigen, das folgte, drückte er seine Zigarre in einem Sandkübel aus. »Okay«, sagte er. »Das war's.«

Seit jenem Sommer 1943 hatte ich John Wayne in verschiedenen Varianten vor mir gesehen. Ich hatte ihn mir vorgestellt, wie er Rinder aus Texas hertreibt und Flugzeuge mit nur noch einem Motor herunterbringt, ich hatte ihn mir vorgestellt, wie er zu dem Mädchen im Alamo sagt,

»Republik ist ein schönes Wort«. Ich hatte ihn mir nie beim Abendessen mit der Familie vorgestellt, nie mit mir und meinem Mann in einem teuren Restaurant in Chapultepec Park, aber die Zeit bringt seltsame Mutationen hervor, und da waren wir dann, eines Abends in dieser letzten Woche in Mexiko. Eine Zeitlang war es einfach ein netter Abend, ein Abend wie jeder andere. Wir tranken viel, und langsam verlor ich dieses Gefühl, daß mir das Gesicht gegenüber in gewisser Weise vertrauter war als das meines Mannes.

Und dann geschah etwas. Auf einmal schien der Raum durchflutet von jenem Traum, und ich wußte nicht, warum. Drei Männer tauchten aus dem Nirgendwo auf und spielten Gitarre. Pilar Wayne beugte sich leicht nach vorn, und John Wayne hob ihr sein Glas beinahe unmerklich entgegen. »Wir brauchen noch Pouilly-Fuissé für den Rest des Tisches«, sagte er, »und roten Bordeaux für den Duke.« Wir lächelten und tranken den Pouilly-Fuissé für den Rest des Tisches und den roten Bordeaux für den Duke, und die Männer hörten nicht auf, Gitarre zu spielen, bis ich irgendwann begriff, was sie da spielten, was sie schon die ganze Zeit gespielt hatten: »The Red River Valley« und den Titelsong aus *Es wird immer wieder Tag*. Sie bekamen den Takt nicht ganz hin, aber auch jetzt kann ich sie noch hören, in einem anderen Land und viel später, während ich Ihnen davon erzähle.

1965

7000 Romaine, Los Angeles 38

Romaine Street Nummer siebentausend befindet sich in einem Viertel von Los Angeles, das Bewunderern von Raymond Chandler und Dashiell Hammett vertraut sein dürfte: die Kehrseite von Hollywood, südlich des Sunset Boulevards, ein Ghetto der Mittelschicht mit »Modelstudios«, Lagerhäusern und Zweifamilienbungalows. Weil Paramount, Columbia, Desilu und die Studios von Samuel Goldwyn in der Nähe sind, haben viele der Leute, die hier leben, die eine oder andere kleine Verbindung zum Filmgeschäft. Sie haben mal Starfotos für Fans verschickt beispielsweise oder kannten Jean Harlows Maniküre. 7000 Romaine Street selbst sieht aus wie eine verblaßte Filmkulisse, ein pastellfarbenes Gebäude mit abgeplatzten Art-déco-Verzierungen, die Fenster sind entweder mit Brettern vernagelt oder mit Drahtglas versehen, und am Eingang liegt zwischen verstaubtem Oleander eine Fußmatte, auf der WILLKOMMEN steht.

Eigentlich ist hier aber niemand willkommen, denn 7000 Romaine gehört Howard Hughes, und die Tür ist verschlossen. Daß das »Kommunikationszentrum« von Hughes ausgerechnet hier im trüben Sonnenlicht von Hammett-Chandler-Land liegt, bestätigt den Verdacht, das Leben sei tatsächlich nichts als ein Filmszenario, denn das Hughes-Imperium ist das einzige Industrieunternehmen in der heutigen Welt – über die Jahre sind Maschinenbaufirmen, ausländische Tochterfirmen für Geräte zur Ölförderung, eine Brauerei, zwei Fluggesellschaften, immenser Grundbesitz, ein großes Filmstudio und eine

Elektronik- und Munitionsfabrik dazugekommen –, das von einem Mann geleitet wird, dessen Modus operandi dem einer Figur aus *Tote schlafen fest* am nächsten kommt.

Ich wohne nicht weit von 7000 Romaine entfernt, und manchmal fahre ich absichtlich daran vorbei, vermutlich aus demselben Drang, der Arthus-Forscher an die Küste von Cornwall treibt. Mich interessiert die Folklore über Howard Hughes, mich interessiert, wie die Leute auf ihn reagieren, welche Begriffe sie benutzen, wenn sie über ihn reden. Lassen Sie mich Ihnen ein Beispiel geben. Vor einigen Wochen aß ich mit einem alten Freund im Beverly Hills Hotel Mittag. Unter den Gästen war eine verheiratete, wohlhabende Frau Mitte dreißig, die früher einmal als Filmsternchen bei Hughes unter Vertrag war, und ein Kostümdesigner, der für viele Hughes-Filme gearbeitet hatte und aus 7000 Romaine noch immer ein wöchentliches Gehalt bezieht, damit er nicht für jemand anderen arbeitet. Seit Jahren hat er nichts anderes gemacht, als wöchentlich seinen Scheck einzulösen. Da saßen sie also in der Sonne, das Einmal-Sternchen und der Manchmal-Designer eines Mannes, dessen öffentliche Auftritte mittlerweile etwas seltener sind, als die des Superhelden *Shadow*, und redeten über ihn. Sie fragten sich, wie es ihm wohl ging, und warum er das Jahr 1967 damit verbrachte, Las Vegas aufzukaufen.

»Sag mir nicht, es stimmt, was sie sagen, daß er das Desert Inn nur deshalb gekauft hat, weil Spieler mit großen Einsätzen im Anmarsch waren und er das Penthouse räumen sollte«, sinnierte das Ex-Sternchen und spielte mit einem Diamanten, der so groß war wie das Ritz. »Dahinter steckt doch bestimmt eine größere Mission.«

Die Formulierung traf es genau. Jeder, der die Finanzpresse nur überfliegt, weiß, daß es sich bei Hughes nie um »Verhandlungen« oder »Geschäftsabschlüsse« handelt, sondern um »Missionen«. Seine zentrale Mission besteht laut einer Serie von Liebesbriefen in *Fortune* von jeher darin, »seine Macht als Besitzer des größten Industrievermögens zu erhalten, das noch unter der absoluten Kontrolle eines Einzelnen steht«. Hughes hat auch keine Geschäfts»partner«; er hat nur »Gegner«. Sobald es »so aussieht«, als würden die Gegner seine absolute Kontrolle bedrohen, dann »könnte es sein«, daß Hughes etwas dagegen unternimmt »oder auch nicht«. Formulierungen wie »es sieht so aus« und »es könnte sein«, typisch für Wirtschaftsmeldungen über Hughes, sind Zeichen der besonderen Aura einer Hughesschen Mission. Was er unternimmt, oder auch nicht, könnte so aussehen: Hughes könnte im kritischen Moment eine Warnung aussprechen, die da lautet: »Sie setzen mir die Pistole auf die Brust.« Wenn es etwas gibt, das Hughes gar nicht leiden kann, dann ist es eine Pistole auf der Brust (gewöhnlich bezieht sich das auf so etwas wie die Bitte, irgendwo zu erscheinen oder seine Geschäftspolitik zu diskutieren), und mindestens ein Präsident von TWA, einer Gesellschaft, deren Betriebsführung unter der Leitung von Hughes der Regierung von Honduras ähnelte, mußte auf diese Warnung hin gehen.

Die Geschichten sind endlos, unendlich vertraut, von den Getreuen wie Baseball-Karten so lange getauscht und gehegt, bis sie an den Rändern ausfransen und ins Apokryphe verschwimmen. Da ist die Geschichte vom Friseur Eddie Alexander, der ordentlich dafür bezahlt wurde, daß er »Tag und Nacht abrufbar« war, falls Hughes sich die Haare schneiden lassen wollte. »Kleiner Kontrollanruf, Eddie«, sagte Hughes, als er ihn einmal morgens um zwei anrief. »Wollte nur wissen, ob du bereit bist.« Da ist die Geschichte, als Convair Hughes 340 Transporter verkaufen wollte und Hughes darauf bestand, daß die Mission nur zwischen Mitternacht und Sonnenaufgang auf der städtischen Müllhalde im Licht einer Taschenlampe besprochen werden könne, um die »Geheimhaltung« sicherzustellen. Da ist der Abend, als Hughes und sein Anwalt Grey Bautzer plötzlich nicht mehr zu sprechen waren, obwohl im Konferenzzimmer der Chemical Bank in New York die Geldgeber darauf warteten, TWA einen Kredit von 165 Millionen Dollar zu geben. Da saßen sie also mit ihren 165 Millionen Dollar, Vertreter von zwei der größten Versicherungsunternehmen im Land und von neun der mächtigsten Banken, und warteten; es war sieben Uhr abends am letzten Tag, an dem das Geschäft abgeschlossen werden konnte, und statt mit Hughes oder wenigstens mit Bautzer zu telefonieren, blieb den Bankern nichts anderes übrig, als mit Bautzers Frau zu telefonieren, dem Filmstar Dana Wynter. »Ich hoffe, er nimmt es in Pennies«, sagte ein Börsenmakler an der Wall Street, als Hughes sechs Jahre später TWA für 546 Millionen Dollar verkaufte, »und sie fallen ihm auf die Zehen.«

Und dann sind da die jüngeren Geschichten. Howard Hughes ist unterwegs nach Boston, an Bord der Super Chief, die Bel Air Patrol als Begleitschutz. Howard Hughes befindet sich im Peter-Bent-Brigham-Krankenhaus. Howard Hughes requiriert den fünften Stock des Ritz in Boston. Howard Hughes kauft 37,5 Prozent von Columbia Pictures über die Schweizer Banque de Paris oder auch nicht. Howard Hughes ist krank. Howard Hughes ist tot. Nein, Howard Hughes ist in Las Vegas. Howard Hughes zahlt 13 Millionen Dollar für das Desert Inn. 15 Millionen Dollar für das Sands. Spendet dem Staat Nevada 6 Millionen Dollar für eine medizinische Hochschule. Verhandelt über Ranches, Alamo Airways, den North Las Vegas Air Terminal, weitere Ranches, den Rest vom Strip. Im Juli 1967 ist Howard Hughes in Clark County, Nevada, der

Grundbesitzer, dem als einzelnen das meiste Land gehört. »Howard gefällt Las Vegas«, erklärte ein Bekannter von Hughes einmal, »es gefällt ihm, daß immer ein Restaurant geöffnet hat, falls er ein Sandwich möchte.«

Warum gefallen uns diese Geschichten so? Warum erzählen wir sie wieder und wieder? Warum haben wir aus einem Mann einen Volkshelden gemacht, der das Gegenbild all unserer offiziellen Helden ist, ein Millionär aus dem Westen, der sich verfolgt fühlt und dem eine Legende von Verzweiflung, Macht und weißen Turnschuhen anhängt? Aber wir haben es ja immer so gemacht. Nicht wegen ihrer Tugendhaftigkeit sind unsere Lieblinge und unsere Lieblingsgeschichten das geworden, was sie sind, sondern weil sie etwas veranschaulichen, was tief in uns ist, etwas Uneingestandenes. Shoeless Joe Jackson, Warren Gamaliel Harding, die *Titanic*: *Wie die Mächtigen gefallen sind*. Charles Lindbergh, Scott und Zelda Fitzgerald, Marilyn Monroe: *Die Schönen und die Verdammten*. Und Howard Hughes. Daß wir aus Howard Hughes einen Helden gemacht haben, sagt etwas Interessantes über uns selbst, etwas, an das wir uns nur dunkel erinnern, es sagt uns, daß der verborgene Sinn von Geld und Macht in Amerika weder in dem steckt, was man mit Geld kaufen kann, noch in Macht um der Macht willen (Amerikaner fühlen sich unwohl mit Besitz und bekommen Schuldgefühle, sobald sie Macht haben, was für Europäer schwer nachvollziehbar ist, da sie selber zutiefst materialistisch sind und äußerst versiert im Umgang mit Macht), sondern in absoluter persönlicher Freiheit, Beweglichkeit, Individualität. Das ist der Instinkt, der Amerika bis zum Pazifik trieb, das ganze 19. Jahrhundert hindurch, der Wunsch, ein geöffnetes Restaurant zu finden für den Fall, daß man ein Sandwich möchte, der Wunsch, Herr über sich selbst sein und nach eigenen Regeln leben zu können.

Natürlich würden wir das nie zugeben. Dieser Instinkt ist gesellschaftlicher Selbstmord, und weil wir das einsehen, haben wir Möglichkeiten entwickelt, das eine zu sagen, aber etwas anderes zu meinen. Vor langer Zeit wies Lionel Trilling auf etwas hin, das er »die verhängnisvolle Trennung« zwischen »den Ideen unserer gebildeten liberalen Schicht und den Abgründen der Phantasie« nannte. »Ich meine nur«, schrieb er, »daß unsere gebildete Schicht ein ausgeprägtes, wenn auch leises Mißtrauen gegenüber dem Profitdenken hegt und an Fortschritt, Wissenschaft, soziale Gesetzgebung, Planung und internationale Zusammenarbeit glaubt ... Dieser Glaube gereicht denen, die ihn haben, zur Ehre. Dennoch ist es bezeichnend, wenn nicht für unseren Glauben, dann für die Art und Weise, in der wir ihn hegen, daß sich noch kein einziger erstklassiger Schriftsteller mit diesen Ideen und den Gefühlen, die damit einhergehen, auf literarisch anspruchsvolle Weise beschäftigt hat.« Offiziell bewundern wir die Männer, die diese Ideen veranschaulichen. Wir bewundern die Figur des Adlai Stevenson, den rationalen Menschen, den aufgeklärten Menschen, den Menschen, der nicht Gefahr läuft, auf mögliche psychopathische Handlungsweisen zurückzufallen. Unter den Reichen bewundern wir offiziell Paul Mellon, ein sozial verantwortungsbewußter Mensch europäischer Prägung. Die Abweichung unserer offiziellen Helden von den inoffiziellen hat es schon immer gegeben. Es ist unmöglich, an Howard Hughes zu denken, ohne die scheinbar bodenlose Kluft zwischen dem zu sehen, was wir vorgeben zu wollen, und dem, was wir tatsächlich wollen, zwischen dem, was wir offiziell bewundern, und dem, was wir heimlich begehren, zwischen denen, die wir heiraten, und denen, die wir lieben, um es ganz allgemein zu formulieren. In einer Nation, die offenbar soziale Tugenden immer mehr schätzt, bleibt

Howard Hughes nicht nur einfach unsozial, sondern auf großartige, brillante, überragende Weise asozial. Er ist der letzte Individualist, der Traum, den wir uns nicht länger eingestehen.

1967

Mir will dieses Monster nicht aus dem Kopf

Gleich zu Beginn eines ansonsten nicht erinnernswerten Horrorfilms (ich erinnere mich nicht einmal an den Titel), in dem es um einen Maschinenmann geht, der unter Wasser den East River flußabwärts bis zur neunundvierzigsten Straße läuft und dort auftaucht, um das Gebäude der Vereinten Nationen zu zerstören, begutachtet die Heldin gerade das Grundstück ihres Landhauses, als das Maschinenmonster aus einem See hochschnellt und versucht, ihr Kind zu entführen. (Wir sind uns im Grunde darüber im klaren, daß das Monster mit dem kleinen Mädchen nur Freundschaft schließen will, aber die junge Mutter, die vermutlich weniger Horrorfilme gesehen hat als wir, ist es nicht. Das sorgt für Pathos und Spannung.) Als die Heldin später an diesem Abend auf der Veranda sitzt und über die Ereignisse des Tages nachdenkt, kommt ihr Bruder herausgeschlendert, stopft seine Pfeife und fragt: »Was grübelst du, Deborah?« Deborah lächelt reumütig: »Es ist nichts, Jim, wirklich«, sagt sie. »Mir will nur dieses Monster nicht aus dem Kopf.«

Mir will dieses Monster nicht aus dem Kopf. Das ist ein brauchbarer Satz, einer, der mir immer dann wieder einfällt, wenn ich mitbekomme, wie über Hollywood geschrieben oder geredet wird. In der landläufigen Vorstellung ist die amerikanische Filmindustrie noch immer ein Maschinenmonster, das nur darauf programmiert ist, alles Interessante, Lohnende und »Kreative« des menschlichen Geistes abzuwürgen und zu zerstören. Attributivisch wurde das Wort »Hollywood« lange abschätzig verwendet und stand für das, was allgemein als das »System« bezeichnet wurde, eine Formulierung, der die gleiche finstere Emphase anhaftet, die James Cagney damals dem Wort »Syndikat« verlieh. Das System erstickt nicht nur jedes Talent, es vergiftet auch die Seele, eine Wahrheit, die durch ein üppiges Netzwerk von Märchen und Sagen gestützt wird. Bei der bloßen Erwähnung Hollywoods denken wir sofort daran, wie Scott Fitzgerald in Malibu zugrunde ging, umsorgt nur von Sheilah Graham, während er sich mit Filmen abquälte, die langweilige College-Wochenenden füllen sollten (daß er außerdem den Roman *Die Liebe des letzten Tycoon* schrieb, gehört nicht in diese Geschichte); wir sind darauf konditioniert, uns daran zu erinnern, wie die klügsten Köpfe einer Generation am Swimmingpool des Garden of Allah-Hotels verkamen, während sie auf Anrufe aus dem Thalberg-Gebäude warteten. (Es braucht schon eine große romantische Empfindsamkeit, um zu erkennen, warum das Garden of Allah ein heimtückischerer Ort gewesen sein soll als das Algonquin oder warum das Thalberg-Gebäude und Metro-Goldwyn-Mayer die Moral stärker untergraben haben sollten als das Graybar-Gebäude und *Vanity Fair*. Edmund Wilson, der eine solche Empfindsamkeit besitzt, behauptete einmal, es hätte etwas mit dem Wetter zu tun. Vielleicht hat er recht.)

Hollywood, das Verderben. Das war eine im wesentlichen romantische Vorstellung, und binnen kurzem trug Hollywood aktiv dazu bei, sie zu verewigen: Denken Sie an Jack Palance, den das System schließlich mit *Hollywood-Story* als Filmstar erledigte; denken Sie an Judy Garland und James Mason (und vor ihnen an Janet Gaynor und Fredric March), deren Leben vom System oder vom Studio – als die großen alten Studios Hollywood noch beherrschten, waren diese beiden Formulierungen austauschbar – durch den Film *Ein neuer Stern am Himmel* vernichtet wurden. Mittlerweile sind die Korruptheit, die Käuflichkeit und die restriktiven Geschäftspraktiken Hollywoods bereits so feste Bestandteile des Glaubens der amerikanischen Gesellschaft geworden – und Bestandteile des Bildes, das Hollywood von sich selbst hat –, daß ich kaum überrascht war, als vor kurzem ein junger Drehbuchautor erklärte, Hollywood würde ihn »ruinieren«. »Als Schriftsteller«, ergänzte er. »Als Schriftsteller« hatte er über die Spanne von zehn Jahren in New York einen komödiantischen Unterhaltungsroman geschrieben (im Gegensatz zu einem komischen Roman), verschiedene Rezensionen über anderer Leute Unterhaltungsromane und mehrere Jahre lang Bildunterschriften für eine Fotozeitschrift.

Also. Es überrascht nicht, daß das Gespenst von Hollywood, dem Verderben, noch immer die Intelligenzija der Mittelschicht heimsucht, mit ihrem Wissen aus zweiter Hand (wie ich höre, lauert das Monster in der Wildnis zwischen dem Thalia und dem Museum of Modern Art), oder wenigstens jene Vertreter dieser Schicht, die vom Chic, der Hollywood von den *Cahiers-du-cinéma*-Leuten verliehen wurde, noch nichts mitbekommen haben. (Die, die es mitbekommen haben, nehmen einen gleichermaßen extremen Standpunkt ein, sie spekulieren endlos darüber, was Vincente Minelli sich bei *Treffen wir uns in St. Louis* eigentlich gedacht hat, sie besuchen Seminare über Nicholas Ray, solche Sachen.) Überraschend hingegen ist, daß das Monster immer noch Hollywood selbst heimsucht – und Hollywood müßte es doch besser wissen, Hollywood weiß doch, daß das Monster vor einigen Jahren zur letzten Ruhe gebettet wurde, nachdem es eines natürlichen Todes gestorben war. Aus dem Filmgelände von Fox ist mittlerweile ein Bürokomplex geworden, der Century City heißt; Paramount macht nicht mehr vierzig Filme pro Jahr, sondern »Bonanza«. Was einmal »das Studio« war, ist jetzt ein

Filmverleih, und auch das Garden of Allah gibt es nicht mehr. Praktisch jeder Film, der entsteht, ist eine unabhängige Produktion – und ist es nicht das, was wir einmal wollten? Ist es nicht das, von dem wir einmal sagten, es könnte den amerikanischen Film revolutionieren? Das Millenium ist da, die Ära, in der »weniger und bessere« Kinofilme entstehen, und was haben wir? Wir haben weniger, aber nicht unbedingt bessere Filme. Wenn Sie Hollywood fragen, warum, flüchtet sich Hollywood in ein Geraune vom Monster. Es sei unmöglich, sagen sie, in Hollywood »ehrlich« zu arbeiten. Gewisse Dinge haben das verhindert. Die Studios, oder was von den Studios übrig ist, vereiteln all ihre Träume. Die Geldgeber haben sich gegen sie verschworen. New York zaubere ihre Kopien weg, bevor sie überhaupt mit dem Schnitt fertig seien. Sie seien aufs Klischee verpflichtet. Irgend etwas stimme mit dem »intellektuellen Klima« nicht. Wenn ihnen nur ein bißchen Freiheit gestattet wäre, wenn sie nur ihre individuelle Stimme geltend machen könnten …

Wenn sie nur. Diese Proteste sind von einem einnehmenden altertümlichen Optimismus, der auf der Rousseauschen Prämisse beruht, daß die meisten Leute, wenn sie auf ihre eigenen Mittel zurückgeworfen sind, nicht in Klischees denken, sondern originell und brillant, und daß die meisten individuellen Stimmen, hörte man sie nur, sich als Stimmen voller Schönheit und Weisheit erwiesen. Ich denke, wir sind uns alle darüber einig, daß ein Roman nichts ist, wenn er nicht einer individuellen Stimme Ausdruck verleiht, einer einzigartigen Sicht auf die menschliche Erfahrung – aber wie viele gute oder wenigstens interessante Romane sind unter den tausenden, die jährlich publiziert werden? Ich bezweifle, daß von der Filmindustrie mehr erwartet werden kann. Männer mit interessanten individuellen Stimmen machen jetzt schon seit einiger Zeit Filme, in denen diese Stimmen auch zu hören sind; ich denke an Elia Kazans *Die Unbezwingbaren* und, mit weitaus weniger Begeisterung für die Stimme, an Stanley Kubricks *Dr. Seltsam.*

Aber es sind nicht nur die »interessanten« Stimmen, die jetzt Gelegenheit haben, gehört zu werden. John Frankenheimer wurde in *Life* mit dem Zugeständnis zitiert: »Sie können Hollywood nicht länger als ›Die Industrie‹ bezeichnen. Heute haben wir die Möglichkeit, unsere persönlichen Phantasien zu verfilmen.« Zu Frankenheimers persönlichen Phantasien gehörte *Mein Bruder ... Ein Lump*, in dem wir von der Liebe zwischen Warren Beatty und Eva Marie Saint dadurch erfahren, daß Frankenheimer die Szene mit ein paar Schwänen überblendete, die auf einem See schimmern, sowie *Sieben Tage im Mai*, der die Art des Denkens, Redens und Handelns der Macht-Elite Amerikas so dermaßen verkannte (der US-Senator fuhr im Film einen Rolls-Royce, wenn ich mich richtig erinnere), daß er im klinischsten Sinne des Wortes die reine Phantasie zu sein schien. Carl Foreman arbeitete an einigen (für ihre Art) sehr guten Filmen mit – *High Noon* und *Die Kanonen von Navarone*, um zwei zu nennen –, bevor er die Möglichkeit erhielt, seine persönlichen Phantasien zu verfilmen, und dann das herausbrachte, was er sein »persönliches Statement« nannte: den Film *Die Sieger*, ein Phänomen, das nahelegt, daß zwei Köpfe möglicherweise besser sind als einer, wenn der eine Foreman gehört.

Amerikanische Regisseure – mit einer Handvoll Ausnahmen – sind an Stil nicht besonders interessiert; im Herzen sind sie Pädagogen. Fragt man sie, was sie mit ihrer absoluten Freiheit vorhaben, mit dieser Möglichkeit zum persönlichen Statement, dann werden sie sich ein ›Thema‹, ein ›Problem‹ herausgreifen. Die ›Probleme‹, die sie herausgreifen, sind im allgemeinen schon gar keine wirklichen Probleme mehr – wenn sie überhaupt jemals welche waren –, aber ich halte es für falsch, das einer kalkulierten Käuflichkeit, einem bewußten Auf-Nummer-Sicher-Gehen zuzuschreiben. (Das erinnert mich an einen Drehbuchautor, der erst kürzlich Zwerge für sich entdeckte – obwohl er wie der Rest von uns die Phase durchlebt haben muß, in der Zwerge so häufig auf den Literaturseiten von Hochglanzzeitschriften auftauchten, wie Suzy Parker auf den Werbeseiten. Dieser Drehbuchautor versteht Zwerge als Symbol der verkrüppelnden Entfremdung des modernen Menschen. Da macht sich doch eine gewisse kulturelle Rückständigkeit bemerkbar.) Ich würde dieses scheinbare Kalkulieren, welche ›Probleme‹ sich im Moment gut machen, lieber als fehlende Einbildungskraft bezeichnen, als eine Schlamperei im Denken, die von der Reaktion eines bequemen Publikums, vom Gros der Rezensenten und von einigen Leuten, die es besser wissen müßten, in mancher Hinsicht begünstigt wird. Stanley Kramers *Das Urteil von Nürnberg*, gedreht 1961, war eine kühne Anklage nicht des Autoritarismus an sich oder der Gerichtsverfahren, nicht der verschiedensten Fragen von Moral und Gesetz, die dadurch zur Sprache kamen, sondern der Schreckenstaten des Krieges der Nazis, von denen man eigentlich hätte annehmen können, daß es darüber längst einen Konsens gab. (Sie erinnern sich vielleicht daran, daß *Das Urteil von Nürnberg* einen Oscar erhielt, den der Drehbuchautor Abby Mann im Namen »aller Intellektuellen« entgegennahm.) Später arbeiteten Kramer und Abby Mann gemeinsam an *Das Narrenschiff*, »dem sie etwas mehr Mitgefühl und Humor« injizierten und dessen Handlung sie von 1931 ins Jahr 1933 verlegten – um ein weiteres trotziges Aufbegehren gegen die Nationalsozialistische Partei noch besser darstellen zu können. Foremans *Die Sieger* veranschaulichte die These, daß Krieg nicht nur für die Besiegten, sondern auch für die Sieger zu einer Niederlage wird; nicht gerade eine radikale Feststellung. (Foreman ist ein Regisseur, der zuerst den Eindruck macht, einen gewissen Stil zu haben, aber dieser Eindruck ist vollkommen unberechtigt und wird hauptsächlich durch sein perfektes Heraufbeschwören alter Eisenstein-Effekte erweckt.) Stanley Kubricks *Dr. Seltsam*, der tatsächlich einen gewissen Stil hat, war kaum ein Film von schonungsloser Originalität; selten haben wir gesehen, wie aus so wenig eine so große Sache gemacht wird. John Simon verkündete im *New Leader*, das »absolut Bewundernswerte« an *Dr. Seltsam* sei, daß es dem Film gelinge, »alles, was das Establishment ernst nimmt, völlig respektlos zu behandeln: den Atomkrieg, die Regierung, die Armee, Internationale Beziehungen, Heldentum, Sex und was nicht noch alles«. Ich weiß nicht, wen John Simon für das Establishment hält, aber wenn man von »was nicht noch alles« willkürlich zurückgeht, kommt man zu Sex, einem unserer liebsten Volkswitze; zu Billy Wilders *Eins, Zwei, Drei*, eine »eins a« (vgl. *Variety*) Verarschung internationaler Beziehungen; zur Armee, die als Lacher direkt bis zu Phil Silvers und *Immer Ärger mit Sergeant Bilko* durchgesickert ist, und sollte »die Regierung« etwas sein, das das amerikanische Establishment mit ungebrochener Ehrfurcht betrachtet, glaube ich, zur Hauptsendezeit im Fernsehen einiges an Material aufgeschnappt zu haben, das ziemlich nach Untergrund aussieht. Und was nicht noch alles. *Dr. Seltsam* beruhte im wesentlichen auf einem einzigen Witz, der mit dem Unterschied zwischen dem Nuklearkrieg und allen anderen Kriegen zu tun hatte. Nachdem George Scott gesagt hatte: »Ich glaub', ich guck' mal auf'n Sprung ins Kriegsministerium rein«, und Sterling Hayden gesagt hatte: »Der Kalte Krieg ist heiß geworden«, und der SAC-Bomber zur Melodie von »When Johnny Comes Marching Home Again« Kurs auf die sowjetischen Ziele nahm, hatte Kubrick bereits eine ganze Fuge zum Thema entwickelt und hätte langsam anfangen sollen, die Minuten zu zählen, bis ihre Wirkung schal wurde.

Was wir also haben, sind einige wenige interessante Köpfe; und sehr viele weniger interessante. In Europa sieht die Lage kaum anders aus. Von den italienischen Regisseuren macht Antonioni wunderbare, intelligente, verwickelte und subtil angelegte Filme, deren Kraft vollkommen in ihrer Struktur liegt; Visconti, andererseits, fehlt mehr als jedem anderen zeitgenössischen Regisseur der Sinn für Form. Anstelle seines *Der Leopard* hätte man sich auch gut eine Serie von ungeordneten Standfotos ansehen können.

Federico Fellini und Ingmar Bergman besitzen beide eine überwältigende visuelle Intelligenz und eine betäubend banale Sicht auf die menschliche Erfahrung; Alain Resnais führt in *Letztes Jahr in Marienbad* und in *Muriel oder Die Zeit der Wiederkehr* einen so aufdringlichen Stil vor, daß man ihn für ein Ablenkungsmanöver hält, als müsse er ein Vakuum kaschieren. Und was die Behauptung betrifft, europäische Filme besäßen tendenziell eine größere Originalität als amerikanische Filme: Niemand, der *Boccaccio '70* gesehen hat, kann das Wort »Formel« je wieder mit dem Attribut »Hollywood« besetzen.

Also. Vielleicht mit einem kleinen Stupser aus dem Ausland sind wir in Hollywood jetzt alle erwachsen geworden, und es ist uns überlassen, allein hinaus in die Welt zu ziehen. Wir sind nicht länger in der Hand eines Monsters; Harry Cohn leitet Columbia nicht länger wie ein Konzentrationslager, wie es einmal hieß. Ob ein Film jugendfrei ist oder nicht, spielt an der Kasse keine große Rolle.

Kein Ausgangsverbot mehr, kein Papi, *alles geht*. Manchen gefällt diese Freizügigkeit nicht unbedingt; einige würden gern »Gründe« dafür finden, warum unsere Filme nicht so gut sind, wie sie – wie wir im tiefsten Inneren wissen – sein könnten. Vor kurzem traf ich einen Produzenten, der sich bei mir über die Schwierigkeiten beklagte, innerhalb dessen zu arbeiten, was ich als das System wiedererkannte, obwohl er es nicht so bezeichnete. Er wolle unbedingt eine Kurzgeschichte eines gewissen Charles Jackson adaptieren, sagte er. »Wirklich phantastischer Stoff«, sagte er. »Darf ihn nicht anrühren, fürchte ich. Geht um Masturbation.«

1964

Fels der Zeit

Die Insel Alcatraz ist heute übersät mit Blumen; orangefarbene und gelbe Kapuzinerkresse, Geranien, Süßgras, blaue Iris, schwarzäugige Susanne. Schleifenblumen schießen aus Rissen im Beton des Gefängnishofes empor. Eiskraut bedeckt die rostenden Stege des Wachpersonals. »ACHTUNG! ZUTRITT VERBOTEN! EIGENTUM DER USA« lauten noch immer die Aufschriften auf den Schildern, die groß und gelb und etwa einen halben Kilometer sichtbar sind, aber seit dem 21. März 1963, als die letzten dreißig Männer von der Insel weg und in Gefängnisse geschafft wurden, deren Unterhalt weniger kostet, ist die Warnung nur noch pro forma, die Wachtürme sind verwaist, die Zellenblöcke verlassen. Es ist nicht unangenehm hier draußen auf Alcatraz mit den Blumen und dem Wind, mit einer klagenden Glockenboje und der Brandung unter der Golden Gate, aber um einen Ort wie diesen mögen zu können, muß man sich schon einen Burggraben um sich herum wünschen.

Manchmal wünsche ich mir das, und darum geht es auch hier. Drei Menschen leben heute auf Alcatraz. John und Marie Hart leben in derselben Wohnung, die sie schon in den sechzehn Jahren bewohnten, als er Gefängniswärter war; sie haben auf der Insel fünf Kinder großgezogen, damals, als ihre Nachbarn noch der *Birdman* und Mickey Cohen waren, aber der *Birdman* und Mickey Cohen sind längst nicht mehr da, auch die Kinder der Harts sind weggezogen, das jüngste wurde im Juni 1966 auf der Insel getraut. Und noch jemand lebt auf Alcatraz; der pensionierte

Seemann Bill Doherty, und John Hart und Bill Doherty sind im Auftrag der General Service Administration gemeinsam für eine Rund-um-die Uhr-Bewachung der neun Hektar großen Insel verantwortlich. John Hart hat einen Hund namens Duffy, und Bill Doherty hat einen Hund namens Duke, und obwohl die Hunde vor allem treue Begleiter sind, sind sie auch die erste Verteidigungslinie auf Alcatraz. Marie Hart hat ein Eckfenster, das über zwei Kilometer Bucht hinweg auf die Skyline von San Francisco hinausgeht, und dort sitzt sie und malt »Ansichten« oder spielt ihre Orgel, Lieder wie »Old Black Joe« und »Please Go 'Way and Let Me Sleep«. Einmal in der Woche fahren die Harts in ihrem Boot nach San Francisco, um ihre Post zu holen und im großen Supermarkt im Marina-Viertel einzukaufen, und gelegentlich verläßt Marie Hart die Insel, um ihre Kinder zu besuchen. Gewöhnlich ist sie telefonisch mit ihnen in Kontakt, aber kürzlich, als ein japanischer Frachter das Kabel durchtrennte, war für zehn Monate die Telefonverbindung mit der Insel unterbrochen. Jeden Morgen wirft der Verkehrsreporter von KGO den *San Francisco Chronicle* aus seinem Helikopter ab, und wenn er Zeit hat, schaut er auf einen Kaffee vorbei. Sonst kommt niemand auf die Insel, abgesehen von einem Mann der Verwaltung namens Thomas Scott, der gelegentlich einen Kongreßabgeordneten mitbringt oder jemanden, der die Insel kaufen will, oder manchmal auch seine Frau und seinen kleinen Sohn für ein Picknick. Es gibt nicht wenige, die die Insel kaufen wollen, und Mr. Scott schätzt, daß sie in einer verdeckten Auktion fünf Millionen Dollar einbringen würde, aber die General Service Administration darf die Insel erst verkaufen, wenn der Kongreß über einen ständigen Antrag, aus der Insel einen »Friedenspark« zu machen, entschieden hat. Mr. Scott sagt, er wäre froh, Alcatraz loszusein, allerdings könne das Kommando über so eine Festungsinsel kaum ohne ambivalente Gefühle aufgegeben werden.

Vor einer Weile bin ich mit ihm dort hinausgefahren. Jedes Kind kann sich ein besseres Gefängnis vorstellen, als Alcatraz eines ist, denn was es dort an Gittern und Stacheldraht gibt, ist lächerlich, ein Alibi; die Insel war das eigentliche Gefängnis, die kalte Brandung die Mauer. Der Ort entspricht seinem Namen: der Fels. Bill Doherty und Duke ließen den Landungssteg für uns herunter, und im Kombi, mit dem wir zum Kliff hinauffuhren, berichtete Bill Doherty Mr. Scott von kleineren Reparaturen, die er erledigt oder noch vorhatte. Aber egal, welche Reparaturen in Alcatraz erledigt werden, sie sind nur Zeitvertreib, eine Art Zierschnitzerei, denn die Regierung zahlt nichts für die Instandhaltung des Gefängnisses; 1963 hätten die Reparaturen fünf Millionen Dollar gekostet, und das ist der Grund, weshalb das Gefängnis geschlossen wurde. Die 24 000 Dollar im Jahr, die der Erhalt von Alcatraz jetzt kostet, fließen hauptsächlich in die Bewachung und zum Teil in die fünfzehntausend Hektoliter Wasser, die Bill Doherty und die Harts jedes Jahr verbrauchen und die mit einem Schlepper angeliefert werden (auf Alcatraz gibt es überhaupt kein Wasser, ein Hemmschuh für die Entwicklung), vom Rest des Geldes werden zwei Wohnungen beheizt und ein paar Lampen betrieben. Die Gebäude scheinen buchstäblich verlassen zu sein. Die Schlösser sind aus den Zellentüren gerissen und die großen elektrischen Schließanlagen sind vom Stromkreis abgetrennt. Die Tränengasdüsen in der Cafeteria sind leer, und die Farbe wirft überall Blasen, von der Seeluft korrodiert schält sie sich in großen Stücken von der Wand, blaßgrün und ocker. Ich stand eine Weile in der Zelle von Al Capone, einsfünfzig mal drei Meter, Nummer 200 im zweiten Stock in Block B, keine der Zellen mit Aussicht, die Langzeithäftlingen zugesprochen wurden, und ich lief durch den Block der Einzelhaft, in dem es vollkommen schwarz war, wenn sich die Türen schlossen. »Schnecken-Mitchel« war mit Bleistift an die Wand von Einzelzelle 14 gekritzelt. »Der einzige Mann, der je erschossen wurde, weil er zu langsam ging.« Daneben war ein Kalender, die Monate standen mit Bleistift an der Wand, die Tage waren durchgestrichen, Mai, Juni, Juli, August, das Jahr war nicht bezeichnet.

Mr. Scott, der sich seit dem Tag, an dem sein Arbeitgeber Alcatraz als potentielles Eigentum erworben hatte, für Gefängnisse interessierte, redete über Fluchtversuche und Sicherheitsmaßnahmen und zeigte zum Strand, wo Doc, der Sohn von Ma Barker, bei einem Fluchtversuch getötet wurde. (Sie sagten ihm, er solle zurückkommen, und er sagte, er würde sich eher erschießen lassen, und er wurde erschossen.) Ich sah die Duschen, wo die Seife noch immer in den Halterungen lag. Ich griff nach dem vergilbten Programm eines Ostergottesdienstes *(Was sucht ihr den Lebenden bei den Toten? Er ist nicht hier, er ist auferstanden)*, ich schlug ein paar Töne auf einem Klavier an, dessen Elfenbeintasten verrotteten, und versuchte, mir das Gefängnis vorzustellen, wie es gewesen war, mit den großen Lichtern, die die ganze Nacht auf den Fenstern spielten, mit den Wärtern, die auf den Wehrgängen patrouillierten, und dem Besteck, das beim Einsammeln nach dem Essen klappernd in die Beutel fiel, ich versuchte pflichtbewußt, einen Widerwillen zu entwickeln, irgendeine nächtliche Panik, ausgelöst durch zufallende Türen und das davonfahrende Boot. Aber in Wirklichkeit mochte ich es hier draußen, in dieser Ruine, die gereinigt war von jeder menschlichen Eitelkeit, von menschlichen Illusionen, ein leerer Ort, den sich das Wetter zurückgeholt hatte, an dem eine Frau Orgel spielte, um das Heulen des Windes zu übertönen, und ein alter Mann Ball spielte mit einem

Hund namens Duke. Ich könnte Ihnen sagen, daß ich schließlich zurückkehrte, weil ich ein paar Versprechen zu halten hatte, aber vielleicht lag es auch nur daran, daß mich niemand darum bat zu bleiben.

Zwei

Am Morgen nach den sechziger Jahren

Ich spreche davon, ein Kind meiner Zeit zu sein. Wenn ich heute an die sechziger Jahre denke, denke ich an einen Nachmittag, der gar nicht in die sechziger Jahre gehört, ein Nachmittag zu Beginn meines zweiten Studienjahres in Berkeley, ein strahlender Sonnabend im Herbst 1953. Ich lag auf einer Ledercouch im Haus einer Studentenverbindung (es hatte ein Mittagessen für Ehemalige gegeben, mein Date war zum Football-Spiel aufgebrochen, ich erinnere mich nicht, warum ich zurückblieb), ich lag allein dort, las ein Buch von Lionel Trilling und hörte einem Mann mittleren Alters zu, wie er auf einem verstimmten Klavier die Melodie von »Blue Room« anschlug. Den ganzen Nachmittag saß er an diesem Klavier, und den ganzen Nachmittag spielte er »Blue Room« und kein einziges Mal richtig. Ich kann ihn noch hören, den falschen Ton in »We will thrive on/Keep alive on«, ich kann es noch vor mir sehen: das Sonnenlicht, das durch die großen Fenster hereinfällt, den Mann, der an seinem Drink nippt und wieder von vorn anfängt und mir, ohne ein einziges Wort zu äußern, etwas erzählt, von dem ich zuvor nichts gewußt habe, etwas über unglückliche Ehen und vertane Zeit und den Blick zurück. Daß mir so ein Nachmittag heute in keinem seiner Details mehr plausibel erscheint – die Idee, sich für ein Rendezvous ausgerechnet ein Football-Mittagessen auszusuchen, scheint mir mittlerweile so exotisch, als gehöre sie in die Zarenzeit –, deutet an, wie wenig Gültigkeit die Erzählung noch besitzt, auf deren Grundlage viele von uns aufwuchsen.

Wie weit wir uns heute von jener Welt, in der ich aufs College ging, entfernt haben, ging mir auf, als nicht nur Berkeley, sondern auch ein Dutzend anderer Universitäten vorübergehend geschlossen und zu Schlachtfeldern mit abgeriegelten Grenzen wurden. Wenn man an das Berkeley der fünfziger Jahre denkt, denkt man nicht an Barrikaden und umstrukturierte Seminare. »Umstrukturierung« hätte für uns wie Neusprech geklungen, und Barrikaden haben nichts Persönliches. Wir waren damals alle sehr persönlich, manchmal bis zur Erbarmungslosigkeit, und die meisten von uns sind es in den Momenten, in denen wir handeln oder eben nicht handeln, noch immer. Nur davon rede ich: von der Zwiespältigkeit, zu einer Generation zu gehören, die politischen Hochs nicht traut, und von der historischen Irrelevanz, mit der Überzeugung aufzuwachsen, daß das *Herz der Finsternis* nicht in einem Fehler der gesellschaftlichen Ordnung, sondern dem Menschen im Blut liegt. Wenn es den Menschen bestimmt ist, Fehler zu machen, dann ist notwendigerweise jede gesellschaftliche Ordnung fehlerhaft. Diese Prämisse erscheint mir noch immer zutreffend, aber sie beraubte uns auch früh der Fähigkeit zu staunen.

Im Berkeley der fünfziger Jahre erstaunte niemanden irgend etwas, ein *donnée*, das die Diskurse nicht gerade belebte und Debatten gar nicht erst entstehen ließ. Die Welt war schon der Definition nach unvollkommen und demzufolge war es auch die Universität. Es gab schon damals ein gewisses Gerede über IBM-Karten, auf denen sich persönliche Daten speichern ließen, aber der Gedanke, daß Automatisierung dazugehörte, wenn tausende Menschen freien Zugang zur Bildung haben sollten, schien im großen und ganzen nicht unvernünftig. Wir hielten es für selbstverständlich, daß die Universitätsleitung manchmal Fehler machte. Wir gingen jenen Studenten, die Gerüchten zufolge FBI-Informanten waren, einfach aus dem Weg. Wir waren die Generation, die man die »schweigende« nannte, aber wir schwiegen weder, weil wir, wie manche dachten, den offiziellen Optimismus jener Jahre teilten, noch, weil wir, wie andere dachten, ihre offiziellen Repressionen fürchteten. Wir schwiegen, weil für viele von uns das Hochgefühl sozialen Engagements nichts weiter war als eine Möglichkeit, dem Persönlichen zu entkommen, eine vorübergehende Verschleierung dieser entsetzlichen Sinnlosigkeit, die das Schicksal der Menschen ausmacht.

Sich diesem Schicksal bereits so früh ergeben zu haben, war die Besonderheit meiner Generation. Heute denke ich, daß wir die letzte Generation waren, die sich mit Erwachsenen identifizierte. Und vielleicht gehört es zu den sich selbst erfüllenden Prophezeiungen, daß die meisten von uns dieses Erwachsensein dann genauso moralisch zwiespältig erlebten, wie sie erwartet hatten: Ich weiß es nicht. Ich sage Ihnen nur, wie es war. Im Berkeley jener Jahre herrschte eine sanfte, aber chronische »Depression«, vor deren Hintergrund sich in der Erinnerung ein paar Kleinigkeiten abheben, die mir damals die Welt, in die ich demnächst eintreten würde, zu erklären schienen, schwindelerregend in ihrer Klarheit. Ich erinnere mich an eine Frau, die eines Tages, als ich in den Hügeln spazierenging, im Regen Narzissen pflückte. Ich erinnere mich an einen Dozenten, der eines Nachts, als er zuviel getrunken hatte, seine Angst und seine Bitterkeit offenbarte. Ich erinnere mich an die tiefe Freude, die ich empfand, als ich zum erstenmal begriff, wie Sprache funktionierte, als ich beispielsweise entdeckte, daß der entscheidende Satz im *Herz der Finsternis* ein Postskriptum war. Alle diese Eindrücke waren persönlich, und das Persönliche war alles, was die meisten von uns vom Leben erwarteten. Wir würden unseren persönlichen Frieden schließen. Wir würden nach dem ersten Abschluß mit Mittelenglisch weitermachen, wir würden ins Ausland gehen. Wir würden Geld verdienen und auf einer Ranch leben. Wir würden außerhalb der Geschichte überleben, in einer Art fixen Idee, die während der Jahre, die ich in Berkeley verbrachte, immer als »kleines Städtchen mit einem netten Strand« existierte.

Wie sich zeigte, fand ich weder das kleine Städtchen mit dem netten Strand, noch suchte ich danach. Ich saß in der großen, kahlen Wohnung, in der ich die Jahre des Grund- und Hauptstudiums verbrachte (eine Zeitlang hatte ich im Tri-Delt-Haus einer Studentinnenverbindung gewohnt und war dann wieder ausgezogen, typischerweise nicht wegen irgendeiner »Streitfrage«, sondern weil das unerbittliche »Ich« nicht mit sechzig Leuten zusammenwohnen wollte), ich las Camus und Henry James und sah einen Pflaumenbaum blühen und verblühen, und abends ging ich nach draußen und sah zu den Hügeln hoch, wo die Teilchenbeschleuniger Zyklotron und Bevatron in der Dunkelheit glühten, unbeschreibliche Mysterien, die mich, ganz im Stil meiner Zeit, nur persönlich beschäftigten. Später verließ ich Berkeley und ging nach New York, und später verließ ich New York und kam nach Los Angeles. Was ich mir geschaffen habe, ist persönlich, aber nicht gerade ein Frieden. Nur einer von denen, die ich in Berkeley kannte, hat eine Ideologie für sich entdeckt, hat sich in die Geschichte eingemischt und sich von seiner Angst und von seiner Zeit befreit. Einige von denen, die ich in Berkeley kannte, verübten wenig später Selbstmord. Ein anderer unternahm einen Selbstmordversuch in Mexiko und kam nach seiner Genesung, die im Grunde nur eine fortgeschritte Form der Zerrüttung war, nach Hause und absolvierte einen dreijährigen Manager-Kurs bei der Bank of America. Die meisten von uns leben weniger theatralisch, bleiben aber doch die Überlebenden einer merkwürdigen, nach innen gerichteten Zeit. Wenn ich daran glauben könnte, daß es das Schicksal der Menschen auch nur im geringsten beeinflussen würde, auf die Barrikaden zu gehen, dann würde ich auf diese Barrikaden gehen, und häufig wünsche ich mir, ich könnte daran glauben, aber es wäre nicht ganz ehrlich zu behaupten, ich verspräche mir davon ein Happy-End.

1970

Das weiße Album

1.

Wir erzählen uns Geschichten, um zu leben. Die Prinzessin ist im Turm eingesperrt. Der Mann mit den Bonbons wird die Kinder ins Meer locken. Die nackte Frau auf dem Fenstersims im sechzehnten Stock ist ein Opfer der Trägheit, oder die nackte Frau ist eine Exhibitionistin, und es wäre »interessant« zu wissen, was von beidem stimmt. Wir reden uns ein, es wäre ein Unterschied, ob die nackte Frau kurz davor ist, eine Todsünde zu begehen oder ob sie einen politischen Protest äußern will, oder ob sie, die Aristophanische Sicht, vom Feuerwehrmann in Priesterkleidung, der hinter ihr am Fenster gerade noch sichtbar ist und ins Teleobjektiv lächelt, ins menschliche Dasein zurückgerissen wird. Wir suchen nach der im Selbstmord enthaltenen Predigt, nach der sozialen oder moralischen Lehre im fünffachen Mord. Wir interpretieren, was wir sehen, wir wählen unter den vielfältigen Möglichkeiten die brauchbarste aus. Besonders als Schriftsteller leben wir völlig davon, die ungleichen Bilder auf einen Erzählfaden zu spannen, wir leben von den »Ideen«, mit denen wir gelernt haben, die wechselnden Phantasmagorien einzufrieren, die unsere eigentliche Erfahrung sind.

Jedenfalls machen wir das für eine Weile so. Ich spreche hier von einer Zeit, in der ich an den Voraussetzungen all der Geschichten zu zweifeln begann, die ich mir je erzählt hatte, kein ungewöhnlicher Vorgang, aber einer, der mir Sorgen machte. Ich vermute, diese Phase begann irgendwann 1966 und dauerte bis 1971. Äußerlich war ich während dieser fünf Jahre ein vollwertiges Mitglied der einen oder anderen Gemeinschaft, unterzeichnete Verträge, buchte Flüge und war eine ganz normale Bürgerin: Mehrmals im Monat schrieb ich für die eine oder andere Zeitschrift, ich veröffentlichte zwei Bücher, arbeitete an verschiedenen Kinofilmen; ich hatte mit der Paranoia jener Zeit zu tun, mit der Erziehung eines kleinen Kindes und der Versorgung einer großen Anzahl von Menschen, die zu Besuch kamen; ich nähte karierte Vorhänge für Gästezimmer, dachte daran, Agenten zu fragen, ob eine Reduzierung von Gewinnanteilen mit dem finanzierenden Studio *pari passu* ginge, weichte am Samstagabend Linsen ein für die Linsensuppe am Sonntag, bezahlte vierteljährlich meine Steuern und ließ pünktlich meinen Führerschein erneuern, wobei ich in der schriftlichen Prüfung einzig bei der Frage nach der finanziellen Verantwortung kalifornischer Autofahrer danebenlag. Es war eine Zeit in meinem Leben, in der ich häufig zu etwas »ernannt« wurde. Ich wurde zur Patin von Kindern ernannt. Ich wurde zur Dozentin und Diskussionsteilnehmerin ernannt und zum Mitglied von Kolloquien und Konferenzen. Ich wurde sogar zur »Frau des Jahres« der *Los Angeles Times* 1968 ernannt, gemeinsam mit Mrs. Ronald Reagan, der Olympiasiegerin im Schwimmen, Debbie Meyer, und zehn anderen kalifornischen Frauen, die auf dem laufenden zu sein schienen und gute Taten vollbrachten. Ich hatte keine guten Taten vollbracht, aber ich versuchte, auf dem laufenden zu bleiben. Ich war verantwortungsbewußt. Ich erkannte meinen Namen, wenn ich ihn sah. Hin und wieder beantwortete ich sogar an mich adressierte Briefe, nicht unbedingt sofort nach Erhalt, aber schließlich doch und besonders dann, wenn es Briefe von Fremden waren. »Da ich die letzten achtzehn Monate außer Landes war«, begannen solche Antworten.

Als Improvisation war meine Darstellung ausreichend. Das Problem bestand nur darin, daß während meiner gesamten Erziehung, bei allem, was man mir oder was ich mir selbst beigebracht hatte, nie die Rede davon gewesen war, daß dieser Film als eine Improvisation gedacht war: Ich sollte eigentlich ein Skript haben und hatte es verlegt. Ich sollte eigentlich Stichworte hören und hörte sie nicht mehr. Ich sollte die Handlung kennen, aber ich erkannte nur, was ich sah: aufblitzende Bilder in wechselnder Folge, Bilder, deren »Bedeutung« nicht über ihre zeitweilige Anordnung hinausreichte; es war kein Film, sondern eine Erfahrung aus dem Schneideraum. Zu einer Zeit, die wahrscheinlich die Mitte meines Lebens gewesen sein wird, wollte ich immer noch an das Erzählte und an die Verstehbarkeit des Erzählten glauben, aber zu wissen, daß der Sinn der Bilder mit jedem Schnitt zu ändern war, hieß, diese Erfahrung immer stärker als eine der Elektrik denn eine der Ethik wahrzunehmen.

Während dieser Jahre verbrachte ich die für mich damals übliche Zeit in Los Angeles, New York und Sacramento. In Honolulu blieb ich häufig so lange, daß es vielen, die ich kannte, exzentrisch vorkam. Mir aber verlieh es die Illusion, ich könnte jederzeit eine neue Version meiner eigenen Geschichte beim Zimmerservice bestellen, verziert mit einer roten Vanda-Orchidee. Auf einer Veranda des Royal Hawaiian Hotel in Honolulu sah ich Robert Kennedys Beerdigung im Fernsehen und die ersten Berichte über das Massaker von My Lai. Am Strand des Royal Hawaiian Hotel las ich den gesamten George Orwell noch einmal, und in einer der Zeitungen, die mit einem Tag Verspätung vom Festland herüberkamen, las ich die Geschichte von Betty Lansdown Fouquet, einer 26jährigen Frau mit gebleichten blonden Haaren, die ihre fünfjährige Tochter auf dem Mittelstreifen der Interstate 5, einige Meilen südlich der letzten Abfahrt nach Bakersfield, zum Sterben ausgesetzt hatte. Das Mädchen, dessen verkrallte Finger vom Maschendrahtzaun gelöst werden mußten, als die kalifornische Polizei sie zwölf Stunden später rettete, berichtete, daß sie dem Auto, in dem ihre Mutter, ihr Stiefvater, ihr Bruder und ihre Schwester davongefahren waren, »sehr lange« hinterhergelaufen sei. Einige dieser Bilder paßten in keine der Erzählungen, die ich kannte.

Ein anderes aufblitzendes Bild:

»Im Juni dieses Jahres erlitt die Patientin einen Anfall von Schwindel, Übelkeit und dem Gefühl, jeden Moment bewußtlos zu werden. Eine ausführliche medizinische Untersuchung ergab keine positiven Befunde, und sie wurde auf Elavil 3 mal täglich, 20 mg gesetzt …

Die Interpretation des Rorschachtests läßt auf eine Persönlichkeit schließen, die sich in einem Zustand der Auflösung befindet, mit Anzeichen versagender Abwehrmechanismen und einer zunehmenden Unfähigkeit des Egos, sich auf die reale Welt zu beziehen und normalen Streß zu verarbeiten … Emotional hat sich die Patientin von der Welt anderer Menschen fast vollständig entfremdet. Ihre Phantasie scheint von primitiven, regressiven libidinösen Zwangsvorstellungen beherrscht zu werden, von denen viele verzerrt und bizarr sind … Rein technisch scheinen die grundlegenden affektiven Steuerungen zu funktionieren, aber offenbar werden sie von einer Vielzahl von Abwehrmechanismen nur schwach und unzureichend aufrechterhalten, zu denen Intellektualisierung, obsessiv-zwanghafte Handlungen, Projektion, Reaktionsbildung und Somatisierung gehören, wobei diese Mechanismen der Aufgabe, zugrundeliegende psychotische Vorgäng zu steuern oder zu unterdrücken, nicht länger gerecht zu werden scheinen und sich in einem Zustand des Zerfalls befinden. Die Reaktionen der Patientin zeigen hoch unkonventionelle und bizarre Inhalte voller sexueller und anatomischer Zwangsvorstellungen, und der grundlegende Kontakt zur Realität ist zeitweise auffällig und schwerwiegend gestört. In bezug auf Qualität und Niveau sind die Reaktionen der Patientin charakteristisch für Individuen mit hoher oder überdurchschnittlicher Intelligenz, momentan jedoch ist ihre intellektuelle Leistungsfähigkeit beeinträchtigt und entspricht kaum dem Durchschnitt. Die Ergebnisse der Patientin im Thematischen Apperzeptionstest verdeutlichen ihre fundamental pessimistische, fatalistische und depressive Sicht auf die sie umgebende Welt. Sie scheint zutiefst von dem Gefühl ergriffen, daß jedes menschliche Bemühen von vornherein zum Scheitern verurteilt ist, eine Überzeugung, die sie immer weiter in eine abhängige, passive Zurückgezogenheit von der Welt zu drängen scheint. Ihrer Ansicht nach lebt sie in einer Welt, in der Menschen von seltsamen, widersprüchlichen, schwer durchschaubaren und vor allem abwegigen Motivationen getrieben werden, die sie unvermeidlich in Konflikte geraten und ins Verderben stürzen lassen …«

Die Patientin, von der in diesem psychiatrischen Gutachten die Rede ist, bin ich. Die erwähnten Untersuchungen – der Rorschachtest, der Thematische Apperzeptionstest, der Satzvervollständigungstest und das Minnesota-Multiphasen-Persönlichkeitsinventar – wurden 1968 privat in der ambulanten Psychiatrischen Klinik des St. John's Hospital in Santa Monica durchgeführt, kurz nachdem ich den »Anfall von Schwindel und Übelkeit« erlitten hatte, der im ersten Satz erwähnt wird, und kurz bevor ich von der *Los Angeles Times* zur »Frau des Jahres« ernannt wurde. Ich kann dazu nur sagen, daß es mir heute nicht unangemessen erscheint, mit einem Anfall von Schwindel und Übelkeit auf den Sommer des Jahres 1968 zu reagieren.

2.

In den Jahren, von denen ich spreche, wohnte ich in einem großen Haus in einem Viertel von Hollywood, das einst teuer gewesen war und von dem ein Bekannter jetzt sagte, es wäre ein »Viertel für sinnloses Blutvergießen«. Das Haus in der Franklin Avenue hatten wir gemietet. Innen und außen blätterte die Farbe ab, Rohre brachen, Fensterrahmen zerfielen, und der Tennisplatz war seit 1933 nicht gewalzt worden, aber es gab viele Zimmer mit hohen Decken, und während der fünf Jahre, die ich dort wohnte, deutete die düstere Trägheit der gesamten Nachbarschaft gewissermaßen darauf hin, daß ich endlos hier wohnen sollte.

Das ging allerdings nicht, weil die Eigentümer nur darauf warteten, daß der Wert der Gegend wieder stieg und sie das Haus abreißen und durch ein mehrstöckiges Wohnhaus ersetzen konnten, und diese Erwartung einer zwar nicht unmittelbar bevorstehenden, aber doch drohenden Zerstörung machte den Charakter der Nachbarschaft aus. Das Haus gegenüber hatte eine der Talmadge-Schwestern bauen lassen, 1941 war es das Japanische Konsulat gewesen und jetzt wohnten hinter den mit Brettern vernagelten Fenstern ein paar nicht miteinander verwandte Erwachsene, die eine Art Therapiegruppe zu bilden schienen. Das Haus nebenan gehörte Synanon. Ich erinnere mich, mir ein Haus um die Ecke angesehen zu haben, an dem »zu vermieten« stand: Dieses Haus war früher das Kanadische Konsulat gewesen, es hatte 28 große Zimmer, zwei Kühlräume für Pelze und wurde, ganz dem Geist dieser Gegend entsprechend, nur von Monat zu Monat vermietet, unmöbliert. Da das Bedürfnis, ein unmöbliertes Haus mit 28 Zimmern für einen oder zwei Monate zu mieten, ausgesprochen speziell ist, war unser Viertel hauptsächlich von Rock-'n'-Roll-Bands und Therapiegruppen bevölkert, von sehr alten Frauen, die von Krankenpflegerinnen in schmutzigen Uniformen über die Straße geschoben wurden, und von meinem Mann, meiner Tochter und mir.

Frage: *Und was ist noch passiert, falls überhaupt was passiert ist …*

Antwort: *Er sagte, daß er dachte, ich könnte ein Star werden, na ja, ein junger Burt Lancaster, oder so, irgendwas in dieser Richtung.*

Frage: *Hat er einen bestimmten Namen genannt?*

Antwort: *Ja, Sir.*

Frage: *Welchen Namen hat er denn genannt?*

Antwort: *Er hat eine Menge Namen genannt. Er sagte Burt Lancaster. Er sagte Clint Eastwood. Er sagte Fess Parker. Er erwähnte eine Menge Namen …*

Frage: *Haben Sie nach dem Essen miteinander gesprochen?*

Antwort: *Während des Essens, nach dem Essen. Mr. Novarro hat uns die Karten gelegt, und er hat uns aus der Hand gelesen.*

Frage: *Hat er Ihnen vorhergesagt, daß Sie glücklich sein werden oder daß Sie Pech haben werden oder was ist passiert?*

Antwort: *Er war kein guter Handleser.*

Das sind Auszüge aus den Aussagen der Brüder Paul Robert Ferguson und Thomas Scott Ferguson, 22 und 17 Jahre alt, vor Gericht; angeklagt wegen Mordes an Ramon Novarro, 69 Jahre alt, verübt in der Nacht des 30. Oktober 1968 in seinem Haus im Laurel Canyon, nicht weit von meinem Haus in Hollywood entfernt. Ich verfolgte die Verhandlungen ziemlich aufmerksam, sammelte Zeitungsberichte und besorgte mir später von einem der Verteidiger eine Abschrift der Prozeßakten. Der jüngere Bruder, »Tommy Scott« Ferguson, dessen Freundin unter Eid aussagte, daß sie ihn seit »etwa zwei Wochen nach dem Großen Geschworenengericht« nicht mehr liebe, erklärte, von Mr. Novarros Karriere als Stummfilmschauspieler nichts gewußt zu haben, bis ihm am Abend vor dem Mord ein Foto seiner Geisel als Ben Hur gezeigt wurde. Der ältere Bruder, Paul Ferguson, der mit zwölf angefangen hatte, Geld auf Volksfesten zu verdienen, und mit 22 von sich sagte, »ein schnelles und gutes Leben« gehabt zu haben, beschrieb der Jury auf Nachfrage seine Vorstellung von einem Gauner: »Ein Gauner ist einer, der reden kann – nicht nur mit Männern, auch mit Frauen. Der kochen kann. Der gesellig sein kann. Ein Auto waschen kann. Ein Gauner muß alles mögliche können. Es gibt 'ne Menge einsame Leute in dieser Stadt, Mann.« Im Laufe der Verhandlungen beschuldigte jeder der Brüder den anderen des Mordes. Beide wurden verurteilt. Ich las die Akte mehrmals und versuchte, das Bild in einer Weise scharf zu stellen, die nicht nahelegte, daß ich, wie mein psychiatrischer Befund es formulierte, »in einer Welt lebte, in der Menschen von seltsamen, widersprüchlichen, schwer durchschaubaren und vor allem abwegigen Motivationen getrieben werden«; den Ferguson-Brüdern bin ich nie begegnet.

Stattdessen lernte ich während jener Jahre in Los Angeles eine der Hauptpersonen in einem anderen Mordprozeß kennen: Linda Kasabian, Hauptzeugin der Anklage in dem als Manson-Prozeß bezeichneten Verfahren. Einmal fragte ich Linda, was sie von der scheinbar zufälligen Abfolge von Ereignissen hielt, die sie erst auf die Spahn Movie Ranch und dann ins Sybil-Brand-Frauengefängnis geführt hatte, unter der Anklage, Sharon Tate Polanski, Abigail Folger, Jay Sebring, Voytek Frykowski, Steven Parent und Rosemary and Leno LaBianca ermordet zu haben; eine Anklage, die später fallengelassen wurde.

»Alles sollte mich etwas lehren«, sagte Linda. Linda glaubte nicht, daß dem Zufall kein Muster zugrunde lag. Linda hielt sich an das, was ich später als die Würfeltheorie erkennen sollte, und während der Jahre, von denen ich rede, tat ich das auch.

Vielleicht verdeutlicht es die Stimmung jener Jahre, wenn ich Ihnen sage, daß ich damals jedesmal, wenn ich meine Schwiegermutter besuchte, bewußt an einem gerahmten Vers vorbeisah, einem »Haussegen«, der im Flur ihres Hauses in West Hartford in Connecticut hing.

Gott segne die Ecken in diesem Haus
und segne Balken und Treppen –
und segne den Herd und segne den Schrank
und segne alle Betten –
und segne das klare Fensterglas, durch das
die Sterne scheinen
und segne jede Tür, die offen ist dem Fremden
und dem Deinen.

Dieser Vers ließ mich frösteln, weil er genau das »ironische« Detail zu sein schien, auf das sich die Journalisten stürzen würden, sobald am Morgen die Leichen gefunden wurden. In meinem Viertel in Kalifornien würden wir die Tür, die dem Fremden und dem Deinen offen war, sicherlich nicht segnen. Paul und Tommy Scott Ferguson waren die Fremden an Ramon Novarros Tür gewesen, oben im Laurel Canyon. Charles Manson war der Fremde an Rosemarys und Leno LaBiancas Tür, drüben in Los Feliz. Einige dieser Fremden klopften an und dachten sich einen Grund aus, um eingelassen zu werden: vielleicht einen Anruf beim Abschleppdienst wegen eines Autos, das nirgends zu sehen war. Andere machten die Tür einfach auf und kamen herein, und ich lief ihnen dann in der Eingangshalle über den Weg. Ich erinnere mich daran, einen dieser Fremden in der Eingangshalle gefragt zu haben, was er wolle. Wir sahen uns an, wie es schien ziemlich lange, und dann bemerkte er meinen Mann auf dem Treppenabsatz. »Tiefkühl-Hühnchen«, sagte er schließlich, aber wir hatten kein Tiefkühl-Hühnchen bestellt, und er hatte auch keines dabei. Ich notierte mir das Nummernschild seines Lieferwagens. Heute kommt es mir vor, als hätte ich mir in jenen Jahren ständig Nummernschilder von Lieferwagen notiert, Lieferwagen, die um den Häuserblock fuhren, Lieferwagen, die auf der anderen Straßenseite parkten, Lieferwagen, die an der Kreuzung standen. Ich legte die Zettel mit den Nummernschildern in die Schublade eines Ankleidetisches, wo die Polizei sie finden würde, wenn es soweit war.

Daß es soweit kommen würde, bezweifelte ich nie, jedenfalls nicht in den unzugänglichen Regionen des Bewußtseins, in denen ich mehr und mehr zu leben schien. Den Begegnungen in jenen Jahren fehlte häufig jede Logik mit Ausnahme der des Traums. In dem großen Haus auf der Franklin Avenue schienen die Leute zu kommen und zu gehen, ohne daß es in irgendeiner Beziehung zu dem stand, was ich tat. Ich wußte, wo die Laken und die Handtücher aufbewahrt wurden, aber nicht immer wußte ich, wer in den Betten schlief. Ich hatte die Schlüssel, aber nicht *den* Schlüssel. Ich erinnere mich an einen Ostersonntag, an dem ich eine 25mg starke Beruhigungstablette nahm und ein großes und aufwendiges Mittagessen für mehrere Leute zubereitete, von denen viele auch am Montag noch da waren. Ich erinnere mich daran, daß ich den ganzen Tag barfuß über den abgenutzten Holzfußboden lief, und an »Do You Wanna Dance« auf dem Plattenspieler, »Do You Wanna Dance« und »Visions of Johanna« und an ein Lied mit dem Titel »Midnight Confessions.« Ich erinnere mich, daß mir ein Babysitter sagte, sie würde in meiner Aura den Tod sehen. Ich erinnere mich, daß ich mich mit ihr darüber unterhielt, woran das liegen könnte, sie dann bezahlte, alle Fenster öffnete und mich im Wohnzimmer schlafen legte.

Es war nicht einfach, mich in jenen Jahren in Erstaunen zu versetzen. Es war nicht einfach, auch nur meine Aufmerksamkeit zu erregen. Ich war mit meiner Intellektualisierung beschäftigt, mit meinen obsessiv-zwanghaften Handlungen, meiner Projektion, meiner Reaktionsbildung und Somatisierung und mit der Akte des Ferguson-Prozesses. Ein Musiker, den ich ein paar Jahre zuvor kennengelernt hatte, rief mich aus einem Ramada Inn in Tuscaloosa an, um mir zu erklären, wie ich mich mithilfe von Scientology retten könne. Ich war ihm erst einmal begegnet, hatte mit ihm vielleicht eine halbe Stunde über Naturreis und die Hitliste geredet, und jetzt erzählte er mir von Alabama aus etwas von E-Metern und wie ich den reinigenden Weg zum »Clear« beschreiten könne. Ein Fremder rief mich aus Montreal an, offenbar um mich für ein Drogengeschäft anzuwerben.

»Geht das klar, hier am Telefon zu reden?« fragte er mehrmals. »Der große Bruder hört nicht mit?«

Ich sagte, ich glaubte nicht, obwohl ich es immer häufiger glaubte.

»Weil das, worum es hier geht, im Grunde die Anwendung der Zen-Philosophie auf Geld und Geschäfte ist, klar? Und wenn ich sage, wir werden den Untergrund finanzieren, und wenn ich vom ganz großen Geld rede, dann weißt du, wovon ich spreche, weil du weißt, was abgehen wird, richtig?«

Vielleicht sprach er gar nicht von Drogen. Vielleicht sprach er davon, wie man aus M1-Gewehren Profit schlagen konnte: Ich suchte bei solchen Anrufen schon nicht mehr nach einer Logik. Eine Frau, mit der ich in Sacramento zur Schule gegangen war und die ich zuletzt 1952 gesehen hatte, tauchte 1968 in meinem Haus in Hollywood in der Verkleidung einer Privatdetektivin von West Covina auf, sie war eine der wenigen weiblichen Privatdetektive, die eine Zulassung in Kalifornien hatten. »Sie nennen uns *Dickless Tracy,* Dick Tracy ohne Schwanz«, sagte sie, während sie gedankenlos, aber systematisch die Post auf dem Tisch in der Halle durchging. »Ich habe eine Menge Freunde beim Strafvollzug«, sagte sie dann. »Du solltest sie kennenlernen.« Wir versprachen, in Kontakt zu bleiben, sahen uns aber nie wieder: nicht untypisch für jene Zeit. Die sechziger Jahre waren vorbei, ehe mir klar wurde, daß ihr Besuch nicht ausschließlich freundschaftlich gewesen sein könnte.

3.

Es war sechs oder sieben Uhr an einem Frühlingsabend 1968, und ich saß auf dem kalten Linoleumboden eines Tonstudios am Sunset Boulevard und sah einer Band mit dem Namen The Doors dabei zu, wie sie eine Schlagzeugeinspielung aufnahmen. Im großen und ganzen erregten die Dinge, mit denen sich Rock-'n'-Roll-Bands beschäftigten, nur geringfügig meine Aufmerksamkeit (von LSD als Mittel zur Transzendenz hatte ich bereits gehört und vom *Maharishi* und universeller Liebe, und nach einer Weile klang das für mich alles wie die Marmeladenhimmel der Beatles), aber The Doors waren anders, The Doors interessierten mich. The Doors schienen nicht davon überzeugt, daß Liebe Brüderlichkeit war und das Kamasutra. Ihre Musik insistierte, daß Liebe Sex war und Sex der Tod und daß darin die Erlösung liege. The Doors waren die Norman Mailers der Top 40, Missionare des apokalyptischen Sex. »Break on through« drängten ihre Texte und »light my fire« und

Come on baby, gonna take a little ride
Goin' down by the ocean side
Gonna get real close
Get real tight
Baby gonna drown tonight –
Goin' down, down, down.

An diesem Abend 1968 hatten sie sich in unbehaglicher Symbiose zusammengefunden, um ihr drittes Album aufzunehmen, und das Studio war zu kalt, und das Licht war zu grell, und überall lagen Unmengen von Kabeln und Schaltungen dieser bedrohlich blinkenden elektronischen Ausrüstung, mit der Musiker so spielend leben. Drei der vier Doors waren da. Ein Bassist war da, der von einer Band mit dem Namen Clear Light ausgeliehen war. Der Produzent war da und der Techniker, der Tour-Manager, eine Handvoll Mädchen und ein sibirischer Husky namens Nikki mit einem grauen und einem goldenen Auge. Es gab halbvolle Papiertüten mit hartgekochten Eiern, Geflügelleber und Cheeseburger, und es gab leere Apfelsaftflaschen und Flaschen, in denen kalifornischer Roséwein gewesen war. Alles und jeder, den die Doors brauchten, um das letzte Stück ihres dritten Albums fertigzustellen, war da, alle bis auf einen: den vierten der Doors, den Sänger Jim Morrison, einen vierundzwanzigjährigen Absolventen der Universität Los Angeles, der schwarze Lackhosen ohne Unterwäsche trug und für einen Bereich des Möglichen zu stehen schien, der über einen Selbstmordpakt noch hinausging. Morrison war es, der The Doors als »erotische Politiker« bezeichnet hatte. Morrison war es, der das Interesse der Band beschrieben hatte als ein Interesse an »allem, was mit Revolte, Unordnung, Chaos zu tun hat, und an allem, was sinnlos ist«. Morrison war es, der im Dezember 1967 in Miami wegen eines »unsittlichen« Auftritts verhaftet worden war. Morrison war es, der die meisten Doors-Texte schrieb, deren Besonderheit darin bestand, daß sie entweder von einer unbestimmten Paranoia oder ziemlich bestimmt von der Behauptung handelten, daß der Liebestod der ultimative Rausch sei. Und Morrison war es, der fehlte. Ray Manzarek und Robby Krieger und John Densmore waren es, die dafür sorgten, daß sich The Doors wie The Doors anhörten, und vielleicht hatten Manzarek, Krieger und Densmore dafür gesorgt, daß siebzehn von zwanzig Befragten bei »American Bandstand« The Doors allen anderen Bands vorzogen, aber Morrison war es, der in seinen schwarzen Lackhosen ohne Unterwäsche auf die Bühne ging und die Idee rüberbrachte, und Morrison war es, auf den sie jetzt warteten.

»Hört mal«, sagte der Techniker. »Als ich herkam, habe ich einen Radiosender gehört, der drei Doors-Lieder spielte, zuerst ›Back Door Man‹, dann ›Love Me Two Times‹ und ›Light My Fire‹.«

»Hab' ich gehört«, murmelte Densmore. »Hab' ich gehört.«

»Ja und? Was ist daran so schlimm, wenn sie drei deiner Songs spielen?«

»Dieser Typ hat sie seiner Familie gewidmet.«

»Echt? Seiner Familie?«

»Ja. Echt krass.«

Ray Manzarek beugte sich über ein Gibson Keyboard. »Meint ihr, *Morrison* kommt noch mal wieder?« fragte er in die Runde.

Niemand reagierte.

»Damit wir ein bißchen *Text* aufnehmen können?«

Der Produzent war mit der Schlagzeugeinspielung beschäftigt, die sie gerade aufgenommen hatten. »Das will ich hoffen«, sagte er, ohne aufzusehen.

»Ja«, sagte Manzarek. »Ich auch.«

Mein Bein war eingeschlafen, aber ich stand nicht auf; eine seltsame Anspannung schien jeden im Raum katatonisch zu machen. Der Produzent spulte das Band zurück. Der Techniker sagte, er würde jetzt gern seine Atemübungen machen. Manzarek aß ein hartgekochtes Ei. »Tennyson hat seinen Namen in ein Mantra verwandelt«, sagte er zum Techniker. »Keine Ahnung, ob er ›Tennyson Tennyson Tennyson‹ gesagt hat oder ›Alfred Alfred Alfred‹ oder ›Alfred Lord Tennyson‹, aber er hat's jedenfalls gemacht. Vielleicht hat er nur ›Lord Lord Lord‹ gesagt.«

»Ist ja irre«, sagte der Bassist von Clear Light. Er war ein liebenswerter Enthusiast und vom Wesen her überhaupt kein Door.

»Ich frage mich, was Blake gesagt hat«, überlegte Manzarek. »Schade, daß Morrison nicht da ist. Morrison würde es wissen.«

Es wurde später. Morrison kam. Er hatte seine schwarzen Lackhosen an, setzte sich auf eine Ledercouch, die vor vier großen Lautsprechern stand, und schloß die Augen. Das Merkwürdige an Morrisons Ankunft war: Niemand nahm sie zur Kenntnis. Robby Krieger arbeitete weiter an seinem Gitarrensolo, John Densmore stimmte sein Schlagzeug. Manzarek saß am Mischpult, wirbelte einen Korkenzieher herum und ließ sich von einem Mädchen die

Schultern reiben. Das Mädchen sah nicht zu Morrison hin, obwohl er direkt in ihrem Blickfeld saß. Etwa eine Stunde verging, und noch immer hatte niemand etwas zu Morrison gesagt. Dann sagte Morrison etwas zu Manzarek. Er redete beinahe flüsternd, als würde er die Worte einer Aphasie entreißen, die ihn am Sprechen hinderte. »Bis West Covina ist es eine Stunde«, sagte er. »Ich dachte, wir könnten die Nacht da draußen verbringen, wenn wir gespielt haben.«

Manzarek legte den Korkenzieher weg. »Warum?« sagte er.

»Anstatt zurückzukommen.«

Manzarek zuckte die Schultern. »Wir hatten vor, zurückzukommen.«

»Na ja, ich dachte, wir könnten da draußen proben.«

Manzarek sagte nichts.

»Wir könnten einen Probedurchgang machen, es gibt ein Holiday Inn gleich nebenan.«

»Könnten wir«, sagte Manzarek. »Oder wir proben am Sonntag in der Stadt.«

»Oder so.« Morrison machte eine Pause. »Steht der Raum für eine Probe am Sonntag zur Verfügung?«

Manzarek sah ihn eine Weile an. »Nein«, sagte er dann.

Ich zählte die Bedienungsknöpfe am Mischpult. Es gab sechsundsiebzig. Ich war nicht sicher, zu wessen Gunsten der Dialog entschieden worden war oder ob er überhaupt entschieden worden war. Robby Krieger zupfte an seiner Gitarre und sagte, er brauche eine Fuzz Box. Der Produzent schlug vor, er solle eine von Buffalo Springfield borgen, die im Studio nebenan Aufnahmen machten. Krieger zuckte die Schultern. Morrison setzte sich wieder auf die Ledercouch und lehnte sich zurück. Er zündete ein Streichholz an. Er betrachtete die Flamme und führte sie dann sehr langsam, sehr bedächtig hinunter zum Reißverschluß seiner Lackhosen. Manzarek sah ihm zu. Das Mädchen, das Manzareks Schultern rieb, sah niemanden an. Man hatte den Eindruck, daß keiner diesen Raum jemals verlassen würde. Es würde noch mehrere Wochen dauern, ehe The Doors dieses Album aufgenommen hatten. Ich blieb nicht bis zum Schluß.

4.

Eines Tages brachte jemand Janis Joplin mit auf eine Party im Haus auf der Franklin Avenue; sie hatte gerade ein Konzert gegeben und wollte einen B&B-Cocktail mit Brandy und Benedictine im Wasserglas. In der Musikbranche wollten die Leute nie normale Drinks. Sie wollten Sake oder Champagner-Cocktails oder Tequila pur. Unter Musikern zu sein machte konfus und verlangte eine lockere und vor allem passivere Haltung, als ich mir je aneignen konnte. Zeit war nie ein Thema; wir würden um neun zu Abend essen, es sei denn, wir aßen halb zwölf, oder wir konnten später etwas beim Lieferservice bestellen. Wir würden zur U. S. C. fahren, um uns das Living Theatre anzusehen, falls die Limousine zufällig gerade in dem Augenblick käme, in dem keiner einen Drink mixte, sich eine Zigarette angezündet oder sich mit Ultra Violet in Montecito verabredet hatte. Auf jeden Fall würde David Hockney vorbeikommen. Auf jeden Fall würden wir heute abend zur U. S. C. fahren, um uns das Living Theatre anzusehen, oder wir würden das Living Theatre an einem anderen Abend in New York oder in Prag sehen. Zuerst aber wollten wir für zwanzig Leute Sushi, gedünstete Muscheln, Vindaloo-Gemüse und Drinks mit Rum und Gardenien für unser Haar. Zuerst wollten wir einen Tisch für zwölf, höchstens vierzehn, obwohl vielleicht noch sechs dazukommen würden oder auch acht oder vielleicht elf: Nie würden ein oder zwei dazukommen, weil Musiker nicht »allein« oder »zu zweit« reisten. Als John und Michelle Phillips zur Geburt ihrer Tochter Chynna schon auf dem Weg ins Krankenhaus waren, ließen sie die Limousine einen Umweg über Hollywood nehmen, um Anne Marshall, eine Freundin, abzuholen. Dieser Vorfall, den ich in Gedanken oft ausschmücke und um einen zweiten, eingebildeten Umweg zu Luau ergänze, um Gardenien zu holen, beschreibt für mich sehr präzise das Musikgeschäft.

5.

Am 28. Oktober 1967 wurde gegen fünf Uhr morgens in der heruntergekommenen Gegend zwischen San Francisco Bay und der Oakland-Bucht, die von der Polizei Revier für Anfänger genannt wird, ein fünfundzwanzigjähriger militanter Schwarzer namens Huey P. Newton von einem weißen Polizisten namens John Frey Jr. angehalten und verhört. Eine Stunde später wurde Huey Newton im Kaiser-Krankenhaus von Oakland verhaftet, welches er zur Notbehandlung einer Schußwunde im Bauch aufgesucht hatte, und wenige Wochen später wurde er vom Gericht in Alameda County angeklagt, John Frey ermordet, einen weiteren Polizisten verletzt und einen Augenzeugen gekidnappt zu haben.

Im Frühjahr 1968, als Huey Newton auf seinen Prozeß wartete, besuchte ich ihn im Gefängnis von Alameda County. Ich glaube, ich besuchte ihn, weil mich die Alchemie solcher Streitfragen interessierte, und um eine Streitfrage handelte es sich mittlerweile auch bei Huey Newton. Um zu verstehen, wie es dazu gekommen war, muß man sich zuerst ansehen, wer Huey Newton war. Er stammte aus einer Familie aus Oakland und hatte eine Zeitlang das Merritt College besucht. Im Oktober 1966 gründeten er und ein Freund namens Bobby Seale eine Partei, die sie *Black Panther Party* nannten. Den Namen hatten sie dem Emblem der *Freedom-Party* in Lowndes County, Alabama, entliehen, und von Beginn an verstanden sie sich als revolutionäre politische Gruppe. Die Polizei von Oakland kannte die Panther und besaß eine Liste der Kennzeichen ihrer etwa zwanzig Autos. Ich will Ihnen damit weder sagen, daß Huey Newton John Frey ermordet hatte, noch, daß er ihn nicht ermordet hatte, denn im Kontext revolutionärer Politik war Huey Newtons Schuld oder Unschuld irrelevant. Ich erzähle Ihnen nur, wie Huey Newton ins Gefängnis von Alameda County kam und warum in seinem Namen Kundgebungen veranstaltet und Demonstrationen organisiert wurden, wann immer er vor Gericht erschien. LASST HUEY FREI stand auf den Stickern (50 Cent das Stück), und auf den Stufen zum Gerichtsgebäude flammten unter den Panthern hier und da Sprechchöre auf:

Hol deine Knarre, Baby
es geht zur Sache, Baby
BOOM BOOM. BOOM BOOM.

»Kämpf weiter, Bruder, kämpfe«, fügte eine Frau gutmütig als Amen an. »Bang-bang.«

Bullshit bullshit
das Spiel ist ein Graus
das der weiße Mann spielt
nur ein Weg, nur ein Weg führt raus
BOOM BOOM. BOOM BOOM.

Im unteren Flur des Gerichtsgebäudes von Alameda County gab es einen Auflauf von Anwälten, Reportern von CBC, Kameraleuten und von Leuten, die »Huey besuchen« wollten.

»Eldridge hat nichts dagegen, wenn ich raufgehe«, sagte einer von ihnen zu einem der Anwälte.

»Wenn Eldridge nichts dagegen hat, dann habe ich kein Problem damit«, sagte der Anwalt. »Solange du einen Presseausweis hast.«

»Ich habe 'ne Art zweifelhaften Ausweis.«

»Dann kann ich dich nicht mit raufnehmen. *Eldridges* Ausweis ist schon zweifelhaft genug. Einer reicht. Ich habe gute Beziehungen da oben. Die will ich nicht in den Sand setzen.« Der Anwalt wandte sich an einen Kameramann. »Dreht ihr schon?«

An diesem Tag wurde mir, einem Mann von der *Los Angeles Times* und einem Radiojournalisten erlaubt, raufzugehen. Wir trugen uns im Polizeiregister ein, setzten uns an einen zerkratzten Holztisch und warteten auf Huey Newton. »Das einzige, womit wir Huey Newton befreien können«, hatte Rap Brown kürzlich auf einer Kundgebung der Panther im Oakland-Auditorium gesagt, »ist Schießpulver.« »Huey Newton hat für uns sein Leben geopfert«, hatte Stokely Carmichael am selben Abend gesagt. Aber natürlich hatte Huey Newton nicht im geringsten sein Leben geopfert, sondern wartete nur hier im Gefängnis von Alameda County auf seinen Prozeß, und ich fragte mich, ob er bei der Richtung, in die diese Kundgebungen gingen, je ein ungutes Gefühl hatte, ob sie in ihm je den Verdacht aufkommen ließ, daß er der Revolution hinter Gittern in vielerlei Hinsicht nützlicher war als auf der Straße. Als er schließlich hereinkam, wirkte er wie ein liebenswerter junger Mann, einnehmend, offen, und ich hatte nicht den Eindruck, daß er vorhatte, ein politischer Märtyrer zu werden. Er lächelte jeden von uns an, wartete darauf, daß sein Anwalt Charles Garry den Kassettenrekorder einstellte, und unterhielt sich leise mit Eldridge Cleaver, dem damaligen Informationsminister der Black

Panther Party. (Huey Newton war noch immer der Verteidigungsminister.) Eldridge Cleaver trug einen schwarzen Pullover und einen goldenen Ohrring und redete so gedehnt, daß er fast nicht zu verstehen war. Er durfte Huey Newton besuchen, weil er diesen »zweifelhaften Ausweis« hatte, einen Presseausweis von *Ramparts*. Sein Interesse bestand hauptsächlich darin, Statements von Huey Newton zu bekommen, »Botschaften«, die er mit nach draußen nehmen konnte; er wollte eine Prophezeiung, die sich nach Bedarf interpretieren ließ.

»Wir brauchen ein Statement zum Zehn-Punkte-Programm, Huey«, sagte Eldridge Cleaver, »ich werde dir also eine Frage stellen, verstehst du, und du antwortest ...«

»Wie geht's Bobby?« fragte Huey Newton.

»Er hat eine Anhörung wegen eines Vergehens, verstehst du ...«

»Ich dachte, es war ein Kapitalverbrechen.«

»Na ja, das ist noch eine andere Sache, dieses Kapitalverbrechen, aber er hat auch noch kleinere Sachen am Hals.«

Als Charles Garry den Kassettenrekorder eingestellt hatte, hörte Huey Newton auf zu plaudern und begann fast übergangslos zu dozieren. Er hatte die Worte schon so oft gesagt, daß sie beim Reden ineinander flossen, er redete vom »kapitalistisch-materialistischen System Amerikas« und der »sogenannten freien Wirtschaft« und vom »Kampf für die Befreiung der Schwarzen in der ganzen Welt«. Hin und wieder gab ihm Eldridge Cleaver ein Zeichen und sagte so etwas wie: »Viele Leute interessieren sich für das Exekutiv-Mandat Nr. 3, das du für die Partei der Black Panther aufgestellt hast, Huey. Willst du dazu etwas sagen?«

Und Huey Newton sagte etwas dazu. »Ja. In Mandat Nr. 3 geht es um den Auftrag der Black Panther, im Namen aller Schwarzen zu sprechen. In diesem Mandat warnen wir die rassistischen Polizeikräfte ...« Die ganze Zeit wünschte ich, daß er von sich selbst sprechen würde, hoffte, die rhetorische Mauer zu durchbrechen, aber er schien einer jener Autodidakten zu sein, für die alles, was konkret und persönlich ist, zum Minenfeld wird, das selbst auf Kosten der Verständlichkeit noch zu meiden ist, und die sich nur in der Generalisierung sicher fühlen. Der Journalist der *Los Angeles Times* und der Radiojournalist versuchten es:

Frage: *Erzähl uns was von dir, Huey, von deinem Leben vor den Panthern.*

Antwort: *Vor der Partei der Black Panther war mein Leben dem Leben der meisten anderen Schwarzen in diesem Land sehr ähnlich.*

Frage: *Vielleicht etwas von deiner Familie, ein paar Erlebnisse, an die du dich erinnerst, Einflüsse, die dich geprägt haben –*

Antwort: *In Amerika zu leben hat mich geprägt.*

Frage: *Ja, schon. Aber ein bißchen konkreter –*

Antwort: *Das erinnert mich an ein Zitat von James Baldwin: »Als Schwarzer in Amerika zu leben und ein Bewußtsein dafür zu haben, bedeutet, in einem ständigen Zustand der Wut zu leben.«*

»Als Schwarzer in Amerika zu leben und ein Bewußtsein dafür zu haben, bedeutet, in einem ständigen Zustand der Wut zu leben«, schrieb Eldridge Cleaver in Großbuchstaben auf einen Schreibblock und ergänzte: »Huey P. Newton zitiert James Baldwin.« Ich sah es schon vergrößert über der Rednertribüne auf einer Kundgebung und auf dem Briefkopf eines bisher nicht existenten, aber dann eilig gegründeten Komitees. Im Grunde klang beinahe alles, was Huey Newton sagte, »zitiert«, wie eine Verkündung, die bei Bedarf verwendet werden konnte. Ich hatte Huey P. Newton zum Thema Rassismus gehört (»Die Black Panther Party ist gegen Rassismus.«), zum Thema kultureller Nationalismus (»Die einzige Kultur, die die Black Panther Party für wichtig erachtet, ist die revolutionäre Kultur.«), zum Thema Radikalismus der Weißen, Besetzung des Ghettos durch die Polizei, zum Thema Europäer gegen Afrikaner. »Die Krankheit des Europäers begann mit der Verleugnung seiner sexuellen Natur«, sagte Huey Newton, und an dieser Stelle unterbrach ihn Charles Garry, um ihn zu den grundlegenden Prinzipien zurückzubringen. »Aber ist es nicht eher so, Huey«, sagte er, »daß der Rassismus *ökonomische* Ursachen hat?«

Dieser seltsame Einschub schien ein Eigenleben zu entwickeln. Es war heiß im Zimmer, und das Neonlicht tat meinen Augen weh, und ich wußte noch immer nicht, inwieweit Huey Newton die Rolle, die man ihm zugewiesen hatte, verstand. Die Logik in der Argumentation der Panther hatte ich eigentlich immer geschätzt, sie beruhte auf der These, daß politische Macht an der Mündung eines Gewehrlaufs begann (um welches Gewehr es sich dabei handelte, hatte Huey P. Newton in einem frühen Memorandum sogar konkret dargelegt: »Army 45; Karabiner; 12kalibrige Magnum-Schrotflinte mit 18"-Lauf, vorzugsweise Marke *High Standard*; M-16; .357 Magnum Pistolen; P-38«), und ich schätzte auch die besondere Schönheit an der »Streitfrage« Huey Newton. In der revolutionären Politik war jedes Opfer gerechtfertigt, aber ich bezweifelte, daß Huey P. Newton politisch so versiert war, das auf sich selbst zu beziehen: Was ein Scottsboro-Fall wert ist, läßt sich leichter erkennen, wenn man nicht selbst der Scottsboro-Junge ist. »Gibt es sonst noch etwas, was Sie Huey gern fragen würden?« fragte Charles Garry. Offenbar nicht.

Der Anwalt stellte am Kassettenrekorder herum. »Mich hat eine Bitte erreicht, Huey«, sagte er, »ein Schüler einer Highschool, er ist Redakteur der Schülerzeitung, hätte gern ein Statement von dir. Er wird mich heute abend anrufen. Würdest du mir eine Botschaft für ihn mitgeben?«

Huey Newton betrachtete das Mikrophon. Einen Moment lang schien er sich nicht mehr an den Namen dieses Stücks zu erinnern, aber dann hellte sich sein Gesicht auf. »Ich möchte deutlich machen«, sagte er, und als der Erinnerungsspeicher wieder funktionierte – *Highschool, Schüler, Jugend, Botschaft an die Jugend* –, wurde seine Stimme lauter, »daß Amerika im Begriff ist, eine sehr junge Nation zu werden ...«

Ich habe ein Stöhnen und Wimmern gehört und als ich nachsehen ging, war es – dieser Neger war da. Er hatte einen Bauchschuß, aber im Moment schien er nicht akut in Gefahr, und so sagte ich, ich würde mal sehen, ich müßte zuerst mal wissen, ob er ein Kaiser sei, ob er zu Kaiser gehöre, und er sagte: »Ja ja. Rufen Sie einen Arzt, sehen Sie nicht, daß ich blute? Jemand hat auf mich geschossen. Holen Sie Hilfe!« Ich fragte ihn, ob er seine Kaiser-Karte dabeihätte, und er wurde wütend und sagte: »Los, rufen Sie einen Arzt, jemand hat auf mich geschossen.« Ich sagte: »Das sehe ich, aber Sie sind nicht akut in Gefahr.« ... Und dann sagte ich ihm, daß wir erst überprüfen müßten, ob er auch Mitglied ist ... Und das machte ihn noch wütender, und er hat mich beschimpft und alles mögliche genannt, und dann sagte er: »Rufen Sie sofort einen Arzt, ich blute!« Und er hat seinen Mantel und sein Hemd ausgezogen und beides auf den Schreibtisch geworfen und gesagt: »Sehen Sie nicht, daß hier überall Blut ist?« Und ich sagte: »Das sehe ich.« Aber so viel war es gar nicht, deshalb habe ich gesagt: »Sie müssen zuerst unser Aufnahmeformular unterschreiben, bevor ein Arzt Sie untersuchen kann.« Und er sagte: »Ich werde gar nichts unterschreiben.« Und ich sagte: »Es wird Sie niemand untersuchen, bevor Sie dieses Aufnahmeformular nicht unterschrieben haben«, und er sagte: »Ich bin nicht verpflichtet, irgend etwas zu unterschreiben«, und dann folgten noch ein paar gewählte Ausdrücke ...

Das ist ein Auszug aus der Zeugenaussage der Krankenschwester Corrine Leonard vor dem Geschworenengericht von Alameda County. Corrine Leonard hatte am Morgen des 28. Oktober 1967, um 5 Uhr 30 in der Notaufnahme des Krankenhauses der Kaiser Foundation Dienst. Der »Neger« war natürlich Huey Newton, der an diesem Morgen bei dem Schußwechsel verwundet worden war, der John Frey getötet hatte. Ich ließ eine Kopie dieser Zeugenaussage lange an meiner Bürowand hängen, überzeugt, daß sie den Zusammenprall verschiedener Kulturen illustrierte; das klassische Beispiel eines historischen Außenseiters, der mit der etablierten Ordnung an ihrer belanglosesten und undurchlässigsten Stelle konfrontiert wird. Diese Überzeugung zerschlug sich, als ich erfuhr, daß Huey Newton tatsächlich Mitglied der Krankenversicherung der Kaiser Foundation war, mit den Worten von Krankenschwester Leonard also »ein Kaiser«.

6.

1968 besuchte ich eines Morgens Eldridge Cleaver in seiner Wohnung in San Francisco, in der er mit seiner Frau lebte. Um eingelassen zu werden, mußte man klingeln und sich dann in die Mitte der Oak Street stellen und zwar so, daß man von Cleavers Wohnung aus gut gesehen werden konnte. Nach dieser visuellen Überprüfung wurde der Besucher per Türsummer eingelassen oder eben nicht. Ich wurde eingelassen und stieg die Treppe hoch, wo ich Kathleen Cleaver in der Küche beim Würstchenbraten und Eldridge Cleaver im Wohnzimmer fand, wo er eine John-Coltrane-Platte hörte. Die Wohnung war voller Leute, sie standen in den Türen, sie versperrten die Sicht, sie telefonierten.

»Wann kannst du damit loslegen?« hörte ich aus dem Hintergrund und: »Du kannst mich nicht mit einem Dinner bestechen, Mann, diese Dinner beim *Guardian*, das sind lauter Altlinke, das ist wie beim Leichenschmaus.« Die meisten dieser Leute waren Mitglieder der Black Panther Party, aber einer von denen im Wohnzimmer war Eldridge Cleavers Bewährungshelfer. Es kommt mir so vor, als wäre ich eine Stunde dort geblieben. Es kommt mir so vor, als ob wir drei – Eldridge Cleaver, sein Bewährungshelfer und ich – hauptsächlich über die kommerziellen Erfolgschancen von *Soul on Ice* gesprochen hätten, das zufällig an diesem Tag erschienen war. Wir sprachen über den Vorschuß (5000 Dollar). Wir sprachen über die Höhe der ersten Auflage (10 000). Wir sprachen über das Werbebudget und darüber, welche Buchläden die Bücher vorrätig haben würden und welche nicht. Für ein Gespräch zwischen Schriftstellern war das nicht ungewöhnlich, mit dem Unterschied, daß einer der Schriftsteller seinen Bewährungshelfer dabeihatte und die andere draußen auf der Oak Street gestanden hatte und visuell überprüft worden war, bevor man sie einließ.

7.

Packen und Anziehen:

2 Röcke
2 Pullis oder Jerseys
1 dicker Pullover
2 Paar Schuhe
Strümpfe, BH, Nachthemd, Morgenmantel, Hausschuhe
Zigaretten
Bourbon
Tasche mit:
- Shampoo
- Zahnbürste und Zahnpaste
- Seife
- Rasierer, Deodorant
- Aspirin, Rezepte, Tampons
- Gesichtscreme, Puder, Baby-Öl

Ins Handgepäck:

Mohairdecke
Schreibmaschine
2 Schreibblöcke, Stifte
Akten
Wohnungsschlüssel

Das ist die Liste, die in jenen Jahren in Hollywood, als ich regelmäßig Reportagen schrieb, an der Innenseite meiner Schranktür hing. Die Liste ermöglichte es mir, ohne nachzudenken für jede Art von Auftrag zu packen. Beachten Sie die bewußt gewählte Neutralität der Kleidung: In Rock, Pulli *und Strümpfen* kam ich auf beiden Seiten der

Kultur durch. Beachten Sie die Mohairdecke für Vielfliegerstrecken (keine Decken) und für das Motelzimmer, in dem sich die Klimaanlage nicht ausstellen ließ. Beachten Sie den Bourbon für dasselbe Motelzimmer. Beachten Sie die Schreibmaschine für den Flughafen auf dem Rückweg; dahinter stand der Gedanke, das Mietauto abgeben, einchecken, eine freie Sitzbank finden und die Notizen des Tages abtippen zu können. Es dürfte klar geworden sein, daß diese Liste von einer Person angefertigt wurde, die Kontrolle schätzte, die es nach Dynamik verlangte, eine, die entschlossen war, ihre Rolle zu spielen, als besäße sie das Skript, als hörte sie die Stichworte, kannte den Text. Etwas Wichtiges fehlt allerdings auf dieser Liste, ein Gegenstand, den ich brauchte und nie hatte: eine Uhr. Ich brauchte die Uhr nicht tagsüber, wo ich das Radio einschalten oder jemanden nach der Uhrzeit fragen konnte, aber nachts im Motel brauchte ich sie. Etwa jede halbe Stunde rief ich die Rezeption an, um zu fragen, wie spät es sei, bis ich schließlich, weil es mir peinlich war, erneut zu fragen, in Los Angeles anrief und meinen Mann fragte. Mit anderen Worten: Ich hatte Röcke, dünne Pullover, dicke Pullover, Schuhe, Strümpfe, BH, Nachthemd, Morgenmantel, Hausschuhe, Zigaretten, Bourbon, Shampoo, Zahnbürste und Zahnpaste, Seife, Rasierer, Deodorant, Aspirin, Rezepte, Tampons, Gesichtscreme und Puder, Baby-Öl, Mohairdecke, Schreibmaschine, Schreibblöcke, Stifte, Akten und einen Wohnungsschlüssel, aber ich wußte nicht, wie spät es war. Das könnte ein Gleichnis sein für mein Leben als Journalistin während dieser Zeit oder ein Gleichnis für diese Zeit selbst.

8.

Als ich an einem verregneten Morgen im November 1968 in einem Mietwagen zwischen Sacramento und San Francisco unterwegs war, hatte ich das Radio sehr laut gestellt. Ich hatte das Radio diesmal nicht so laut gestellt, um zu erfahren, wie spät es war, sondern um sechs Worte, die mir durch den Kopf gingen, loszuwerden. Die Worte bedeuteten mir nichts, schienen aber die Angst oder den Schrekken dieses Jahres anzukündigen. Die Worte, eine Zeile aus Ezra Pounds »In einer Metro Station«, waren folgende: *»Blütenblätter auf einem nassen, schwarzen Zweig«*. Im Radio lief »Wichita Lineman« und »I Heard It Through the Grapevine«. *Blütenblätter auf einem nassen, schwarzen Zweig.* Irgendwo zwischen dem Yolo Causeway und Vallejo fiel mir auf, daß ich im Laufe der letzten Wochen zu viele Leute getroffen hatte, die der Bombardierung von Kraftwerken etwas abgewinnen konnten. Irgendwo zwischen dem Yolo Causeway und Vallejo fiel mir außerdem auf, daß sich der Schrecken dieses Morgens als Unfähigkeit äußern würde, diesen Mietwagen über die Carquinas-Brücke zu fahren. *Der Wichita Lineman war noch voll dabei.* Ich machte die Augen zu und fuhr über die Carquinas-Brücke, weil ich Termine hatte, weil ich arbeitete, weil ich versprochen hatte, die Revolution zu beobachten, die am San Francisco State College gemacht wurde, weil man nirgendwo in Vallejo einen Mietwagen abgeben konnte und weil nichts in meinem Kopf dem Skript entsprach, wie ich es erinnerte.

9.

An jenem Morgen blies der Wind den kalten Regen in Böen über den schlammigen Rasen des San Francisco State College und gegen die erleuchteten Fenster leerer

Klassenzimmer. In den vergangenen Tagen hatte man hier Brände gelegt und Seminare besetzt und war schließlich mit den Kampfeinheiten der Polizei aneinandergeraten, und in den kommenden Wochen würde der Campus zu dem werden, was viele, die sich dort täglich aufhielten, mit Freude »ein Schlachtfeld« nannten. Die Polizei, das Tränengas und die Verhaftungen um die Mittagszeit würden auf dem Campus Routine werden, und jeden Abend würden die Kämpfer im Fernsehen Rückschau auf den Tag halten: die Wellen der heranstürmenden Studenten, der Tumult am äußersten Bildrand, das Aufblitzen der Schlagstöcke, der Moment, in dem die Kamera wackelt, als Beweis, unter welchem Risiko die Bilder aufgenommen worden waren; schließlich der Schnitt zur Wetterkarte. Zu Beginn hatte es die nötige »Streitfrage« gegeben, die Entlassung eines 22jährigen Dozenten, der zufällig der Bildungsminister der Black Panther Party war, aber diese Streitfrage war ebenso wie die meisten anderen selbst für die Begriffsstutzigsten bald nicht mehr von Belang. Der Zerfall hat seine eigenen Belange.

Nie zuvor hatte ich einen Campus in einem Zustand des Zerfalls erlebt, ich hatte sogar Berkeley und Columbia verpaßt, und ich glaube, ich erwartete, am San Francisco State College etwas völlig anderes als das, was ich dort fand. In einem ganz und gar nicht unbedeutenden Sinne stimmte die Kulisse nicht. Schon die Architektur kalifornischer State Colleges läßt radikale Vorstellungen gar nicht erst aufkommen, sie spiegelt vielmehr eine anständige und hoffnungsvolle Vision fortschrittlicher Wohlfahrtsbürokratie wider, und als ich an diesem und an den folgenden Tagen über den Campus ging, schien das ganze Dilemma des San Francisco State College – die wachsende Politisierung, die »Streitfragen« hier und da, die obligatorischen »Fünfzehn Forderungen«, die anhaltende

Nervosität der Polizei und die aufgebrachte Bürgerschaft – zunehmend fehl am Platz; ein Beispiel für die unbewußte Zusammenarbeit der *enfants terribles* und des College-Kuratoriums an einem Wunschtraum (Revolution auf dem Campus), der pünktlich zu den 6-Uhr-Nachrichten ausgelebt wurde. »Treffen des Argitt-Prop-Komitees im Redwood-Zimmer« lautete die auf einen Zettel gekritzelte Nachricht, die eines Morgens an der Tür zur Cafeteria hing. Nur jemand, der sich ganz dringend alarmiert fühlen wollte, konnte mit Gewalt gegen Guerillas vorgehen, die ihre Treffen nicht nur am Schwarzen Brett des Feindes ankündigten, sondern auch noch völlig unbedarft waren, was die Schreibweise und demzufolge auch, was die Bedeutung der Worte betraf, die sie benutzten. »Hitler Hayakawa« hatten einige Mitglieder der Fakultät S. I. Hayakawa zu nennen begonnen, einen Semantik-Professor, der der dritte Präsident des Colleges innerhalb eines Jahres war und beachtliches Mißfallen mit seinem Versuch hervorgerufen hatte, den Campus nicht zu schließen. *»Eichmann«*, hatte Kay Boyle ihm während einer Kundgebung zugebrüllt. Mit solch dicken Pinselstrichen wurde im Herbst 1968 ein Bild der Lage auf den pastellfarbenen Campus des San Francisco State College gemalt.

Der Ort machte einfach nie den Eindruck, als wäre die Sache ernstgemeint. Die Schlagzeilen waren nach jenem ersten Tag düster, das College war »auf unbestimmte Zeit« geschlossen worden, Ronald Reagan und Jesse Unruh drohten mit Repressalien, und dennoch herrschte im Verwaltungsgebäude eine Stimmung wie bei einem Musical zum Thema: College-Leben. »Völlig *ausgeschlossen*, daß wir morgen die Schule wieder aufmachen«, teilten Sekretärinnen Anrufern am Telefon mit. »Gehen Sie skifahren, machen Sie sich eine schöne Zeit.« Streikende schwarze Militante schauten herein und schwatzten mit den Dekanen, streikende weiße Radikale tauschten auf den Fluren die neuesten Gerüchte aus. »Keine Interviews, keine Presse«, verkündete ein studentischer Anführer der Streiks, der in das Büro des Dekans kam, in dem ich gerade saß; im nächsten Augenblick war er verstimmt, weil ihm niemand gesagt hatte, daß ein Kamerateam der Sendung von Huntley und Brinkley auf dem Campus war. »Da können wir uns immer noch einschalten«, sagte der Dekan beschwichtigend. Alle schienen in einer beinahe feierlichen Kameradschaft vereint, ein gemeinsamer Jargon, ein gemeinsames Gefühl des Augenblicks: Die Zukunft war nicht länger mühsam und unbestimmt, sondern unmittelbar und programmatisch, sie strotzte vor Gewißheit, daß Probleme »angegangen« und Pläne »ausgeführt« werden würden. Allerorten war man sich darüber einig, daß die Auseinandersetzungen »eine sehr gesunde Entwicklung« einleiten konnten, daß man vielleicht erst dichtmachen mußte, »um etwas in Gang zu bringen«. Die Stimmung war wie die Architektur von nachkriegstypischer Zweckmäßigkeit, ein Muster an pragmatischem Optimismus.

Vielleicht hätte Evelyn Waugh es exakt auf den Punkt bringen können: Waugh verstand sich auf Szenen eifrigen Selbstbetrugs, Szenen von Menschen, die sich merkwürdigen Spielen hingeben. Am San Francisco State College waren nur die schwarzen Militanten ernst zu nehmen: Sie gaben die Spiele vor, sie diktierten die Regeln und nahmen sich, was sie konnten, von dem, was allen anderen nur wie eine willkommene Flucht aus der Routine, aus der institutionellen Enge und der Langeweile ihres akademischen Kalenders schien. Die Verwaltungsbeamten konnten währenddessen über neue Programme reden. Die weißen Radikalen konnten sich währenddessen als Stadtguerilla aufführen, wofür sie nicht das geringste hatten investieren müssen. Es lief für alle gut, dieses Spiel am San Francisco

State College, und seine eigentümlichen Vorzüge waren mir nie so klar geworden wie an jenem Nachmittag, als ich an einer Versammlung von etwa fünfzig bis sechzig SDSlern teilnahm. Sie hatten eine Pressekonferenz für den späteren Nachmittag anberaumt und diskutierten jetzt, »was die Pressekonferenz für eine Form haben sollte«.

»Das muß nach unseren Bedingungen laufen«, warnte jemand. »Sie werden entscheidende Fragen stellen, sie werden *Fragen* stellen.«

»Wir sollten sie die Fragen schriftlich vorlegen lassen«, schlug ein anderer vor. »Die Black Student Union macht das sehr erfolgreich, sie beantworten dann einfach nur das, was sie beantworten wollen.«

»Genau. Wir dürfen ihnen nicht in die Falle gehen.«

»Was wir auf dieser Pressekonferenz unbedingt betonen sollten, ist die Frage, *wem gehört die Presse*.«

»Meinst du nicht, es gehört zum Allgemeinwissen, daß die Blätter Wirtschaftsinteressen vertreten?« fragte ein Realist unter ihnen zweifelnd dazwischen.

»Ich glaube nicht, daß das wirklich *verstanden* worden ist.«

Zwei Stunden und mehrere Dutzend Handabstimmungen später hatte die Gruppe vier Leute ausgewählt, die den Journalisten sagen sollten, wem die Presse gehört, sie hatten beschlossen, *en masse* auf einer gegnerischen Pressekonferenz zu erscheinen, und über verschiedene Slogans für die Demonstration debattiert, die am nächsten Tag stattfinden sollte. »Mal sehen, also zuerst haben wir ›Hearst sagt uns, wie es nicht ist‹, dann ›Stoppt die Presselügen‹ – das ist der Spruch, zu dem es noch einige kontroverse politische Meinungen gegeben hat ...«

Und bevor sie sich trennten, hatten sie einem Studenten zugehört, der für einen Tag vom College in San Mateo gekommen war, ein Junior College, etwas weiter südlich auf der Halbinsel von San Francisco. »Ich bin heute mit einigen Studenten aus der dritten Welt hier, um euch zu sagen, wir sind mit euch, und wir hoffen, ihr werdet nächste Woche mit *uns* sein, wenn wir unseren Streik losbrechen, denn wir ziehen voll mit, wir haben unsere Motorradhelme immer dabei, wir können kaum noch denken, wir haben keinen Nerv mehr für irgendein Seminar.«

Er hatte eine Pause gemacht. Er war ein gutaussehender Junge und brannte für seinen Auftrag. Ich dachte an die leise Melancholie des Lebens in San Mateo, einem der reichsten Countys in den USA, und überlegte, ob der Wichita Lineman und die Blütenblätter auf einem nassen, schwarzen Zweig die Ziellosigkeit der Bourgeoisie repräsentierten oder nicht, und ich dachte an die Illusion eines Ziels, die das Abhalten einer Pressekonferenz hervorrief, wo das einzige Problem darin bestand, daß die Presse Fragen stellte. »Ich bin hier, um euch zu sagen, daß wir am San Mateo College wie *Revolutionäre* leben«, sagte der Junge dann.

10.

Wir legten »Lay Lady Lay« auf den Plattenspieler und »Suzanne«. Wir fuhren zur Melrose Avenue, um uns die Flying Burritos anzusehen. Ein Jasminstock war über die Veranda des großen Hauses in der Franklin Avenue gewachsen, und abends drang der Duft von Jasmin durch die geöffneten Fenster und Türen herein. Ich machte Bouillabaisse für Leute, die kein Fleisch aßen. Ich stellte mir vor, daß mein Leben einfach und süß war, und manchmal war es das auch, aber es geschahen merkwürdige Dinge in der Stadt. Es gab Gerüchte. Es gab Geschichten. Alles war unaussprechlich, aber nichts war unvorstellbar. Das geheime Flirten mit der Idee von »Sünde« – das Gefühl, daß es möglich war, »zu weit« zu gehen, und daß viele zu weit gingen – gehörte 1968 und 1969 in Los Angeles sehr zu unserem Leben. Eine irre, verführerische Spannung breitete sich wie ein Wirbel unter den Leuten aus. Das große Zittern begann. Ich erinnere mich an eine Zeit, als die Hunde nächtelang bellten und immerzu Vollmond war. Am 9. August 1969 saß ich gerade im flachen Wasser des Swimmingpools meiner Schwägerin in Beverly Hills, als ein Freund sie anrief, der soeben von den Morden im Haus von Sharon Tate Polanski am Cielo Drive erfahren hatte. In der folgenden Stunde klingelte sehr oft das Telefon. Diese ersten Berichte waren wirr und widersprüchlich. Ein Anrufer sagte Kapuzen, der nächste sagte Fesseln. Es gab zwanzig Tote, nein, zwölf, zehn, achtzehn. Man stellte sich schwarze Messen vor und machte einen schlechten Drogentrip für alles verantwortlich. Ich erinnere mich noch genau an die vielen falschen Informationen jenes Tages, und ich erinnere mich auch, und wünschte, ich würde es nicht tun, an folgendes: *Ich erinnere mich daran, daß niemand erstaunt war.*

11.

Als ich Linda Kasabian im Sommer 1970 zum erstenmal begegnete, trug sie ihr Haar ordentlich in der Mitte gescheitelt, kein Make-up, »Blue-Grass«-Parfüm von Elizabeth Arden, und die blaue, ungestärkte Uniform des Sybil-Brand-Frauengefängnisses in Los Angeles. Sie war im Sybil Brand in Schutzhaft, um später über die Morde an Sharon Tate Polanski, Abigail Folger, Jay Sebring, Voytek Frykowski, Steven Parent und Rosemary und Leno LaBianca auszusagen, und ich verbrachte gemeinsam mit ihrem Anwalt Gary Fleischman einige Abende dort und unterhielt mich mit ihr. Was ich von diesen Abenden am stärksten erinnere, ist meine Angst davor, das Gebäude zu betreten und auch nur für eine Stunde die unendlichen Möglichkeiten hinter mir zu lassen, die ich auf einmal in der Sommerdämmerung ausmachte. Ich erinnere mich, wie ich mit Gary Fleischman in seinem Cadillac-Cabrio mit offenem Verdeck den Hollywood-Freeway Richtung Downtown fuhr. Ich erinnere mich, wie ich ein Kaninchen beim Grasen auf der Wiese am Tor beobachtete, während sich Gary Fleischman ins Polizeiregister eintrug. Jede der vielen Türen, die sich auf unserem Weg ins Sybil-Brand-Gefängnis hinter uns schlossen, war ein kleiner Tod, und nach dem Interview tauchte ich wie Persephone aus der Unterwelt wieder auf, euphorisch, hochgestimmt. Zu Hause machte ich mir zwei Drinks und einen Hamburger und aß gierig.

»Check das«, sagte Gary Fleischman häufig. Eines Abends, als wir mit geschlossenem Verdeck im Cadillac vom Sybil Brand nach Hollywood zurückfuhren, wollte er von mir die Bevölkerungszahl Indiens wissen. Ich sagte, ich wisse nicht, wie viele Einwohner Indien habe.

»Schätzen Sie mal«, sagte er. Ich gab eine Schätzung ab, die absurd niedrig war, und er war empört. Er hatte dieselbe Frage seiner Nichte gestellt (einer Studentin), dann Linda und jetzt mir, und keine von uns hatte es gewußt. Irgendwie schien das sein Bild von Frauen zu bestätigen, ihre grundsätzliche Unbelehrbarkeit, wie sie sich innerlich glichen. Gary Fleischman war ein Typ, mit dem ich sonst nur selten zu tun hatte, ein komischer Realist mit einem runden Filzhut, ein Geschäftsreisender an den vordersten Fronten der Zeit, ein Mann, der sich in Gerichten und im Sybil Brand auskannte und vergnügt, sogar unbeschwert blieb angesichts des ehrfurchtgebietenden und undurchdringlichen Mysteriums im Zentrum dessen, was er »den Fall« nannte. Wir redeten nicht über »den Fall« und bezogen uns auf seine wesentlichen Ereignisse nur über die Formulierungen »Cielo Drive« und »LaBianca«. Stattdessen redeten wir über Lindas Freizeitbeschäftigungen und die Enttäuschungen ihrer Kindheit, über ihre Liebeleien an der Highschool und die Sorge um ihre Kinder. Dieses Nebeneinander von Ausgesprochenem und Unaussprechlichem war unheimlich und beunruhigend, und mein Notizbuch füllte sich mit einer Litanei kleiner Zitate, deren Ironie so offensichtlich war, daß sie nur für Leute, die das Absurde leidenschaftlich liebten, interessant sein konnten. Ein Beispiel: Linda träumte davon, eine Kombination aus Restaurant-Boutique und Tierhandlung zu eröffnen.

12.

Typisch für bestimmte organische Störungen des zentralen Nervensystems ist, daß sie vorübergehend nachlassen; eine vermeintlich vollständige Gesundung der betroffenen Nerven tritt ein. Was dabei geschieht, scheint folgendes zu sein: Wenn sich ein Nerv entzündet und zu Narbengewebe verhärtet, wird der Transport neuraler Impulse blokkiert, und das Nervensystem verändert allmählich seinen Schaltkreis, es findet andere, gesunde Nerven, die dieselben Informationen übertragen. In den Jahren, in denen ich es für nötig hielt, den Schaltkreis meines Denkens zu ändern, stellte ich fest, daß es mich nicht länger interessierte, ob die Frau auf dem Fenstersims der 16. Etage schließlich sprang oder nicht sprang und warum. Ich war nur an dem Bild interessiert, das ich von ihr im Kopf hatte: ihr Haar flammend im Flutlicht, die nackten Zehen auf dem Steinsims nach innen gekrümmt.

In diesem Licht wurde jede Geschichte unweigerlich sentimental. In diesem Licht waren alle Verbindungen, die man herstellte, so bedeutungsvoll wie sinnlos. Nehmen wir folgende: 1963, am Morgen des Todes von John F. Kennedy, kaufte ich mir bei Ransohoff's in San Francisco ein kurzes Seidenkleid für meine Hochzeit. Einige Jahre später schüttete Roman Polanski auf einer Dinnerparty in Bel Air aus Versehen ein Glas Rotwein über das Seidenkleid und ruinierte es. Sharon Tate war ebenfalls zu dieser Party eingeladen, aber noch nicht mit Roman Polanski verheiratet. Am 27. Juli 1970 ging ich in den Magnin-Hi-Laden in der dritten Etage des I. Magnin-Gebäudes in Beverly Hills und kaufte das Kleid, um das Linda Kasabian mich gebeten hatte. Sie wollte es bei ihrer Vernehmung zu den Morden in Sharon Tate Polanskis Haus am Cielo Drive tragen. »Größe 9, *petite*«, lauteten ihre Anweisungen. »Mini, aber nicht superkurz. Samt, wenn möglich. Smaragdgrün oder gold. Oder ein Kleid im Stil mexikanischer Bauerntrachten, gerüscht oder bestickt.« Sie brauchte für diesen Morgen ein Kleid, weil der Bezirksstaatsanwalt, Vincent Bugliosi, Mißfallen an dem Kleid geäußert hatte, das sie ursprünglich hatte tragen wollen, ein langes, weißes, handgesponnenes Hemdkleid. »Lang ist für abends«, hatte er Linda belehrt. Lang war für abends, und weiß war für Bräute. Zu ihrer eigenen Hochzeit 1965 hatte Linda Kasabian einen weißen Brokatanzug getragen. Zeit verging, die Zeiten änderten sich. Alles soll uns etwas lehren. Ich brachte das Kleid, in dem sie ihre Aussage machen würde, an diesem Julimorgen 1970 um 11 Uhr 20 zu Gary Fleischman, der vor seinem Büro am Rodeo Drive in Beverly Hills wartete. Er trug seinen Filzhut und stand mit Lindas zweitem Ehemann Bob Kasabian und ihrem Freund Charlie Melton zusammen, die beide lange weiße Roben trugen. Lang war für Bob und Charlie, das Kleid von I. Magnin in der Schachtel war für Linda. Die drei nahmen die Schachtel und stiegen in Gary Fleischmans Cadillac und fuhren mit offenem Verdeck in die Sonne hinein zum Freeway Richtung Downtown, sie drehten sich um und winkten. Ich halte das für eine vollkommen sinnlose Verkettung von Ereignissen, aber im Geplinker und Geplapper dieses Sommers war es so bedeutungsvoll wie alles andere auch.

13.

Ich erinnere mich an ein Gespräch, das ich im Sommer 1970 mit dem Manager eines Motels in der Nähe von Pendelton in Oregon führte, in dem ich übernachtet hatte. Ich hatte für *Life* einen Artikel über die Lagerung von VX und Sarin-Nervengas in einem Armeearsenal in Umatilla County recherchiert und war jetzt damit fertig. Während ich auscheckte, wurde ich vom Manager, der ein Mormone war, folgendes gefragt: »Wenn man nicht daran glauben kann, daß man mitsamt dem eigenen Körper und mit allen Familienmitgliedern auf du und du in den Himmel kommt, was hat Sterben dann überhaupt für einen Sinn?« Damals glaubte ich noch, daß meine affektiven Steuerungssysteme nicht mehr funktionierten, aber jetzt stelle ich Ihnen diese Frage als eine vor, die zwingender ist, als es den Anschein haben mag; eine Art Koan, eine lehrhafte Sentenz dieser Zeit.

14.

Als ich mir einmal eine Rippe brach, hatte ich während der Monate, in denen es weh tat, sobald ich mich nur im Bett umdrehte oder meine Arme beim Schwimmen im Pool streckte, zum erstenmal eine schrille Vorahnung, wie es sein würde, alt zu sein. Später vergaß ich das. Nach einer Reihe wiederkehrender visueller Störungen, drei Elektroenzephalogrammen, zwei Röntgenaufnahmen von Schädel und Hals, einem fünfstündigen Glukose-Verträglichkeits-Test, zwei Elektromyelogrammen, einer Reihe chemischer Tests und Beratungen bei zwei Ophthalmologen, einem Internisten und drei Neurologen, die allesamt in die Jahre fielen, von denen hier die Rede ist, wurde mir gesagt, daß die Störung nichts mit meinen Augen zu tun, sondern ihre Ursache im zentralen Nervensystem habe. Es war möglich, daß ich mein Leben lang Symptome neuronaler Schäden spüren würde, es war genauso gut nicht möglich. Diese Symptome, die möglicherweise auftraten oder auch nicht, würden meine Augen in Mitleidenschaft ziehen oder auch nicht. Sie konnten meine Arme und Beine in Mitleidenschaft ziehen oder auch nicht. Sie konnten zu einer Behinderung führen oder auch nicht. Ihre Wirkung konnte mit Cortisonspritzen abgeschwächt werden oder auch nicht. Man konnte es nicht sagen. Dieser Zustand hatte einen Namen. Es war die Art Name, die man gewöhnlich mit Spendenaktionen im Fernsehen in Verbindung brachte, aber der Name hatte nichts zu bedeuten, und der Neurologe benutzte ihn ungern. Der Name war Multiple Sklerose, aber er hatte nichts zu bedeuten. Es handele sich, sagte der Neurologe, um eine Exklusionsdiagnose und habe nichts zu bedeuten.

Ich hatte damals tatsächlich eine schrille Vorahnung, allerdings nicht davon, wie es sein würde, alt zu sein, sondern davon, wie es war, die Tür einem Fremden zu öffnen und festzustellen, daß dieser Fremde tatsächlich ein Messer hatte. In den wenigen Zeilen Dialog in der Praxis eines Neurologen in Beverly Hills war das Unmögliche möglich geworden, Normalität: Dinge, die nur anderen Leuten passierten, konnten tatsächlich auch mir passieren. Ich konnte vom Blitz erschlagen werden, ich konnte beim Essen eines Pfirsichs von der Blausäure im Kern vergiftet werden. Das, was mich in Erstaunen versetzte, war folgendes: Mein Körper lieferte ein präzises physiologisches Äquivalent dessen, was mich gedanklich beschäftigt hatte. »Führen Sie ein einfaches Leben«, riet mir der Neurologe. »Nicht, daß das irgendeinen Unterschied macht. Soviel wir wissen jedenfalls nicht.« Mit anderen Worten, es war nur eine weitere Geschichte, die nichts erzählte.

15.

Ich kenne viele Leute in Los Angeles, die glauben, daß die sechziger Jahre am 9. August 1969 abrupt zu Ende waren, daß sie exakt in jenem Augenblick zu Ende waren, in dem sich die Nachricht von den Morden am Cielo Drive wie ein Lauffeuer verbreitete, und in bestimmter Hinsicht ist das richtig. An diesem Tag löste sich die Spannung. Die Paranoia hatte jetzt einen Grund. In anderer Hinsicht waren die sechziger Jahre für mich nicht vor Januar 1971 wirklich zu Ende, als ich das Haus in der Franklin Avenue verließ und in ein Haus am Meer zog. Dieses Haus am Meer hatte in den sechziger Jahren selbst eine wichtige Rolle gespielt, und noch Monate, nachdem wir es in Besitz genommen hatten, fand ich Andenken an diesen Abschnitt seiner Geschichte – ein Band Scientology-Literatur unter der Auskleidung einer Schublade, eine Ausgabe von *Ein Mann in einer fremden Welt*, die tief in einem Schrankfach steckte –, aber dann nahmen wir ein paar Umbauten vor, und Motorsäge und Meerwind trieben den Geist der sechziger Jahre aus.

Seitdem habe ich sehr wenig von den Menschen gehört, die mir für jene Jahre sinnbildlich erschienen. Ich weiß natürlich, daß Eldridge Cleaver nach Algerien ging und als Unternehmer zurückkehrte. Ich weiß, daß Jim Morrison in Paris starb. Ich weiß, daß Linda Kasabian auf der Suche nach dem einfachen Leben nach New Hampshire floh, wo ich sie einmal besuchte, und sie besuchte mich einmal in New York, und wir nahmen mit unseren Kindern die Staten-Island-Fähre, um die Freiheitsstatue zu sehen. Ich weiß auch, daß Paul Ferguson 1975, während er für den Mord an Ramon Novarro eine lebenslange Freiheitsstrafe verbüßte, den ersten Preis eines Literaturwettbewerbs des PEN gewann und ankündigte, »mit dem Schreiben weiterzumachen«. Das Schreiben habe ihm geholfen, sagte er, »über das Erlebte nachzudenken und seinen Sinn zu verstehen«. Ziemlich häufig denke ich über das große Haus in Hollywood nach, über »Midnight Confessions« und Ramon Novarro und über die Tatsache, daß Roman Polanski und ich Paten desselben Kindes sind, aber das Schreiben hat mir bisher nicht geholfen, den Sinn zu verstehen.

1968–1978

Brave Bürger

1.

Vor einiger Zeit wurde ich zu einem Treffen von Bürgerrechtlern im Haus von Sammy Davis Junior oberhalb des Sunset Strip eingeladen. »Lassen Sie mich Ihnen beschreiben, wie Sie zu Sammys Haus kommen«, sagte die Frau, mit der ich sprach. »Beim alten Mocambo biegen Sie links ab.« Ich mochte den Klang dieser Zeile, in der die eigenartig leere Inbrunst lag, die Hollywoods politisches Handeln seit mehreren Generationen kennzeichnet, aber Bekannte, denen ich davon erzählte, schienen peinlich berührt. Politik zum Anlaß für gesellschaftliches Amüsement zu nehmen, gilt in Hollywood als nicht legitim. Hier, wo selbst die Rhetorik geborgt ist, mit der politische Ideen reduziert werden auf die Wahl zwischen gut (Gleichheit ist gut) und schlecht (Genozid ist schlecht), klingt noch die harmloseste Unterhaltung über Politik wie Wahlkampf. »Wer sich nicht an die Vergangenheit erinnert, ist dazu verdammt, sie zu wiederholen«, sagte jemand kürzlich auf einem Abendessen zu mir, und bevor wir mit unseren *fraises des bois* fertig waren, hatte er mich darauf hingewiesen, daß »kein Mensch eine Insel« sei. Nun ist es so, daß ich ein- oder zweimal die Woche höre, daß kein Mensch eine Insel sei, ziemlich häufig von Leuten, die glauben, sie würden Ernest Hemingway zitieren. »Was für ein Opfer auf dem Altar des Nationalen«, hörte ich einen Schauspieler über den bei einem Flugzeugabsturz tödlich verunglückten philippinischen Präsidenten sagen. Diese Art zu reden schließt jede weitere Diskussion aus, was so gewollt sein mag: Das öffentliche Leben des liberalen Hollywood besteht aus einer Diktatur der guten Absichten, ein sozialer Vertrag, der unversöhnliche Meinungsverschiedenheiten zu einem ebensogroßen Tabu macht wie Mißerfolg und schlechte Zähne und für ein ironiefreies Klima sorgt. »Diese Männer sind unsere heimlichen Helden«, sagte eine äußerst charmante und intelligente Frau einmal auf einer Party in Beverly Hills zu mir. Sie sprach vom kalifornischen Landtag.

Ich erinnere mich, daß ich 1968, ungefähr eine Woche vor den Vorwahlen in Kalifornien und vor dem Tod Robert Kennedys, einen Abend im Eugene's in Beverly Hills verbrachte, einem der »Clubs«, die die Anhänger von Eugene McCarthy eingerichtet hatten. Das Eugene's in Beverly Hills löste ähnlich wie die gesamte Kampagne von Senator McCarthy gewisse Déjà-vus aus, über allem lag ein Hauch von Humanismus aus dem Jahr 1952: Ben-Shahn-Poster hingen an den Wänden, und die Andeutung von Stroboskoplicht war nichts, was eine »gute Unterhaltung« hätte stören können. Statt Rockmusik von 1968 gab es die Art Jazz, die häufig auf den Plattenspielern lag, als noch alle, die an die große Menschenfamilie glaubten, skandinavisches Besteck aus rostfreiem Stahl kauften und Adlai Stevenson wählten. Dort im Eugene's hörte ich nach langer Zeit mal wieder den Namen »Erich Fromm« und viele andere Namen, die wegen der angenehmen Wunder, die sie bewirken konnten, erwähnt wurden (»Ich habe den Senator in San Francisco gesehen, als ich gemeinsam mit Mrs. Leonard Bernstein dort war ...«), und dann folgte das Hauptereignis des Abends: eine Diskussion zwischen William Styron und dem Schauspieler Ossie Davis. Mr. Davis war überzeugt, daß Mr. Styron mit seinen *Bekenntnissen des Nat Turner* dem Rassismus Vorschub geleistet hatte (»Nat Turners Liebe zu einem weißen Mädchen, ich glaube, daß das mein Land in die Psychose treiben kann«), und Mr. Styron war überzeugt, daß er das nicht getan hatte. (David Wolper, der die Filmrechte von *Nat Turner* gekauft hatte, hatte seine Position schon dargelegt: »Wie kann irgend jemand gegen ein Buch sein«, hatte er in der Fachpresse gefragt, »das dem kritischen Blick der Zeit seit letztem Oktober standgehalten hat?«) Im Laufe des Abends sagte Mr. Styron immer weniger und Mr. Davis immer mehr (»Sie werden sich fragen, warum nicht *ich* fünf Jahre damit verbracht habe, *Nat Turner* zu schreiben. Ich werde Ihnen meine Gründe jetzt nicht darlegen, aber ...«), und zwischen ihnen saß James Baldwin, die Augen geschlossen, den Kopf zurückgelegt in nachvollziehbarer, aber ziemlich theatralischer Agonie. Mr. Baldwin faßte zusammen: »Wenn Bills Buch nur das erreicht, was es heute abend erreicht hat, ist es schon ein sehr wichtiges Ereignis.« – »Hört, hört«, rief einer, der irgendwo auf dem Boden saß, und es herrschte allgemeine Einigkeit, daß es ein anregender und wichtiger Abend gewesen war.

Natürlich war dieser Abend im Eugene's 1968 nicht entscheidend, und natürlich könnten Sie mir sagen, daß er ganz sicher keinen Schaden angerichtet und vielleicht sogar etwas Gutes hatte. Aber die seltsame Anmaßung und die Belanglosigkeit daran lassen mich nicht los, vielleicht nur, weil es genau das ist, was viele der besten Absichten Hollywoods charakterisiert. Soziale Probleme stellen sich für viele dieser Leute als ein Drama dar, dessen Handlung, wenn man bestimmte Schlüsselszenen erst mal in den Griff bekommen hat (die Gegenüberstellung auf den Stufen des Gerichts, die Enthüllung, daß der Oppositionsführer eine antisemitische Vergangenheit hat, die Vorlage des Streitkatalogs beim Präsidenten, ein Gastauftritt von Henry Fonda) unaufhaltsam auf ein Happy-End zuläuft. Marlon Brando bestreikt San Quentin in einem gut gemachten Film nicht vergeblich: Wir reden hier über das

Vertrauen in dramaturgische Konventionen. In Filmen sind Dinge »möglich«. Es gibt immer eine Lösung, immer einen dramaturgischen Faden von Ursache und Wirkung, und die Welt in diesem Sinne wahrzunehmen, bedeutet, daß jedes soziale Drama auch ein Ende hat. Wenn Budd Schulberg nach Watts, in eines der Problemviertel von Los Angeles, geht und einen Schreibworkshop veranstaltet, dann müssen »zwanzig junge Autoren« dabei herauskommen, denn bei dem betreffenden Drama handelt es sich um das altbekannte vom Ghetto, in dem es von ungeschliffenen Talenten und Vitalität nur so wimmelt. Wenn die Armen nach Washington marschieren und dort im Freien übernachten, um Kleiderbündel zu empfangen, die Barbra Streisand auf dem Studiogelände von Fox gesammelt hat, dann muß etwas Gutes dabei herauskommen (das Drehbuch hat hier jede Menge dramatischer Möglichkeiten; eine sentimentale Vorstellung von Washington als einem offenen Forum siehe *Mr. Smith geht nach Washington* ist noch nicht mal die schlechteste), und für Zweifel ist in der Geschichte kein Platz.

Es gibt in der Politik Hollywoods keine Laiendarsteller: Jeder macht Dinge »möglich«. Zufällig lebe ich in Hollywood in einem Haus, in dem sich in den späten dreißiger und den frühen fünfziger Jahren eine Gruppe von Drehbuchautoren traf, die der Kommunistischen Partei angehörten. Einige der Dinge in diesem Haus gab es schon damals: eine riesige Stalin-Couch, den größten Flickenteppich, den ich je gesehen habe, Kartons mit der marxistischen Zeitschrift *New Masses*. Einige der Leute, die zu den Treffen kamen, standen auf der schwarzen Liste, einige von ihnen hatten nie wieder Arbeit, und einige bekommen jetzt mehrere hunderttausend Dollar pro Film; einige von ihnen sind tot, und einige sind verbittert, und die meisten von ihnen leben ein sehr zurückgezogenes Leben.

Es stimmt, daß sich die Dinge schließlich verändert haben, aber am Ende waren nicht sie es, die die Veränderung der Dinge bewirkten, und ihr Enthusiasmus und ihre Diskussionen in diesem Haus scheinen mir manchmal sehr nah zu sein. Das Haus läßt an eine bestimmte Art von Anmaßung denken, die Anmaßung, soziales Leben als ein Problem zu betrachten, das sich durch die guten Absichten einzelner lösen lasse, aber das erwähne ich gegenüber den meisten Leuten, die mich hier besuchen, nicht.

2.

Die hübsche Nancy Reagan, damals noch die Frau des Gouverneurs von Kalifornien, stand im Eßzimmer ihres Hauses auf der 45. Straße in Sacramento, das sie gemietet hatten, und hörte einem Fernsehredakteur zu, der ihr erklärte, was er vorhatte. Sie hörte aufmerksam zu. Nancy Reagan ist eine sehr aufmerksame Zuhörerin. Das Fernsehteam hatte vor, ihr dabei zuzusehen, wie sie exakt das tat, was sie normalerweise an einem Dienstagmorgen zu Hause tun würde. Da auch ich da war, um ihr dabei zuzusehen, wie sie exakt das tat, was sie normalerweise an einem Dienstagmorgen zu Hause tun würde, waren wir kurz davor, bestimmte mediale Grenzen zu erforschen: Der Redakteur und die beiden Kameramänner konnten Nancy Reagan dabei zusehen, wie ihr von mir zugesehen wurde, oder ich konnte Nancy Reagan dabei zusehen, wie ihr die drei Fernsehleute zusahen, oder einer der Kameramänner konnte einen Schritt zurücktreten und eine *Cinéma-vérité*-Studie davon machen, wie wir zusahen und wie uns dabei von den anderen zugesehen wurde. Ich hatte den starken Eindruck, daß wir etwas sehr Aufschlußreichem auf der Spur waren, die Wahrheit über Nancy Reagan in 24 Bildern pro Sekunde, aber der Redakteur entschied sich dafür, das

Besondere an diesem Moment zu übersehen. Er schlug vor, daß wir Nancy Reagan dabei zusehen sollten, wie sie im Garten Blumen pflückt. »Das ist doch etwas, was Sie normalerweise auch tun, oder?« fragte er. »Ja, tatsächlich«, sagte Nancy Reagan mit Schwung. Nancy Reagan sagt fast alles mit Schwung, vielleicht, weil sie früher Schauspielerin war und die Angewohnheit unerfahrener Schauspielerinnen hat, auch in die nebensächlichste Bemerkung so viel dramatische Emphase zu legen, wie normalerweise an einem Dienstagmorgen in der 45. Straße von Sacramento niemals verlangt würde. »In der Tat«, ergänzte sie dann, als würde sie uns mit einer erfreulichen Nachricht überraschen, »in der Tat, ich brauche *wirklich* Blumen.«

Sie lächelte jeden von uns an, und jeder von uns lächelte zurück. Wir alle hatten an diesem Morgen schon ziemlich viel gelächelt. »Und dann«, sagte der Redakteur nachdenklich und musterte den Eßtisch, »auch wenn Sie im Moment da schon ein schönes Arrangement stehen haben, könnten wir doch so tun, als würden Sie sie erst hindrapieren, verstehen Sie, die Blumen.«

Wieder lächelten wir uns alle an, und dann ging Nancy Reagan entschlossen in den Garten, ausgerüstet mit einem dekorativen Korb, der einen Durchmesser von ungefähr fünfzehn Zentimetern hatte. »Ähm, Missis Reagan«, rief ihr der Redakteur hinterher. »Darf ich fragen, was an Blumen Sie pflücken wollen?«

»Tja, ich weiß nicht«, sagte sie und blieb mit ihrem Korb auf der Gartentreppe stehen. Die Szene folgte jetzt ihrer eigenen Choreographie.

»Glauben Sie, Sie könnten Rhododendron gebrauchen?«

Nancy Reagan sah kritisch zu einem Rhododendronbusch hinüber. Dann drehte sie sich zum Redakteur um und lächelte. »Wußten Sie, daß es jetzt eine Nancy-Reagan-Rose gibt?«

»Äh, nein«, sagte er. »Wußte ich nicht.«

»Sie ist schrecklich schön, sie ist irgendwie, irgendwie korallenfarben.«

»Wäre die ... die Nancy-Reagan-Rose etwas, was Sie eventuell jetzt pflücken könnten?«

Ein silbern perlendes Gelächter. »Ich könnte sie sicherlich *pflücken*, aber ich könnte sie nicht *gebrauchen.*« Eine Pause. »Was ich gebrauchen *kann*, ist Rhododendron.«

»Schön«, sagte der Redakteur. »Sehr schön. Jetzt werde ich eine Frage stellen, und wenn Sie da einfach eine Knospe abknipsen könnten, während Sie antworten ...«

»Eine Knospe abknipsen«, wiederholte Nancy Reagan und nahm ihren Platz vor dem Rhododendronbusch ein.

»Wir sollten einen Testlauf machen«, sagte der Kameramann.

Der Redakteur sah ihn an. »Mit anderen Worten, Testlauf heißt, du willst, daß sie das Abknipsen der Knospe nur vortäuscht.«

»Ja, täuschen Sie es vor«, sagte der Kameramann. »Täuschen Sie es vor.«

3.

Seit Tagen war auf das Miramar Hotel in Santa Monica ein schwerer, subtropischer Regen niedergegangen. Der Regen ließ die blasse Farbe von Hotels und Pensionen, die entlang der Ocean Avenue am Pazifik liegen, noch mehr abblättern. Das Wasser strömte die blanken Fenster leerstehender Büros herab, lockerte den weichen Sand der Steilküste und betonte den charakteristischsten Zug von Santa Monica noch stärker, diese Atmosphäre desillusionierter Verlassenheit, die vermuten läßt, daß dieser Ort nur als Illustration eines Booms überlebt, der im Bankrott endete, als Beweis irgendeines irreversiblen Fehlers in der

Laisser-faire-Ethik von Kleinunternehmen. Für das United States Junior Chamber, eine Art Handelskammer für 21- bis 35jährige, schien Santa Monica auch bei phantasievoller Betrachtung ein reichlich exzentrischer Ort zu sein, um dort einen nationalen Kongreß zu veranstalten. Doch da waren sie, ein paar tausend Delegierte und ihre Frauen, die sich im Miramar Hotel zu einer nicht abreißenden Folge von Vortragsbanketten, Preisverleihungsmittagessen, Gebetsfrühstücken und Foren herausragender junger Männer eingefunden hatten. Soeben wurde das Mittagessen des Präsidenten gegeben, und alle hörten einer lebhaften Gruppe von Sängern zu, die sich Die Neue Generation nannten, und ich beobachtete, wie die hübsche junge Frau eines Delegierten schlechtgelaunt in ihrem Essen stocherte. »Soll doch jemand anderes diesen Schlabber essen«, sagte sie plötzlich, und ihre Stimme durchbrach nicht nur die hehren Allgemeinplätze dieses Anlasses, sondern auch das George M. Cohan-Medley der Neuen Generation. Ihr Mann sah weg, und sie wiederholte, was sie gesagt hatte. Mein Nachbar links von mir drängte mich dazu, jeden Mann im Raum zu fragen, wie das United States Junior Chamber, kurz Jaycees, sein Leben geändert hätte. Ich beobachtete die junge Frau am anderen Ende der Tafel und fragte den Delegierten, wie Jaycees sein Leben verändert hätte. »Es hat meine Ehe gerettet und mein Geschäft aufgebaut«, flüsterte er. »Sie könnten tausend sehr inspirierende Geschichten direkt hier beim Mittag des Präsidenten finden.« Am anderen Ende der Tafel schluchzte die junge Frau in eine rosafarbene Serviette. Die Neue Generation marschierte ins »Superkalifragilistischexpialigorisch«. Der 32. Jaycees-Jahreskongreß zu »Amerikas zehn herausragenden jungen Männern« war eine merkwürdige und beunruhigende Art und Weise, ein paar Tage der ersten Wochen von 1970 zu verbringen.

Ich vermute, ich war auf der Suche nach jener Abstraktion nach Santa Monica gekommen, die seit kurzem als das »Mittelschichtsamerika« bezeichnet wird, ich ging dorthin, um herauszufinden, wie die Jaycees mit ihrer suggestiven Emphase, die sie der Verbesserung der eigenen Welt und des eigenen Selbst gleichermaßen entgegenbrachten, den Unwettern des Kulturschocks der vergangenen Jahre standgehalten hatten. Die Jaycees hatten bestimmte Ideen, die von beinahe allen Menschen in amerikanischen Kleinstädten und von zumindest einigen Menschen in den Großstädten geteilt wurden, so unbefangen veranschaulicht, daß sie dafür verlacht wurden, Ideen, die unhinterfragt allerdings auch von denen geteilt wurden, die über den Reklamerummel und die Eierkuchenfrühstücke und die »Road-e-os« genannten Fahrsicherheitstrainings der Jaycees nur lachten. Geschäftserfolg war das alles überragende Ideal. Man vertraute darauf, daß, wenn man sich nur von einem »Introvertierten« zu einem »Extrovertierten« wandelte, wenn man lernte »überzeugend zu reden« und »seine Arbeit zu beherrschen«, Erfolg und spirituelle Erlösung als natürliche Begleiterscheinungen folgen würden. Man näherte sich internationalen Problemen mit der Haltung, daß Entwicklungsländer nur vorübergehend notleidende Gebiete waren, denen vor allem zwischenmenschliche Hilfsprogramme fehlten. (»Die Kunde vom Bruderschaftsprogramm fegte durch Asiens wimmelnde Massen wie eine frische Meeresbrise«, begann ein Bericht der Jaycees über eines dieser Programme aus den späten fünfziger Jahren.) Schon allein deshalb, weil diese Ideen, dieses letzte Röcheln des Sozialdarwinismus, von so vielen Menschen geteilt worden waren, die sich nie darum bemüht hatten, sie zu artikulieren, fragte ich mich, wie die Jaycees jetzt dachten. Ich fragte mich, wie ihre Stimmung in einer Zeit war, in der, wie es ihr Präsident eines Tages im Miramar formulierte, »ein so großer Teil Amerikas nur das Negative zu sehen scheint«.

Zuerst dachte ich, ich sei aus dem Regen direkt in eine Zeitschleife hineingeraten: Die sechziger Jahre schienen hier nicht stattgefunden zu haben. Alle diese Jaycees mußten ihrer Definition nach zwischen 21 und 35 Jahre alt sein, aber unter ihnen schien die besorgniserregende Tendenz zu herrschen, sich direkt auf ein mittleres Alter zu verlegen. Da war diese deftige Spaßigkeit, die barocke Rhetorik einer ganz und gar anderen Generation, da waren die quälenden Versuche, soziale Konventionen zu umgehen, die eigentlich bereits in den zwanziger Jahren aufgebrochen worden waren. Die Ehefrauen waren anmutig und duldsam. Gemeinsam etwas zu trinken, bedeutete schon einen Cocktailempfang. Regen war flüssiger Sonnenschein, und die Wahl eines Tisches zum Abendessen war eine gewichtige Entscheidung. Sie wußten, daß es eine schöne neue Welt war, und sie sagten es auch. Es war Zeit, »Bruderschaft aktiv zu leben« und »unsere Viertel für Menschen aller Hautfarben zu öffnen«. Es war Zeit, »die Aufmerksamkeit auf die Städte zu lenken«, über Jugendzentren, Krankenhäuser und über das Vorbild eines schwarzen Polizei-Predigers nachzudenken, der in Philadelphia eine Sittlichkeitskampagne nach dem Muster von Miami organisiert hatte. Es war Zeit, »sich gegen die Gleichgültigkeit zu erheben«.

Das Wort »Gleichgültigkeit« kam wieder und wieder auf, ein Wort, das im Zusammenhang der letzten Jahre merkwürdig klang, und es dauerte eine Weile, bis ich begriff, was es bedeutete. Es war nicht einfach ein Wort, das von den fünfziger Jahren her erinnert wurde, als die meisten dieser Männer ihr Vokabular eingefroren hatten: Es war ein Wort, das darauf aufmerksam machen sollte, daß nicht genügend »der unsrigen« sich äußerten. Es war ein Ruf in der Wildnis, und diese resolute Entschlossenheit, so direkt an 1950 anzuknüpfen, war eine Art Zuflucht. Diesen Menschen hier war glauben gemacht worden, daß die Zukunft immer eine logische Erweiterung der Vergangenheit war, daß es immer genug an Welt und Zeit geben würde, um »Aufmerksamkeit« auf »Probleme« und »Lösungen zu lenken«. Natürlich würden sie ihre unausgeformten Ängste, daß die Welt sich verändert hatte, niemals zugeben. Natürlich würden sie sich den »modischen Zweiflern« niemals anschließen. Natürlich würden sie die »pessimistischen Experten« ignorieren. Eines Tages saß ich spätnachmittags in der Lobby des Miramar, sah zu, wie draußen der Regen fiel und der Dampf vom beheizten Pool aufstieg, und hörte eine Gruppe von Jaycees über die studentischen Unruhen diskutieren und ob die »Lösung« eventuell darin bestehen könnte, Jaycees-Gruppen auf dem Campus zu gründen. Ich dachte lange über diese erstaunliche Idee nach. Schließlich ging mir auf, daß ich einem wirklichen Untergrund zugehört hatte, den Stimmen all jener, die von der jüngeren Geschichte nicht einfach nur erschüttert waren, sondern sich persönlich von ihr betrogen fühlten. Die Zeit hätte eigentlich ihre sein sollen. Aber sie war es nicht.

1968–1970

Die Frauenbewegung

Für ein Omelett braucht es nicht nur zerschlagene Eier, sondern auch »Unterdrückte«, die das Zerschlagen übernehmen: Von Revolutionären wird angenommen, daß sie das verstanden haben, und von jeder Frau auch, was aus einundfünfzig Prozent der amerikanischen Bevölkerung eine potentiell revolutionäre Klasse macht oder eben nicht macht. Diese revolutionäre »Klasse« zu schaffen, war von Anfang an das Anliegen der Frauenbewegung, und daß sich die öffentliche Diskussion so hartnäckig um Kindertagesstätten drehte, ist nur ein weiteres Beispiel für den entschiedenen Widerstand gegenüber politischen Ideen, der das Denken in diesem Land charakterisiert.

»Der neue Feminismus ist nicht bloß die Wiederbelebung einer ernsthaften politischen Bewegung für soziale Gerechtigkeit«, erklärte 1970 die feministische Theoretikerin Shulamith Firestone kategorisch. »Er ist die zweite Welle der wichtigsten Revolution der Geschichte.« Diese Absichtserklärung war eigentlich nicht mißzuverstehen, und es war kaum die einzige Erklärung dieser Art in der Literatur der Frauenbewegung. Dennoch sinnierte das Magazin *Time* in einer Sonderausgabe zum Thema »Frauen« noch 1972 launig, daß die Bewegung vielleicht erfolgreich für »weniger Windeln und mehr Dante« sorgen könnte.

Das war ein hübsches Bild, wie die Damen müßig im Wintergarten sitzen und *Lasciate ogni speranza* vor sich hin murmeln, ein Bild, das jedoch vollständig auf der weitverbreiteten Sichtweise beruhte, in der Bewegung äußere sich lediglich eine Art unausgeformte kollektive Sehnsucht nach »Erfüllung« oder »Selbstverwirklichung«, eine Sehnsucht, der jede Idee fehlte und der es allerhöchstens *pro forma* gelang, ein wohlwollendes Interesse zu erwekken. Tatsächlich jedoch gab es eine Idee, und diese Idee war marxistisch, und nur insofern es diese marxistische Idee gab, dürfte die seltsame historische Anomalie, bekannt als Frauenbewegung, überhaupt von Interesse gewesen sein. Der Marxismus war in diesem Land schon immer eine exzentrische und donquichottische Leidenschaft. Eine unterdrückte Klasse nach der anderen schien am Ende das Wesentliche zu verfehlen. Die Besitzlosen, so stellte sich heraus, strebten einfach nach Besitz. Die Minderheiten schienen zuerst vielversprechender, enttäuschten aber schließlich auch: Es zeigte sich, daß ihnen die einzelnen Streitfragen wichtiger waren als das Ganze, daß für sie das eigentliche Ziel darin bestand, freien Zutritt zu Cafés zu haben und im Bus vorn sitzen zu dürfen, statt diese Dinge als strategische Ziele zu begreifen, als Chips in einem größeren Spiel. Dem entscheidenden induktiven Sprung, der von der unmittelbaren Reform zum sozialen Ideal geführt hätte, verweigerten sie sich, und sie schafften es nicht, sich mit anderen Minderheiten zusammenzuschließen, was ebenso enttäuschend war. Stattdessen legten sie weiterhin einen Eigennutz an den Tag, der extrem beunruhigend war für all jene Macher, die von der Rhetorik der »Bruderschaft« durchdrungen waren.

Und dann, in genau diesem entmutigenden Moment, in dem niemand gewillt war, das Proletariat zu spielen, tauchte die Frauenbewegung auf und die Erfindung der Frauen als »Klasse«. Man konnte die extreme Einfachheit dieser plötzlichen Transfiguration nur bewundern. Daß mangels eines kooperierenden Proletariats eine revolutionäre Klasse einfach erfunden, eingeführt, »benannt« und auf diese Weise ins Leben gerufen werden konnte, schien so pragmatisch und zugleich so visionär, so klassisch Emerson, daß es atemberaubend war. Es bestätigte, wohin die transzendentalen Instinkte aus dem 19. Jahrhundert, kombiniert mit einer späten Lektüre von Marx und Engels, führen konnten. Beim Lesen der theoretischen Texte der Frauenbewegung dachte man nicht an Mary Wollstonecraft, sondern an Margaret Fuller und ihre edle Gesinnung, an das schnelle Fotokopieren von Richtlinien, an Tee aus Pappbechern anstelle eines Mittagessens, an dünne Regenmäntel in kalten Nächten. Wenn die Familie die letzte Burg des Kapitalismus ist, dann laßt uns die Familie abschaffen. Wenn die für die Gattung unverzichtbare Reproduktion in ihrer bisherigen Form ungerecht gegenüber Frauen war, dann laßt uns per Technologie »die ursprüngliche Ordnung der Natur« überschreiten, jene Unterdrükkung, wie Shulamith Firestone befand, »die durch die gesamte überlieferte Geschichte bis ins Königreich der Tiere zurückreicht«. *Ich akzeptiere das Universum*, hatte sich Margaret Fuller schließlich gestattet: Shulamith Firestone tat das nicht.

Sie hatte etwas von Neuengland, diese fiebrige und intellektuelle Leidenschaft. Durch den grundlegenden, feierlichen Idealismus in der Verkleidung eines radikalen Materialismus schimmerten altmodisches Selbstbewußtsein und wohlüberlegter Verzicht. Das unbeholfene, sturzflutartige Plappern wurde zum Prinzip, Stil wurde als unseriös abgelehnt. Die sprichwörtliche Bereitschaft, Eier zu zerschlagen, offenbarte sich in der Praxis nur als spitzfindiges Talent, in jedem Stein eine Predigt zu entdecken. Verbrennt die Literatur, forderte Ti-Grace Atkinson de facto, als darauf hingewiesen wurde, daß selbst im Falle einer Revolution immer noch der gesamte Korpus westlicher »sexistischer« Literatur übrigbleiben würde. Aber natürlich wurden keine Bücher verbrannt: Die Frauen dieser Bewegung waren durchaus in der Lage, an jedem noch so störrischen Material didaktische Korrekturen vorzunehmen. »Eltern sollten Interpreten von Mythen werden«, riet Letty Cottin Pogrebin in einer Ausgabe von *Ms.* »Jedes Märchen, jede Kindergeschichte kann abschnittsweise im kritischen Gespräch mit Ihrem Kind gerettet werden.« Andere Literaturexperten gaben Ratschläge zur Rettung anderer Bücher: Isabel Archer in *Bildnis einer Dame* mußte nicht länger Opfer ihres eigenen Idealismus sein. Sie wurde stattdessen zum Opfer einer sexistischen Gesellschaft, eine Frau, die »die konventionelle Definition einer Hausfrau internalisiert« hatte. Die Erzählerin in Mary McCarthys Roman *Sie und die Anderen* war als »versklavt zu betrachten, da sie darauf besteht, sich über einen Mann zu definieren.« Ebenso diente Mary McCarthys Roman *Die Clique* von nun an der Illustration dessen, »was mit Frauen geschieht, die erstklassige Mädchenschulen besuchen – unterrichtet in Philosophie und Geschichte – und dann dazu bestimmt sind, Kinder zu stillen und auf höchstem Niveau zu kochen«.

Der Gedanke, Literatur könne eine gewisse nicht auflösbare Uneindeutigkeit besitzen, schien diesen Frauen nie zu kommen, konnte er auch kaum, denn Literatur steht Ideologien meistens feindselig gegenüber. Sie hatten eine Klasse erfunden; jetzt mußten sie diese Klasse nur noch mit einem Bewußtsein ausstatten. Sie bedienten sich dazu einer politischen Strategie, die darin bestand, gemeinsam Zeugnis abzulegen, und die zuerst »Gruppengespräch« hieß, später dann »Bewußtseinsbildung« und die laut der britischen Feministin Juliet Mitchell eine therapeutisch orientierte amerikanische Version einer chinesischen Revolutionspraxis war, die »Bitterkeit reden« genannt wurde. Sie reinigten sich und schlossen sich zu neuen Gruppen zusammen und reinigten sich wieder, sie diskutierten besorgt ihre Fehler, das »elitäre Denken« hier, das »Karrieredenken« da. Es wäre bloßer Moralismus gewesen, einen Teil ihres Denkens als stalinistisch zu bezeichnen: Natürlich war es das. Ebenso sinnlos wäre es gewesen, darüber zu reden, ob diese Frauen »recht« oder »unrecht« hatten, unsinnig, sich beim Offensichtlichen aufzuhalten, bei der moralischen Vergröberung, die soziale Idealismen häufig nach sich ziehen. An die »gute Sache« zu glauben, heißt zwangsläufig, die Moral zeitweilig auszuschalten. Fragen Sie irgendeinen marxistischen Denker, wie viele Engel auf einen Stecknadelkopf passen, und Sie werden zu hören bekommen, daß es nicht um die Engel gehe, sondern um die Frage, wer die Produktion der Stecknadeln kontrolliere.

Denen von uns, die sich weiterhin vor allem der Auslotung moralischer Vielschichtigkeiten und Mehrdeutigkeiten verpflichtet fühlen, mag die feministische Theorie als ein besonders beschränkter und überdrehter Determinismus erschienen sein. Dennoch war sie ernstgemeint, und für diese hochgespannten Idealistinnen muß es in gewisser Weise beunruhigender gewesen sein als für die Zuschauer, den Bereich des Gedruckten zu verlassen und sich in Dick Cavetts Talkshow wiederzufinden. Sie wurden gehört und doch nicht richtig gehört. Endlich wurde ihnen Aufmerksamkeit geschenkt, aber diese Aufmerksamkeit blieb im Sumpf des Trivialen stecken. Sogar die Klügsten der Bewegung fanden sich in öffentlichen Diskussionsrunden wieder, in denen übellaunig über die Ungerechtigkeit des Abwaschens und die nicht tolerierbare Demütigung, von Bauarbeitern auf der Sixth Avenue angestarrt zu werden, gesprochen wurde. (Diese Beschwerde war insofern nicht untypisch, als in jeder dieser Diskussionen immer ein unhinterfragter Ms.-Scarlett-Tonfall mitschwang, der andeutete, daß man es hier mit fragilen, hochgezüchteten Blumen zu tun hatte, die schon dadurch verletzt wurden, daß sie »angesprochen« wurden, natürlich immer von dreisten Proleten.) Die Frauen zählten die blankgescheuerten Pfannen auf, die Hosen, die sie gereinigt hatten, die Handtücher, die sie vom Badezimmerboden gesammelt, die Wäsche, die sie im Leben gewaschen hatten. Kochen war nichts als eine »Schweinearbeit«, und die Bekundung einer gewissen Freude daran galt als Beweis dafür, daß die Frau sich in die ihr aufgezwungene Arbeit fügte. Kleinkinder waren nichts als verhaßte Automaten zum Verschütten und Verdauen von Nahrungsmitteln, die den Frauen ihre »Freiheit« raubten. Von Simone de Beauvoirs gewichtiger und verstörender Erkenntnis, daß die Rolle der Frauen die der »anderen« ist, war es ein langer Weg hin zu der Ansicht, der erste Schritt, diese Rolle zu verändern, bestünde in einem Ehevertrag wie dem von Alix Kate Shulman (»Frau zieht Betten ab, Mann bezieht Betten wieder«), ein Vertrag, der in *Ms.* abgedruckt wurde, aber genau diese Trivialisierung war die Richtung, in die die Frauenbewegung zu treiben schien.

Natürlich war diese Litanei von Belanglosigkeiten für die Frauenbewegung anfangs entscheidend, eine Schlüsselstrategie, um Frauen zu politisieren, die darauf konditioniert waren, ihre Ressentiments sogar vor sich selbst zu verheimlichen. Mrs. Shulmans Entdeckung, daß sie weniger Zeit als ihr Mann zu haben schien, war genau die Saite, die die Frauenbewegung in allen Frauen zum Klingen bringen wollte (der Moment, »in dem es klick! macht«, wie Jane O'Reilly das beschrieb), aber solche Entdeckungen blieben völlig fruchtlos, solange man die größeren Zusammenhänge nicht sehen wollte, den induktiven Sprung vom Privaten zum Politischen nicht wagte. Die Woche in Stunden einzuteilen, in denen die Kinder ihre »persönlichen Fragen« jeweils an das eine oder das andere Elternteil richten sollten, mag die Ehe von Mr. und

Mrs. Shulman verbessert haben oder nicht, aber die Verbesserung von Ehen macht noch keine Revolution. Es mag sehr nützlich sein, Hausarbeit mit Lenin als »die unproduktivste, barbarischste und mühsamste Arbeit, die eine Frau machen kann« zu bezeichnen, aber nur dann, wenn das der erste Schritt in einem politischen Prozeß ist, in dem eine Klasse zu ihrer Rolle »erwacht«, nützlich nur als Metapher: In den späten sechziger und den frühen siebziger Jahren in den USA jedoch zu glauben, diese Worte hätten buchstäbliche Bedeutung, hieß nicht nur, die Frauenbewegung im Privaten verharren zu lassen, sondern auch einem schweren Selbstbetrug zu unterliegen.

Als die feministische Literatur über jene Frauen nachzudenken begann, die die ideologischen Voraussetzungen der Bewegung nicht wirklich verstanden, hatte man mehr und mehr den Eindruck von Verharren und Selbstbetrug und vor allem davon, daß das Bohren der Theoretikerinnen nur auf geistige Verkrustungen gestoßen war, die sich aus Aberglauben, kleinen Spitzfindigkeiten, aus Wunschdenken, Selbstverachtung und bitteren Phantasien gebildet hatten. Selbst bei oberflächlicher Lektüre war in dieser Literatur sofort ein trauriges Phantasma erkennbar; eine konstruierte Jederfrau, mit der sich die Autorinnen allzu umfassend zu identifizieren schienen. Dieses allgegenwärtige Konstrukt Frau war jedermanns Opfer, sich selbst ausgenommen. Sie wurde sogar von ihrem Gynäkologen gequält, den sie vergeblich um Verhütungsmittel anbettelte. Aber gerade die Verhütungsmittel brauchte sie dringend, weil sie bei jeder Verabredung mit einem Mann vergewaltigt wurde, weil sie von ihrem Ehemann und schließlich auch während der Abtreibung vom behandelnden Arzt vergewaltigt wurde. Als spitze Schuhe in Mode waren, ließ sie sich »wie viele Frauen« lieber die Zehen amputieren. Von der Werbung der Kosmetikindustrie wurde sie derart beeinflußt, daß sie »große Teile« des Tages verschlief, um den Falten vorzubeugen, und sobald sie erwachte, wurde sie von der Putzmittelwerbung im Fernsehen versklavt. Sie schickte ihre Tochter in einen Kindergarten, in dem die kleinen Mädchen in der »Puppenecke« kuschelten und gewaltsam davon abgehalten wurden, mit Bausteinen zu spielen. Falls sie arbeitete, wurde sie »drei- bis zehnmal schlechter bezahlt« als ein Mann im selben Beruf, der (immer) unqualifiziert war, konnte nicht an Geschäftsessen teilnehmen, weil es sie »bloßstellte«, mit einem Mann in der Öffentlichkeit gesehen zu werden, der nicht ihr Ehemann war, und falls sie allein reiste, mußte sie sich entscheiden zwischen der Demütigung eines Restaurantbesuchs oder »einem Doughnut im Hotelzimmer«.

Diese Halbwahrheiten wurden durch ständiges Wiederholen glaubhaft. Die bitteren Phantasien folgten ihrer eigenen Logik. Nach dem Offensichtlichen zu fragen – warum sie sich keinen anderen Gynäkologen suchte, keinen anderen Beruf, warum sie nicht aufstand und den Fernseher abschaltete oder, das seltsamste Detail, warum sie in Hotels abstieg, in denen es beim Zimmerservice nur Doughnuts gab –, hieß nur, dieser Argumentation auf ihrem eigenen, gespenstischen Niveau zu begegnen, ein Niveau, das nur auf entfernteste und unglücklichste Weise damit in Beziehung stand, was es tatsächlich bedeutete, eine Frau zu sein. Daß viele Frauen Opfer von Erniedrigung, Ausbeutung und sexueller Stereotypisierung sind, war ebensowenig eine Neuigkeit wie die Tatsache, daß andere es nicht sind: Niemand zwingt eine Frau, das ganze Paket zu kaufen.

Aber natürlich ging es hier um etwas anderes als darum, sich gegen »Diskriminierung« zu wehren oder die »Stereotypisierung« der eigenen sexuellen Rolle abzulehnen. Es schien verstärkt so, als würde erwachsene Sexualität als solche abgelehnt: Wieviel reiner war es doch, ewig Kind zu bleiben. An Darstellungen lesbischer Beziehungen, die hin und wieder in der Literatur der Frauenbewegung erscheinen, überrascht immer wieder, mit welchem Nachdruck von der überlegenen »Zärtlichkeit« der Beziehung, von der »Sanftheit« der sexuellen Verbindung die Rede ist, als wären die Beteiligten verwundete Vögel. Die Schmälerung von Durchsetzungsfähigkeit als »Macho-Gehabe« hat eine solche Verbreitung erfahren, daß man sich unwillkürlich mehrere Millionen Frauen vorstellt, die zu zerbrechlich sind, um mit einem heterosexuellen Mann auch nur annähernd klarzukommen. So wie sich angesichts des »Entsetzens und des Abscheus«, der Frauen in der Nähe von Baustellen befiel, der unbeabsichtigte, aber unvermeidliche Eindruck einstellte, daß es sich hier um Kreaturen handelte, die zu »zart« waren für die Rauhheit des Alltags, zu zerbrechlich für die Straße, so stellte sich in der späteren Literatur der Frauenbewegung der Eindruck ein, es ginge um Frauen, die zu »empfindsam« für die Schwierigkeiten des Erwachsenenlebens und überhaupt nicht gerüstet waren für die Realität, Frauen, die die Bewegung als rationalen Freibrief verstanden, diese Realität zu leugnen. Den kurzlebigen Schmerz aus Angst und Verlust, der mit der Menstruation einhergeht, gibt es eigentlich gar nicht: Wir dachten immer nur, daß es ihn gibt, weil uns das ein chauvinistischer Psychiater eingeredet hat. Keine Frau braucht nach einer Abtreibung Alpträume zu haben: Ihr wurde nur eingeredet, daß sie welche haben sollte. Die vermeintliche Macht der Sexualität ist nur ein Unterdrückungsmythos, der nicht länger gefürchtet werden muß, denn worauf eine sexuelle Verbindung eigentlich hinausläuft, erfahren wir aus dem Bericht einer Frau über ihre nacheheliche Affäre, die als befreit und befreiend dargestellt wird: Es geht um »Scherze und

Lachen« und »zusammenliegen und dann aufspringen und spielen und das gesamte Liederbuch der *Sesamstraße* durchsingen«. Die eigentliche Ahnung, was es bedeutet, eine Frau zu sein, der unüberbrückbare Unterschied – das Gefühl, sein innerstes Leben eigentlich unter Wasser zu verbringen, die dunkle Verbindung zu Blut, Geburt und Tod –, konnte jetzt für ungültig erklärt werden, für unnötig, *wir haben es überhaupt nie gefühlt*.

Es wurde uns nur eingeredet, und jetzt gilt es, sich umzuprogrammieren, sich neu zu gestalten und wieder zu jenen unberührten und fleckenlosen kleinen Mädchen aus der Tampax-Werbung zu werden. Immer häufiger hört man die sehnsüchtigen Stimmen der ewig Jungen, Frauenstimmen, die nicht von ihrer gesellschaftlichen Stellung als Frau gezeichnet sind, sondern davon, daß sich ihre Kinderträume nicht erfüllt und Erwartungen als Irrtümer herausgestellt haben. Gegenüber Susan Edmiston hat es angeblich »niemand auch nur erwähnt, daß du, sobald du sagst ›Ich will‹, nicht etwa ewige Liebe schwörst, sondern dich einem System von Rechten, Pflichten und Verantwortungen verschreibst, das zum Bannfluch deiner liebsten Überzeugungen werden kann«. Für Ellen Peck bedeutet »die Geburt von Kindern allzu oft die Zerstörung der Romantik, den Verlust der Freiheit, die Aufgabe von Idealen zugunsten finanzieller Gesichtspunkte«. Eine junge Frau, die auf dem Cover der *New York* vorgestellt wird als »Die Hausfrau aus der Kleinstadt, die an die Versprechen der Women's Lib glaubte und in die Großstadt kam, um sie zu leben«, erzählt uns, an welche Versprechen sie glaubt: »Die Möglichkeit, die glänzenden Lichter und die Kultur des Big Apple zu erleben, ja. Die Möglichkeit zum Wettbewerb, ja. Aber vor allem die Möglichkeit, Spaß zu haben. Spaß ist doch das, was gefehlt hat.«

Ewige Liebe, Romantik, Spaß. Der Big Apple. Das sind

Erwartungen, die unter erwachsenen Menschen relativ selten vorkommen, unter Kindern jedoch häufig, und es zerreißt einem das Herz, über diese Frauen in ihren mutigen neuen Leben zu lesen. Eine geschiedene Frau und Mutter von drei Kindern berichtet von ihrem Plan, sich »ihre Schulmädchenträume zu erfüllen. Ich gehe nach New York und werde eine berühmte Schriftstellerin. Oder eine Journalistin. Wenn das nicht klappt, suche ich mir einen Job in einem Verlag.« Sie erwähnt eine Freundin, eine andere junge Frau, die »nie etwas anderes war als Tochter, Ehefrau und Mutter« und die sich gerade »als talentierte Töpferin entdeckt«. Der kindliche Einfallsreichtum – ein Job in einem Verlag, eine Töpferin! – verblüfft. Die astrale Unzufriedenheit mit dem jeweiligen Leben, dem jeweiligen Mann und die Leugnung der Möglichkeiten von realer erwachsener Sexualität, berührt mehr, als Worte zu sagen vermögen. »Es ist das Recht der Unterdrückten, ihre Unterdrückung so zu verstehen, *wie sie sie sehen und definieren*«, beharren die Theoretikerinnen zäh auf ihrem Versuch, das Problem dieser Frauen zu lösen, und um sich selbst davon zu überzeugen, daß das, was da vor sich geht, noch immer ein politischer Prozeß ist, aber das Menetekel steht bereits an der Wand. Diese Konvertiten wollen keine Revolution, sondern »Romantik«, sie interessiert nicht die Unterdrückung der Frau, sondern die Chance auf ein neues Leben in exakt der gleichen Form wie das alte. In gewisser Weise erzählen sie uns traurigere Dinge darüber, was die Kultur ihnen angetan hat, als die Theoretikerinnen es je vermochten, und ich vermute, sie erzählen uns außerdem, daß die Frauenbewegung nicht länger ein Anliegen ist, sondern ein Symptom.

1972

Georgia O'Keeffe

»Wo ich geboren wurde, und wo und wie ich gelebt habe, ist unwichtig«, teilt uns Georgia O'Keeffe in ihrem Buch aus Bildern und Worten mit, das in ihrem neunzigsten Lebensjahr herauskam. Sie scheint uns nahelegen zu wollen, das schöne Gesicht auf dem Stieglitz-Foto zu vergessen. Sie scheint die ziemlich herablassende Romantik von sich weisen zu wollen, die ihr zu jenem Zeitpunkt anhaftete, eine Romantik, die von ihrem extrem guten Aussehen, dem fortgeschrittenen Alter und ihrer selbstgewählten Einsamkeit herrührte. »Nur das, was ich aus dem gemacht habe, wo ich gewesen bin, sollte von Interesse sein.« Ich erinnere mich an einen Nachmittag im August 1973 in Chicago, als ich meiner Tochter, die damals sieben war, zeigte, was Georgia O'Keeffe aus dem gemacht hatte, wo sie gewesen war. Eine der gewaltigen Leinwände mit O'Keeffes »Himmel über Wolken« floß an diesem Tag über die hintere Treppe des Chicago Art Institute, überflutete das, was aussah wie mehrere Etagen leeren Lichts, und meine Tochter sah sie, rannte zum Treppenabsatz und konnte nicht aufhören, sie zu betrachten. »Wer hat das gemalt«, flüsterte sie nach einer Weile. Ich sagte es ihr. »Ich muß mit ihr reden«, sagte sie schließlich.

Meine Tochter ging an diesem Tag in Chicago vollkommen unbewußt von einer ziemlich grundsätzlichen Annahme über Menschen und ihre Arbeit aus. Sie nahm an, daß sich der Glanz, den sie in der Arbeit sah, in ihrem Schöpfer widerspiegelte, daß das Gemälde die Malerin war, so, wie das Gedicht die Dichterin ist, daß jede Entscheidung, die man allein trifft – jedes gewählte oder verworfene Wort, jeder ausgeführte oder nicht ausgeführte Pinselstrich –, den Charakter enthüllt. *Stil ist Charakter.* An diesem Nachmittag schien es mir, als hätte ich selten eine so instinktive Art der Anwendung dieses vertrauten Prinzips erlebt, und ich erinnere mich daran, wie froh ich war, nicht nur darüber, daß es meine Tochter war, die Stil als Charakter wahrnahm, sondern auch darüber, daß es Georgia O'Keeffes besonderer Stil war, den sie auf diese Weise wahrnahm: Es war eine harte Frau, die hier ihre 18 Quadratmeter Wolken über Chicago gehängt hatte.

»Härte« ist nicht gerade eine Qualität, die in unserem Jahrhundert an Frauen bewundert wird, und in den letzten zwanzig Jahren wurde sie auch an Männern offiziell nicht geschätzt. Zeigt sich Härte in sehr alten Menschen, neigen wir dazu, sie als »rauhe Schale« oder Kauzigkeit zu deuten; eine beißende Schärfe, die es aus der Ferne zu ertragen gilt. Georgia O'Keeffe ist weder »rauh« noch kauzig, wie ihre Arbeit und das, was sie darüber gesagt hat, beweisen. Sie ist hart, geradlinig, eine Frau, die sich von den Weisheiten anderer freigemacht hat und offen ist für das, was sie sieht. Sie ist eine Frau, die bereits früh die meisten ihrer Zeitgenossen als »verträumt« abtat und später einen, den sie mochte, als »sehr schlechten Maler« bezeichnete. (Und dann, offenbar um das Urteil abzumildern, ergänzte: »Ich glaube, er war überhaupt kein Maler. Er war nicht mutig, und ich bin überzeugt, daß man Mut braucht, um eine eigene Welt zu schaffen, egal, in welcher Kunst.«) Sie ist eine Frau, die ihren Bewunderern schon 1939 auf den Kopf zusagte, daß sie nicht verstanden, worum es ihr ging, und daß ihre Wertschätzung der berühmten Blumen schlicht sentimental war. »Wenn ich einen roten Hügel male«, bemerkte sie kühl in einem Ausstellungskatalog aus jenem Jahr, »sagen Sie, es wäre schade, daß ich nicht immer Blumen male. Eine Blume berührt fast jedes Herz. Ein roter Hügel nicht.« Sie ist eine Frau, die bekennen konnte, daß eines ihrer bekanntesten Gemälde – »Schädel einer Kuh: Rot, Weiß und Blau« in der Sammlung des Metropolitan Museums – mit voller Absicht aus widerständigem Spott heraus geschaffen wurde. »Ich dachte an die Großstadt-Männer, die ich an der Ostküste gesehen hatte«, schrieb sie. »Sie redeten ständig darüber, daß sie den Großen Amerikanischen Roman schreiben würden – das Große Amerikanische Theaterstück – Große Amerikanische Lyrik. ... Als ich also meinen Kuhkopf in Blau malte, dachte ich mir, ich mache ein Amerikanisches Gemälde daraus. Sie werden es nicht für groß halten mit diesen roten Streifen an den Seiten – Rot, Weiß und Blau –, aber es wird ihnen auffallen.«

Die Großstadt-Männer. Die Männer. Sie. Diese Worte tauchen wieder und wieder auf, sobald uns diese erstaunlich aggressive Frau erzählt, was in ihr vorging, als sie ihre erstaunlich aggressiven Bilder malte. Es waren diese Großstadt-Männer, die beschuldigt wurden, über ihren Blumen sentimental zu werden: »Ich brachte Sie dazu, sich Zeit zu nehmen, um sich anzuschauen, was ich gesehen hatte, und als Sie sich die Zeit nahmen und meine Blume wirklich bemerkten, haben Sie alles, was Sie zu Blumen im Kopf hatten, meiner Blume aufgeladen, und Sie schreiben über meine Blume, als würde ich denken und sehen, was Sie denken und sehen – und das tue ich nicht.« *Und das tue ich nicht.* Stellen Sie sich diese Worte gesprochen vor, und sie klingen wie *trampeln Sie nicht auf mir herum.* »Die Männer« hielten es für unmöglich, New York zu malen, also malte Georgia O'Keeffe New York. »Die Männer« hielten nicht viel von ihren leuchtenden Farben, also machte sie sie leuchtender. Die Männer sehnten sich nach Europa, also ging sie nach Texas und dann nach New Mexico. Die Männer redeten über Cézanne, »lange verwikkelte Kommentare über das ›Plastische‹ seiner Formen und Farben«, und nach Meinung dieser engelsgleichen Klapperschlange in ihrer Mitte nahmen sie einander mit ihren langen, verwickelten Kommentaren viel zu ernst. »Ich kann so ein Bild in trostlosen Farben genausogut malen wie die Männer«, erinnert sich die Frau, die sich selbst als Außenseiterin sah, eines Tages 1922 gedacht zu haben, und sie malte es: ein Bild mit einer Hütte »blaß und eintönig, und neben der Tür ein Baum«. Sie nannte diesen Akt des Grolls »Die Hütte« und zeigte ihn in ihrer nächsten Ausstellung. »Die Männer schienen es zu mögen«, berichtete sie vierundfünzig Jahre später mit ungetrübter Verachtung. »Sie schienen zu glauben, daß ich jetzt langsam mit dem Malen anfange. Das war mein einziges Bild in blassen, trostlosen Farben.«

Manche Frauen kämpfen, andere nicht. Wie viele erfolgreiche Guerillas im Krieg der Geschlechter scheint Georgia O'Keeffe schon früh ein untrügliches Gespür dafür gehabt zu haben, wer sie war, und die Gewißheit, daß sie es würde beweisen müssen. Oberflächlich betrachtet, wuchs sie konventionell auf. Als Kind spielte sie in der Prärie von Wisconsin mit Porzellanpuppen und malte Wolken mit Wasserfarben, weil die Sonne schwer zu malen war, und hörte mit ihrem Bruder und den Schwestern jeden Abend Geschichten über den Wilden Westen, die ihre Mutter vorlas, Geschichten über Texas, Kit Carson und Billy the Kid. Erwachsenen gegenüber sagte sie, daß sie Künstlerin werden wolle und war verlegen, wenn sie gefragt wurde, was für eine Künstlerin sie werden wolle: Sie hatte keine Ahnung, »was für eine«. Sie hatte keine Ahnung, was Künstler machten. Sie hatte nie ein Gemälde gesehen, das sie interessierte, außer einer Federzeichnung der Jungfrau Athene in einem der Bücher ihrer Mutter, einigen auf Stoff gedruckten Märchen-Bildern, einem Tafelüberzug, auf dem ein kleines Mädchen mit rosa Rosen zu sehen war und einem Bild mit reitenden Arabern, das im Wohnzimmer ihrer Großmutter hing. Mit dreizehn, in einem Dominikanerkloster, war sie tief gekränkt, als eine Ordensschwester ihre Zeichnung verbesserte. Am Bischöflichen Institut Chatham in Virginia malte sie Flieder und schlich sich allein nach draußen, um die Konturen der Blue Ridge Mountains am Horizont zu betrachten. An der Kunsthochschule in Chicago war sie von der Anwesenheit lebender Modelle schockiert und wollte den Anatomie-Unterricht abbrechen. An der Kunstschule Art Students League in New York erklärte ihr ein Kommilitone, daß er ein großer Maler werden, sie aber am Ende nur Malerei in einer Mädchenschule unterrichten würde und daß deshalb keine ihrer Arbeiten so wichtig war, wie ihm Modell zu stehen. Ein anderer übermalte eine ihrer Arbeiten, um ihr zu zeigen, wie die Impressionisten Bäume gemalt hatten. Sie hatte nie zuvor gehört, wie die Impressionisten Bäume gemalt hatten, und es war ihr ziemlich egal.

Mit vierundzwanzig ließ sie alle diese Meinungen hinter sich und ging nach Texas, wo es keine Bäume zu malen gab und niemanden, der ihr sagte, wie man sie nicht malte. In Texas gab es nur den Horizont, nach dem sie sich sehnte. In Texas lebte ihre Schwester Claudia eine Weile bei ihr, und spätnachmittags liefen sie aus der Stadt hinaus in Richtung Horizont und sahen den Abendstern aufgehen. »Der Abendstern faszinierte mich«, schrieb sie. »Das war irgendwie sehr aufregend. Meine Schwester hatte ein Gewehr, und während wir liefen, warf sie Flaschen in die Luft und schoß auf so viele, wie sie konnte, bevor sie zu Boden fielen. Für mich gab es nichts als das

Laufen, nirgendwohin, und die weite Leere des Sonnenuntergangs und diesen Stern. Zehn Aquarelle entstanden von diesem Stern.«

In gewisser Weise ist Claudia, die Schwester mit dem Gewehr, ebenso faszinierend wie Georgia, die Malerin mit dem Stern, aber nur die Malerin hat uns dieses glänzende Werk hinterlassen. Zehn Aquarelle entstanden von diesem Stern.

1976

Doris Lessing

Wer innerhalb kurzer Zeit sehr viel von Doris Lessing liest, wird das Gefühl haben, daß der leibhaftige »Jagdhund des Himmels« im Oberstübchen eingezogen ist. Alle anderen Gäste des Geistes werden leidenschaftlich verachtet. Zum Essen kommt sie nur herunter, um sonstige geistige Hausarbeiten wie die, gut zu schreiben, als dekadent abzutun. Seit mehr als zwanzig Jahren hält sie in einer Sturzflut von Texten, die immer stärker einer sturen Wut über die bloße Idee des Fiktionalen zu entspringen scheinen, jede Erschütterung ihres emotionalen Warnsystems, jeden Ausrutscher in ihrer Selbsterziehung fest. *Sehen Sie*, verlangt sie ohne Unterlaß, eine Missionarin, der jede Ironie, außer der schulmeisterlichen fehlt: *Die Kommunistische Partei ist nicht die Antwort. Es gibt ein Leben jenseits des vaginalen Orgasmus. Der Heilige Johannes vom Kreuz war nicht so blöd, wie euch manche Anglikaner glauben machen wollten.* Sie kommt schwer auf Ideen, und wenn sie eine am Kragen gepackt hat, traktiert sie sie mit viktorianischer Verbissenheit.

Daß sie eine Schriftstellerin mit beachtlicher erzählerischer Kraft ist, eine »geborene« Schriftstellerin von Dreiserschem Format, eine, die mit geschlossenen Augen eine Situation allein durch die pure Kraft ihrer Gefühlsenergie »wiedergeben« kann, scheint beinahe ein Schandfleck in ihrem Bewußtsein zu sein. Sie betrachtet ihre dichterische Begabung so, wie sie auch ihre biologische Beschaffenheit betrachtet: als einen weiteren Trick, sie in die Falle zu locken. Sie will nicht »gut schreiben«. Ihre dumpfe Mißachtung selbst einfachster Sprachrhythmen, ihr arrogant schlechtes Gehör für Dialoge – das alles spielt für sie überhaupt keine Rolle. Mehr und mehr schreibt Mrs. Lessing ausschließlich im Dienst einer unmittelbaren kosmischen Reform: Sie will wie die Schriftstellerin Anna im *Goldenen Notizbuch* nur schreiben, um »eine neue Möglichkeit, das Leben zu sehen, zu schaffen«.

Betrachten wir *Anweisung für einen Abstieg zur Hölle*. Hier legt uns Mrs. Lessing einen Roman vor, der ausschließlich aus »Ideen« besteht, keinen Roman über das Spiel von Ideen im Leben bestimmter Figuren, sondern einen Roman, in dem die Figuren nur Statisten sind, die eine Idee präsentieren. Die Situation im Roman ist folgende: Ein gutgekleideter, aber verwirrter Mann mit Amnesie wird aufgegriffen, als er in der Nähe der Waterloo Bridge in London herumirrt. Er wird von der Polizei in eine Psychiatrische Klinik gebracht, wo man versucht ihn zu identifizieren, was von seiner Seite aus mit totaler Gleichgültigkeit verfolgt wird. Es handelt sich um Charles Watkins, Professor für Klassische Literatur an der Universität Cambridge. Eine Autorität auf seinem Gebiet, der gelegentlich auch Vorträge zu allgemeineren Themen hält. Seit kurzem stottert er. Seit kurzem neigt er zu alptraumhaften Abenden, an denen er nicht nur seine eigene, sondern alle akademischen Disziplinen als »Schweinsfraß« beschimpft. Ein fünfzigjähriger Mann, der schließlich einen Knacks bekommt, und mit diesem Knacks Mrs. Lessings Überzeugung verkörpert, daß »die Millionen, die einen Knacks haben«, den »Knacks dort bekamen, wo endlich das Licht durchscheinen kann«. Denn natürlich hat der »Unsinn«, den Charles Watkins in der Klinik von sich gibt, zwar nicht für die Ärzte, aber doch für die Leser eindeutig »Sinn«.

Charles Watkins nimmt die innere Wirklichkeit der Menschen ringsum so scharfsichtig wahr, daß sich *Anwei-*

sung für einen Abstieg zur Hölle häufig wie eine selektive Fallstudie aus einem R. D. Laing-Buch liest. Die Wirklichkeit, die Charles Watkins beschreibt, ist jedem vertraut, der schon mal hohes Fieber hatte, am Rande der totalen Erschöpfung war oder ganz grundsätzlich nur marginal am alltäglichen Leben. Er erlebt den Verlust des Egos, die Ahnung der rein stofflichen Natur aller Materie, die »Einheit« der Dinge, die immer knapp hinter der Grenze des kontrollierten bewußten Denkens zu liegen scheint. Er halluziniert oder »erinnert sich« an die Beschaffenheit des Universums. Er »erinnert sich« – oder steht kurz davor, sich zu erinnern, bevor die Elektroschocks sein Gedächtnis auslöschen und ihn wieder zur »Vernunft« bringen – an so etwas wie »Instruktionen« zum Leben auf der Erde.

Die Details dieser Instruktionen wurden von Mrs. Lessing eingefügt, die nur allzu erleichtert gewesen sein dürfte, die Anstrengung, eine Figur zu entwickeln, hinter sich lassen und wieder in ihren eigenen, eher mahnenden Ton verfallen zu können. Stellen Sie sich eine interplanetarische Konferenz vor, abgehalten auf der Venus, um noch einmal die Probleme des selbstzerstörerischen Planeten Erde durchzudiskutieren. (Daß extraterrestrisches Leben schon der Definition nach einer höheren Ordnung angehört als unser eigenes Leben, ist ein Einfall, der Kinder und auch viele Schriftsteller tröstet.) Die Vorgehensweise sieht folgendermaßen aus: Gewisse höher stehende Lebewesen steigen auf die Erde mit der ihnen eingetrichterten Aufgabe herab, den Planeten aus seiner Torheit aufzurütteln. Diese Emissäre haben, wenn sie einmal auf der Erde sind, keine Erinnerung an ihr früheres aufgeklärtes Leben. Nur langsam begreifen sie, in welcher Mission sie da sind. Sie erkennen einander nur vage und erinnern sich nicht, warum. Wir sollen natürlich verstehen, daß Charles

Watkins einer von denen ist, die zu uns herabgestiegen sind, ob buchstäblich oder metaphorisch, und daß er jetzt, jedenfalls solange er der Therapie widerstehen kann, seine Mission begriffen hat. Das ist die anfängliche Offenbarung dieses Buches, und es wird die einzige bleiben.

Auch wenn man in Betracht zieht, daß Mrs. Lessing gern allen Ideen *tabula rasa* entgegentritt, haben wir es hier nicht gerade mit überraschendem Stoff zu tun. Die Idee, daß im Verrückten Vernunft steckt, daß jenseits des Wahnsinns die Wahrheit liegt, durchzieht nicht nur die westliche Literatur in beträchtlichem Ausmaß, sondern auch die Drogenexperimente einer ganzen Generation, so allgemeingültig ist sie bereits geworden. Was Mrs. Lessing über die kulturelle Definition von Geisteskrankheit denkt, spiegelt häufig nur wider, was Laing dachte oder kommt dem zumindest nah, und doch war diese Idee bereits so weit verbreitet, daß man noch nicht einmal behaupten könnte, Laing habe sie populär gemacht: Seine Neuerung bestand allein darin, daß er sie aus dem Bereich des instinktiven Wissens herausgeholt und in den begrenzten Kontext der psychiatrischen Therapie eingeführt hat. Obwohl Mrs. Lessing den Inhalt von *Anweisung für einen Abstieg zur Hölle* offenbar für so erstaunlich hielt, daß sie sich gezwungen sah, ein klärendes Nachwort hinzuzufügen, eine zweiseitige Parabel über die Ignoranz gewisser Psychiater an großen Londoner Universitätskliniken, hatte sie sich doch schon zuvor mit diesem Material beschäftigt. In *Das Goldene Notizbuch* notiert sich Anna für eine Geschichte folgendes: »Ein Mann, dessen Realitätssinn verlorengegangen ist und der deswegen einen tieferen Sinn für Realität besitzt als ›normale‹ Menschen.« Als Mrs. Lessing *Die viertorige Stadt* beendete, hatte sie ihre These verfeinert: Lynda Coldridges tieferer Sinn für die Realität ist nicht das Resultat ihres Wahnsinns, sondern seine Erklärung. Dieser Gedanke wird auf den letzten dreihundert Seiten von *Die viertorige Stadt* so ausführlich behandelt, daß man annehmen könnte, Mrs. Lessing habe seine literarischen Möglichkeiten mehr oder weniger erschöpft.

Aber sie interessierte sich immer weniger für die literarischen Möglichkeiten, und da stoßen wir auf den Bruch. »Wenn ich es als künstlerisches Problem ansähe, wäre es leicht, nicht wahr?« sagt Anna zu ihrer Freundin Molly im *Goldenen Notizbuch*, als eine Art Erklärung, warum sie keine Lust mehr habe, ein neues Buch zu schreiben. »Wir könnten so unheimlich intelligente Gespräche über den modernen Roman führen.« Das mag sogar auf die Leser ein wenig simpel wirken, die willens sind, Annas spätere Behauptung zu übersehen, sie könne nicht schreiben, weil ein »chinesischer Bauer« ihr über die Schulter sieht. (»Oder einer von Castros Guerilla-Kämpfern. Oder ein Algerier, der in der F. L. N. kämpft.«) *Madame Bovary* hat uns mehr über das bourgeoise Leben erzählt als mehrere Generationen von Marxisten, aber es scheint wenig Zweifel daran zu geben, daß Flaubert das als ein künstlerisches Problem betrachtet hat.

Daß Mrs. Lessing das nicht tut, ist ihr spezielles Dilemma. Wir erleben hier eine Schriftstellerin, die ein profundes und kontinuierliches kulturelles Trauma durchläuft, eine Frau von entschieden utopischen und ausgesprochen teleologischen Neigungen, die auf Schritt und Tritt bedroht werden durch neue Beweise dafür, daß die Welt sich nicht wirklich wie versprochen zum Besseren wandelt. Und aufgrund dieser besonderen geistigen Beschaffenheit ist sie angesichts der Beweise gezwungen, noch frenetischer nach einem letzten Grund zu suchen, nach der eindeutigen Antwort.

Zu Anfang war ihre Suche weniger besessen. In Südrhodesien hatte sie genau jenes rigide bäuerliche Leben unauslöschlich geprägt, das aus seinen exilierten Kindern leicht Geschichtenerzähler macht. Außer Bildern eines Himmels, der so leer, und einer Gesellschaft, die so starr war, daß schon das leiseste Zittern in einem von beidem erwähnenswert ist, hatte ihr Britisch-Afrika auch eine Wahrnehmung mitgegeben, die den Rest ihres Lebens bestimmen sollte: Für lange Zeit konnte sie alles, was sie sah, im Sinne von »Ungerechtigkeit« interpretieren, nicht nur die Ungerechtigkeit von Weißen gegenüber Schwarzen, von Kolonialisten gegenüber Kolonialisierten, sondern die generellen Ungerechtigkeiten von Klasse und besonders von Geschlecht. Sie wuchs mit dem Wissen auf, was starre Grenzen Frauen antun können und was die Frauen wiederum den Männern antun, die sie dort festhalten. In all ihren Erinnerungen konnte sie diese »Stimme der leidenden Frau« hören, die von Mutter zu Tochter weitergegeben wurde, in einer endlosen Kette, die nur mit hohen Kosten zu durchbrechen war.

Über diese Erinnerungen schrieb sie ihren ersten Roman, *Afrikanische Tragödie*, nach vollkommen traditionellen Erzählkonventionen. Die Wirklichkeit war *hier* und wartete darauf, von einem allwissenden Erzähler wahrgenommen zu werden. Die *Afrikanische Tragödie* war gut konstruiert, relativ gewissenhaft in der Einhaltung eines bestimmten Tons und beruhte auf einer Welt der Konstanten. Die Figuren bewegten sich durch ihre Welt, ohne sich des Wissens, das Autorin und Leser teilten, bewußt zu sein. Kurz: Der Roman war alles, was Mrs. Lessing als »falsch« und »ausweichend« ablehnte, als sie später *Das Goldene Notizbuch* schrieb. »Warum nicht einfach niederschreiben, was heute zwischen Molly und ihrem Sohn geschah?« fragt sich Anna. »Warum schreibe ich nicht einfach nieder, was geschieht? Warum führe ich kein Tagebuch? Offenbar setze ich alles nur ins Fiktive um, weil ich etwas vor mir verbergen will ... Ich werde ein Tagebuch führen.«

Es dürfte schwierig sein, sich eine Figur vorzustellen, die noch ungehemmter um sich selbst kreist, die noch deutlicher als die Stellvertreterin der Autorin zu erkennen ist als Anna Gould in *Das Goldene Notizbuch*. Das ganze Anliegen des Romans besteht darin, die konventionelle Distanz von Fiktion zu zerstören, jeden Unterschied zwischen Kröte und Garten zu leugnen, »einfach niederzuschreiben, was geschieht«. Nennen Sie die Autorin Anna Gould oder nennen Sie sie Doris Lessing; *Das Goldene Notizbuch* ist das Tagebuch einer Autorin unter Schock. Da ist sie also nun in London, im Jahr 1950. Eine junge Frau, die entschlossen ist, sich ein Leben als »freie Frau« zu erkämpfen, als »Intellektuelle«. Sie kommt aus einer einfachen Gesellschaft und gerät in etwas hinein, das Robert Penn Warren einmal als Erschütterung der Welt bezeichnet hat, und stellt gewisse Unklarheiten in den Antworten fest, die ihr in Afrika noch so klar schienen. Ihre Erwartungen strahlen einen klugen und altmodischen Mut aus. Ihre Ernüchterungen sind nur allzu vertraut. Der schiere Wille, der granitharte Ehrgeiz überdeckt im *Goldenen Notizbuch* alles andere. Große, rohe Brocken unverdauter Erfahrung, unlektorierte Mitschriften dessen, was zwischen Molly und ihrem Sohn heute geschah, überwältigende Erinnerungen und die Verwerfung dieser Erinnerungen als sentimental, das Bröckeln einer Empfindsamkeit, die das eigene Empfinden zum erstenmal in Frage stellt: Das alles fließt direkt aus dem Kopf der Erzählerin in den Kopf der Leser und zwar unter bewußter Mißachtung der Beschaffenheit der Worte dazwischen. Die Erzählerin erschafft »Figuren« und »Szenen« nur, um ihre Gültigkeit zu leugnen. Sie rügt sich selbst dafür, daß sie angesichts einer grundsätzlichen Unsicherheit an der »Sicherheit« ihrer Erinnerung festhält. Mrs. Lessing geistert durch *Das Goldene Notizbuch* als eine Frau, die von Zweifeln gejagt wird, nicht nur daran, was sie erzählen soll, sondern auch an der Gültigkeit, es überhaupt zu erzählen.

Und doch machte sie weiter mit dem Schreiben und dem Schreiben von Literatur. Erst am Schluß des fünfbändigen Werkes *Kinder der Gewalt* spürte man ein Nachlassen dieses Zwangs sich zu erinnern und eine Metastasierung dieser kognitiven Gier nach Antworten. Sie hatte bis dahin alles mögliche verschwinden sehen, hatte jede Menge Antworten für sich in Anspruch genommen und wieder verloren. Die organisierte Politik war unter den ersten Dingen, die verlorengingen. Der Freudsche Determinismus schien mit ihr unvereinbar. Das Afrika ihrer Erinnerung war ein anderes Land. Die Stimme, die sie am tiefsten spürte, die Stimme von Frauen, die ihre Beziehungen untereinander und ihre Beziehungen zu Männern zu definieren versuchten, wurde zuerst schrill, und dann, als diese Stimme von der »Frauenbewegung« vereinnahmt und auf sie reduziert wurde, entglitt sie schließlich Mrs. Lessings Aufmerksamkeit. Sie war von allen diesen Antworten betrogen worden, und dennoch bestand ihre einzige Reaktion darauf darin, nur immer besessener nach einer weiteren Antwort zu suchen. Daß sie mit dieser Besessenheit wohl kaum allein dasteht, ist das, was ihre Suche so interessant macht: Der Antrieb, letzte Antworten finden zu wollen, ist nicht allein Mrs. Lessings Dilemma, sondern der vorherrschende Antrieb ihrer Zeit. Es ist kein Antrieb, den ich selbst sehr schätze, aber ihre Beharrlichkeit hat schlußendlich etwas sehr Bewegendes.

1971

In Hollywood

»Du kannst Hollywood für selbstverständlich halten«, erzählt Cecilia Brady den Lesern in *Die Liebe des letzten Tycoon*, »oder du kannst es abtun mit jener Verachtung, die wir für das übrig haben, was wir nicht verstehen. Man kann es verstehen, aber nur verschwommen und momentweise. Nicht mal ein halbes Dutzend Männer ist je imstande gewesen, die gesamte Gleichung der Bilder im Kopf zu haben.«

In dem Maße wie *Die Liebe des letzten Tycoon* von Hollywood »handelt«, handelt der Roman nicht etwa von Monroe Stahr, sondern von Cecilia Brady, was jeder, der die Gleichung der Bilder auch nur verschwommen und momentweise versteht, sofort begreifen wird: Die Monroe Stahrs kommen und gehen, die Cecilia Bradys dagegen sind die zweite Generation, die Überlebenden, die Erben einer Gemeinschaft, deren Sitten und Gebräuche so ausgeklügelt, strikt und trügerisch sind wie die jeder anderen, die auf diesem Kontinent ersonnen wurde. Im Winter lodern in den großen Häusern der Überlebenden am Benedict Canyon den ganzen Tag Eichenholzscheite und Eukalyptus im Kamin, die französischen Fenster sind weit für die subtropische Sonne geöffnet, die Zimmer sind gefüllt mit weißen Phalaenopsis- und Cymbidium-Orchideen, mit Gobelinteppichen und dem unvermeidlichen Duft von Rigaud-Kerzen. Die Dinner-Gäste piksen mit Vermeil-Gabeln in gegrillten Fisch und Endiviensalatblättchen an *Vinaigrette*, verzichten auf das Dessert, begeben sich in den Vorführraum, und machen es sich mit einer Alka-Seltzer im Baccarat-Glas bequem, um *Pferdewechsel in der Hochzeitsnacht* anzusehen.

Nach dem Film diskutieren die Frauen eine rituelle halbe Stunde lang die transatlantischen Ausflüge von Bekannten, die innere Ruhe, die ihnen Gymnastikkurse und Ballettstunden verschaffen, und den Nutzen von Papierservietten am Strand. Nicht wenige von ihnen scheinen sich infolge eines chronischen Schocks in eine flatterhafte Überdrehtheit hineingesteigert zu haben. *Virginia Woolf* von Quentin Bell war in diesem Winter ein viel diskutiertes Ereignis, genau wie die Chinesischen Akrobaten, die kürzlichen Besuche von Bianca Jagger in Los Angeles und die Eröffnung einer Filiale des exklusiven Damen-Mode-Geschäfts Bonwit Teller in Beverly Hills. Die Männer diskutieren Filme, Bruttoeinnahmen, den neuesten Abschluß, den letzten Stand an der Talentfront. »Mal ehrlich«, hörte ich eines Abends jemanden über einen Regisseur sagen, dessen Film wenige Tage zuvor herausgekommen war und lauen Umsatz machte. »Letzte Woche stand er noch für Profit.«

Solche Abende sind vor Mitternacht zu Ende. Solche Paare gehen immer gemeinsam. Sollte es Eheprobleme geben, bleiben sie so lange unerwähnt, bis eine der beiden Hauptpersonen beim Mittagessen mit einem Anwalt gesehen wird. Sollte Krankheit im Spiel sein, wird sie so lange verschwiegen, bis das präfinale Koma eintritt. Diskretion heißt »guter Geschmack«, und Diskretion heißt auch gutes Geschäft, denn im Geschäft von Hollywood gibt es schon genug Unwägbarkeiten, als daß man auch noch jenen Spielern die Würfel in die Hand geben wollte, die zu abgelenkt sind, um sich auf die Handlung zu konzentrieren. Es ist eine Gemeinschaft von Leuten, deren beträchtliche Ausschweifungen praktisch nie das Fleisch oder den Alkohol betreffen: Heterosexuelle Seitensprünge werden weniger toleriert als anständig geschlossene homosexuelle Lebenspartnerschaften oder gut organisierte Liaisons zwischen Frauen mittleren Alters. »Eine schöne lesbische Beziehung, die normalste Sache der Welt«, höre ich Otto Preminger insistieren, als mein Mann und ich Zweifel daran äußerten, daß die Heldin in Premingers Film, dessen Drehbuch wir schrieben, eine solche haben sollte. »Sehr leicht zu arrangieren und gefährdet die Ehe nicht.«

Luxus wie Flirts zwischen Männern und Frauen und Drinks nach dem Essen bleiben hauptsächlich Charakterdarstellern aus New York vorbehalten, Star-Autoren, Filmkritikern, die von Produzenten hofiert werden, und einigen anderen, die die *mise* der örtlichen *scène* nicht durchschauen. In den Häusern der Erben ist der Erhalt der Gemeinschaft von höchster Bedeutung und aufs engste mit den Studios verzahnt, mit Paramount oder Universal, Columbia, Fox, mit Metro und Warner's. Genau dieser Überlebenstrieb ist es, der Hollywood manchmal den Anschein verleiht, die einzige noch vorhandene stabile Gemeinschaft zu sein.

Vor kurzem erlitt der Regisseur einer laufenden Produktion eines Nachmittags in einem Studio, in dem mein Mann zu tun hatte, einen Herzinfarkt. Um sechs Uhr abends wurde der Zustand des Regisseurs in der Dampfsauna der Führungskräfte diskutiert.

»Ich habe das Krankenhaus angerufen«, sagte der Produktionschef des Studios. »Ich habe mit seiner Frau gesprochen.«

»Hört euch an, was Dick alles gemacht hat«, forderte einer der anderen Männer in der Dampfsauna. »War das nicht nett von ihm?«

Diese Episode veranschaulicht etwas von der sozialen Realität in Hollywood, aber kaum einer von denen, die nichts mit dem Filmgeschäft zu tun haben, versteht sie, wenn ich davon erzähle. Zunächst einmal kommt ein »Studio« vor, und Leute außerhalb des Filmgeschäfts sind in der Illusion gefangen, daß »Studios« in der heutigen Zeit nichts mehr mit dem tatsächlichen Dreh eines Films zu tun hätten. Sie haben den Begriff »unabhängige Produktion« aufgeschnappt und stellen sich vor, daß er das bedeutet, was die Worte sagen. Sie haben von »runaways« gehört, Hollywood-Filmen, die aus Kostengründen im Ausland gedreht werden, von »leeren Filmateliers«, und sie haben eine »Totenglocke« nach der anderen für das Filmgeschäft läuten hören.

Eigentlich jedoch machen die byzantinischen, aber sehr effizienten Geschäftspraktiken der Filmindustrie diese Art der Rhetorik noch viel bedeutungsloser, als sie klingt: Die Studios stellen noch immer einen Großteil des Geldes. Die Studios kontrollieren noch immer den gesamten Verleih. Als Gegenleistung für Finanzierung und Verleih einer durchschnittlichen »unabhängigen« Produktion bekommt das Studio nicht nur den größten Teil (wenigstens die Hälfte) vom Gewinn, den der Film einbringt, sondern, noch wichtiger, auch 100 Prozent dessen, was der Film bis zu einem Punkt einspielt, der »break even« oder »Ausgleich« genannt wird, eine willkürliche Zahl, gewöhnlich das 2,7fache oder 2,8fache der Kosten des Films.

Am allerwichtigsten ist, daß der »break even« nie wirklich den Punkt bezeichnet, an dem die Kosten einer Produktion wirklich ausgeglichen sind: Dieser Punkt ist, außer auf dem Papier, schon lange vorher erreicht, da das Studio bereits 10 bis 25 Prozent des gesamten Budgets für »Fixkosten« erhalten hat, außerdem Miet- und andere Gebühren für diverse der Produktionsfirma erbrachte Serviceleistungen und während der gesamten Laufzeit des Films einen Betrag erhält, der sich auf ungefähr ein Drittel der gesamten Einspielsumme des Films beläuft, die sogenannte »Verleih«-Abgabe. Mit anderen Worten: Schon im Risiko selbst steckt ein nicht unbeträchtliches Einkommen, und aus Perspektive des Studios ist häufig jener Film der ideale, dessen Umsatz einen Dollar unterhalb des »break even« bleibt. Es existieren noch ausgefeiltere Modelle, wie man mittels Buchführung überleben kann, aber diese wurden hauptsächlich in Chicago und Las Vegas ersonnen.

Dennoch verläßt jeder, der über Hollywood schreibt, die Ebene der wirtschaftlichen Realität und schlüpft in eine anschaulichere Metapher, gewöhnlich in eine aus der Paleontologie, siehe John Simon: »Ich werde hier nicht die wohlbekannten Fakten wiederholen, die zeigen, wie das Filmgeschäft daran zugrunde ging, daß es zu aufgebläht, zahnlos und veraltet geworden war – wie all die anderen Dinosaurier vor Äonen Jahren …« Dieses Vokabular vom Aussterben ist so überzeugend (Simon vergaß die obligatorische Anspielung auf die La-Brea-Asphaltgruben), daß mir Gäste von außerhalb permanent versichern, die Studios seien »Leichenschauhäuser«, sie hätten »dichtgemacht«, und »im neuen Hollywood« habe das »Studio keine Macht mehr«. Doch, hat es.

Januar in der einzigen noch vorhandenen stabilen Gemeinschaft. Ich weiß nur deshalb mit empirischer Sicherheit, daß Januar ist, weil wilder Senf die Hügel mit einem kräftigen Gelb lasiert und es vor jedem Bungalow von Goldwyn und Technicolor Weihnachtssterne gibt und viele Leute aus Beverly Hills im Spa-Hotel La Costa und in Palm Springs sind und viele Leute aus New York im Beverly Hills Hotel.

»Diese ganze Stadt ist tot«, sagte mir einer der Gäste aus New York. »Ich habe gestern kurz bei der Polo Lounge vorbeigeschaut, der Laden war eine Einöde.« Er sagt mir das jedesmal im Januar, und jedesmal im Januar sage ich ihm, daß die Leute, die hier leben und arbeiten, nicht in Hotelbars gehen, weder vor noch nach dem Abendessen, aber er scheint seine Version zu bevorzugen. Eigentlich fallen mir nur drei New Yorker außerhalb des Filmgeschäfts ein, deren Version von Hollywood überhaupt auf irgendeine Weise der Realität dieses Ortes entspricht, Johanna Mankiewicz Davis, Jill Schary Robinson und Jean Stein vanden Heuvel, respektive die Töchter des verstorbenen Drehbuchautors Herman Mankiewicz, des Produzenten und früheren Produktionschefs von Metro, Dore Schary, und schließlich des Gründers der Amerikanischen Musikgesellschaft und der Universal Pictures, Jules Stein. »Wir mögen keine Fremden in Hollywood«, sagte Cecilia Brady.

Tage vergehen. Gäste kommen an, erkunden die Polo Lounge und reisen wieder ab, in ihrer Überzeugung bestätigt, in ein kunstvoll getarntes Katastrophengebiet geraten zu sein. In der morgendlichen Post ist die Abrechnung zu einem Film von 20th Century Fox, an dem mein Mann und ich mit »Punkten« oder Prozenten beteiligt sind. Der Film hat 1 367 224,57 Dollar gekostet. Bis jetzt wurden 947 494,86 Dollar eingespielt. Bei flüchtigem Subtrahieren mag man der Abrechnung entnehmen, daß der Film 400 000 Dollar unterhalb des »break even« liegt, aber das stimmt nicht: Die Abrechnung besagt, daß der Film genau 1 389 112,72 Dollar unterhalb des »break even« liegt. »1 389 112,72 Dollar ungedeckt« steht, wörtlich, unter dem Strich.

Anstatt darüber zu sinnieren, warum eine Unternehmung, die eine Million dreihunderttausend gekostet und beinahe eine Million wieder eingebracht hat, immer noch mit einer Million dreihunderttausend in den roten Zahlen ist, beschließe ich, zum Friseur zu gehen und die Fachpresse zu lesen, und erfahre, daß der Film *Die Höllenfahrt der Poseidon* vier Millionen Dollar pro Woche einspielt, daß Adolph »Papa« Zukor seinen 100. Geburtstag mit einem von Paramount gesponserten Festessen begehen wird und daß James Aubrey, Ted Ashley und Freddie Fields für die Weihnachtstage zusammen ein Haus in Acapulco gemietet haben. In diesem Augenblick der Handlung ist James Aubrey Metro-Goldwyn-Mayer. Ted Ashley ist Warner Brothers. Freddy Fields ist Creative Management Associates, First Artists und Directors Company. Die Spieler werden wechseln, aber das Spiel bleibt dasselbe. Unter dem Strich ist das Überleben von Adolph »Papa« Zukor gesichert, das von James Aubrey, Ted Ashley und Freddie Fields allerdings noch nicht.

»Hör mal, ich habe da eine wirklich wunderbare Geschichte«, sagt der Mann, der mir die Haare schneidet. »Stell dir eine vor, Typ Dominique Sanda, noch unbekannt. *Comprenez* so weit?«

So weit *comprends*. Der Mann, der mir die Haare schneidet, sucht wie jeder andere in dieser Gemeinschaft die Action, das Spiel, ein paar Chips zum Setzen. In diesem großen Kasino hier braucht niemand Kapital. Man braucht nur diese wirklich wunderbare Geschichte. Oder, wenn einem keine wirklich wunderbare Geschichte einfällt, 500 Dollar, um sich mit der Hälfte einer 1000-Dollar-Option an dem wirklich wunderbaren, aber (mal ehrlich) schon drei Jahre alten Eigentum eines anderen zu beteiligen. (Ein Buch oder eine Geschichte gilt nur so lange als »Eigentum«, bis der Abschluß getätigt wurde; danach gilt es als »Ausgangsmaterial«, so wie in »ich habe das Material zu *Gatsby* noch nicht gelesen«.) Es stimmt, die Tore des Kasinos stehen heute nicht mehr so weit auf wie 1969, im Sommer und im

Herbst 1969, als die Studios wie betäubt waren von dem, was *Easy Rider* einspielte, und alles, was es brauchte, um einen Film zu machen, ein Budget von 750 000 Dollar war, ein Billig-Team von NABET oder auch nur ein nicht gewerkschaftlich organisiertes Team und dieses sagenhafte 22jährige Kind von Regisseur. Wie sich herausstellte, wurden die meisten dieser Filme wie üblich mit einem Team von IATSE und nicht von NABET gedreht und kosteten wie üblich nicht siebenfünfzig, sondern eine Million zwei, und viele fanden keinen Verleih und wurden ad acta gelegt.

Demzufolge gab es einen wirklich schlechten Sommer hier, und zwar den Sommer des Katzenjammers von 1970, als niemand das Tor passieren durfte, der nicht eine Zusage von Barbra Streisand hatte.

Das war der Sommer, in dem all die sagenhaften 22jährigen Regisseure zum Fernsehen zurückkehrten, um wieder Werbespots zu drehen, und all die kreativen 24jährigen Produzenten die Zeit bis zum Ablaufen des Mietvertrags ihrer Büros bei Warner Brothers damit verbrachten, draußen in Burbanks trübem Sonnenlicht zu sitzen und vor dem Mittagessen zu kiffen und sich nach dem Mittagessen gegenseitig die Filme zu zeigen, die keinen Verleih gefunden hatten. Aber diese Phase ist vorbei, und das Spiel läuft wieder, Gelder für die Produktion sind verfügbar, und ob ein Abschluß zustande kommt oder nicht, hängt nur von der wirklich wunderbaren Geschichte und den richtigen Faktoren ab. Die Faktoren sind wichtig. »Wir mögen die Faktoren«, sagen sie in den Studios, wenn sie vorhaben, den Abschluß eventuell zu tätigen. Deshalb erzählt mir der Mann, der mir die Haare schneidet, seine Geschichte. Eine Autorin könnte einer dieser Faktoren sein. Ich höre zu, weil ich einerseits ein unfreiwilliges, andererseits ein geneigtes Publikum bin, nicht nur beim Friseur, sondern auch im großen Kasino.

Dieser Ort macht aus jedem einen Spieler. Der Geist, der hier herrscht, ist schnell, obsessiv, oberflächlich. Die Action selbst ist die Kunst, und sie wird in ästhetische Begriffe gefaßt: »Ein sehr phantasievoller Abschluß«, sagen sie oder: »Er schreibt die originellsten Verträge im Filmgeschäft.« Wie in allen Gemeinschaften, deren Hauptbeschäftigung das Spiel ist, ist auch in Hollywood die sexuelle Energie niedrig, man ist unfähig, den Beschäftigungen der Außenwelt mehr als nur eine symbolische Aufmerksamkeit zu widmen. Die Action ist alles, sie vereinnahmt stärker als Sex, ist unmittelbarer als Politik und grundsätzlich wichtiger als die Akquise von Geld, die für den Spieler niemals der wahre Sinn der Übung ist.

Ein Agent erzählt mir am Telefon, er habe auf seinem Schreibtisch einen Scheck für einen Klienten, der sich auf über 1 275 000 Dollar beläuft; der Anteil dieses Klienten an den ersten Gewinnen eines laufenden Films. Letzte Woche wurde mir im Büro eines anderen Agenten ein anderer derartiger Scheck gezeigt, diesmal über 4 850 000 Dollar. Jedes Jahr gibt es ein paar dieser Schecks in der Stadt. Ein Agent sagt von so einem Scheck, daß er »auf meinem Schreibtisch« liegt oder »auf dem Schreibtisch von Guy McElwaine«, als würde die exakte Positionsbestimmung dem Stück Papier Glaubwürdigkeit verleihen. In einem Jahr handelt es sich um die Schecks zu *Asphalt Cowboy* und *Butch Cassidy*, im nächsten um die Schecks zu *Love Story* und *Der Pate*.

Diese Schecks sind auf seltsame Weise nicht »real«, kein wirkliches Geld in dem Sinne, wie ein Scheck über tausend Dollar real ist; niemand »braucht« 4 850 000 Dollar, und es ist auch kein Einkommen, mit dem man planen kann. Stattdessen ist es die unerwartete Gewinnauszahlung eines Würfelspiels, bei dem die Würfel ein oder zwei Jahre zuvor gefallen sind, und die Realität des Schecks hat sich nicht nur durch den Zeitsprung, sondern auch durch die Tatsache verändert, daß niemand je mit dieser Auszahlung gerechnet hat. Ein Vier-Millionen-Dollar-Glücksfall hat etwas von Monopoly-Geld, aber das konkrete Papier, das die Ziffern tatsächlich trägt, hat in dieser Gemeinschaft totemische Bedeutung. Die Schecks sind die Totems der Action. Sobald ich von diesen Totems höre, denke ich automatisch an Sergius O'Shaughnessy, der manchmal glaubte, was er sagte, und versuchte, sich in der sehr realen Sonne von Desert D'Or mit seinen Kakteen, seinen Bergen und mit seinem leuchtendgrünen Blattwerk aus Liebe und Geld davon zu kurieren.

Da von jedem Überlebenden angenommen wird, er stehe in einem rituellen und glückbringenden Verwandtschaftsverhältnis zu den anderen innerhalb dieser Gemeinschaft, bekommt auch das Geburtstagsessen von Adolph »Papa« Zukor totemische Bedeutung. Robert Evans, Produktionschef bei Paramount, beschreibt es als »einen der denkwürdigen Abende in unserer Branche ... Nie zuvor hat jemand die Hundert erreicht.« Lieder aus alten Paramount-Filmen werden während des Essens gespielt. Jack Valenti bezeichnet den Ehrengast als »den lebenden Beweis der Filmwelt, daß es zwischen uns und unserer Vergangenheit eine Verbindung gibt«.

Zukor selbst, der im *Who's Who* als »Film-Prod.« bezeichnet wird und von der *Daily Variety* als jemand, »der fest auf die Philosophie vertraut, daß der heutige Tag der erste vom Rest unseres Leben ist«, erhebt sich nach dem Essen, um seinem Glauben an die Zukunft der Filmindustrie und seiner Freude über die letzten Gewinne von Paramount Ausdruck zu verleihen. Vielen der Anwesenden hat Adolph »Papa« Zukor in den vergangenen Jahren Gelegenheit zum Grollen gegeben, aber in dieser Nacht macht sich unter ihnen eine ergebene Wärme breit, die Erkenntnis, daß sie einander noch auf ihren Beerdigungen begegnen werden. Diese zeremonielle Heilung älterer und jüngerer Verletzungen gehört ebenso zum Alltag der Überlebenden wie das Verletzen selbst. Dieses Verletzen heißt »ein bißchen Spaß haben«. »Laß uns Nick besuchen, ich glaube, wir werden ein bißchen Spaß haben«, hörte David O. Selznick seinen Vater sagen, als dieser auf dem Weg zu Nick Schenk war, um ihm zu verkünden, daß er ihm fünfzig Prozent des Gewinns an *Ben Hur* vorenthalten würde.

Der Winter schreitet voran. Mein Mann und ich fliegen mit unserer Tochter für einige Tage nach Tucson, um uns wegen eines Drehbuchs mit einem Produzenten am Drehort zu treffen. Abends gehen wir essen: Die Babysitterin erzählt mir, daß sie für ihren behinderten Sohn ein signiertes Foto von Paul Newman besorgt hat. Ich frage sie, wie alt ihr Sohn ist. »Vierunddreißig«, sagt sie.

Wir sind für zwei Tage gekommen, bleiben aber vier. Wir verlassen das Hilton Inn kaum. Für jeden, der an der laufenden Produktion beteiligt ist, wird das Leben am Drehort noch zwölf Wochen so weitergehen. Der Produzent und der Regisseur sammeln Gürtel der Navajo-Indianer und sprechen jeden Tag mit Los Angeles, New York und London. Sie bereiten andere Filmgeschäfte vor, andere Action. Wenn dieser Film in die Kinos kommt und in der Zeitung besprochen wird, werden sie an anderen Drehorten in anderen Städten sein. Ein Film, der in die Kinos kommt, ist Vergangenheit. Ein Film, der in die Kinos kommt, verschwindet gewöhnlich aus dem Gedächtnis derjenigen, die ihn machten. So wie der Scheck über vier Millionen nur das Totem der Action ist, so ist der Film in vielerlei Hinsicht nur das Nebenprodukt der Action. »Damit werden wir ein bißchen Spaß haben«, sagt der

Produzent, als wir Tucson verlassen. »Ein bißchen Spaß haben« ist auch die Bezeichnung der Action selbst.

Ich teile diese Beobachtungen hier mit, um darauf hinzuweisen, daß viel von dem, was über Filme und Filmleute geschrieben wird, die Realität nur gelegentlich und zufällig berührt. Früher hat mich die Sicherheit verblüfft, mit der viele Autoren, die über Film schrieben, den Lesern ihre Irrtümer andrehten. Ich wunderte mich, wie leicht beispielsweise Pauline Kael solch windige Nebensätze entschlüpfen konnten wie »jetzt, wo die Studios kollabieren« oder wie sie die schwer zu durchschauenden Konventionen auf Empfängen der Filmindustrie so falsch lesen konnte, daß sie »Hollywood-Gattinnen« als Frauen charakterisierte, deren »Kiefer ganz verspannt sind von all den Nächten, in denen sie auf Parties brav dagesessen und darauf gewartet haben, ihre abgefüllten Genies mit nach Hause zu nehmen«. (Diese Phantasie, schon als solche sonderbar genug, stammt auch noch aus einer Rezension von *Alice im Wunderland*, dem Film von Paul Mazursky, der, ungeachtet seiner Schwächen, mit großer Genauigkeit ein »junges« Hollywood porträtiert, dessen tägliche Rauschgiftzufuhr bei durchschnittlich einem Glas Weißen Mondavi für drei Dollar und zwei Marihuana-Zigaretten liegt, die sich sechs Leute teilen.) Diese »abgefüllten« Ehemänner und »kollabierenden« Studios entspringen weniger dem Leben in Hollywood als vielmehr einer merkwürdigen Vorstellung vom Leben in Hollywood, die aus der Westküsten-Variante von »Playhouse 90«, einem Fernseh-Boulevardmagazin aus den fünfziger Jahren, herzurühren scheint. Es ist anzunehmen, daß Stanley Kauffmann dasselbe Fernsehmagazin im Kopf hat, wenn er von einem Regisseur wie John Huston behauptet, »der Erfolg« habe ihn »korrumpiert«.

Was läßt sich zu dieser speziellen Gesinnung sagen? Manche Leute, die über Film schreiben, scheinen schon von Natur aus derartige Schwierigkeiten mit dem zu haben, was Fellini und Truffaut den »Zirkus«-Aspekt des Filmemachens genannt haben, daß völlig außer Frage steht, daß sie die soziale oder emotionale Realität des Ganzen jemals begreifen. In diesem Zusammenhang fällt mir vor allem Kauffmann ein, der glaubt, das Zirkushafte auf gehässige Weise entlarven zu können, indem er uns aufklärt, daß der Trapezkünstler nur da oben hängt, um auf sich aufmerksam zu machen. Ich erinnere mich daran, daß er seine Leser darauf hinwies, daß Otto Preminger (derselbe Otto Preminger, der den Film *Anatomie eines Mordes* mit Joseph Welch besetzte und Louis Nizer ein Drehbuch über die Rosenbergs schreiben ließ) ein »kommerzieller Showman« sei, und sie außerdem wissen ließ, daß er den »Schwindel« in der Verfolgungsszene von *Bullitt* bemerkt habe: »So eine Verfolgungsjagd durch die Straßen von San Fransisco würde normalerweise schon viel früher mit Toten enden.«

Das merkwürdige an Kauffmann ist, daß er sich sowohl in seiner zähen Rechthaberei, als auch in seiner aufgeblasenen Diktion von vielen Leuten der Filmindustrie gar nicht unterscheidet. Er ist ein Mann, der dem schottischen Psychiater R. D. Laing »eine glühende Menschlichkeit« attestiert. Lewis Mumford ist »zivilisiert und zivilisierend« und einer, in dessen »tiefer Schuld« wir stehen, Arthur Miller ist ein »tragisch Leidender«, der nur von »den Fesseln unserer Zeit« an seiner Kunst gehindert wird. Das Vokabular stammt vom Jean-Hersholt-Preis für Humanitäre Leistungen im Film-Bereich. Kauffmann spürt in *Bullitt* nicht nur den »Schwindel« auf, sondern auch »ein möglicherweise propagandistisches Motiv«, das darin besteht, »(speziell den Jungen) zu zeigen, daß Recht und Gesetz nicht unbedingt aus Dummsdorf sind«. Das »Motiv« von *Bullitt* dürfte hauptsächlich der Beweis gewesen sein, daß mehrere Millionen Menschen drei Dollar pro Karte ausgeben, um Steve McQueen beim Rasen zuzusehen, aber Kauffmann scheint wie mein Bekannter, der aus der Polo Lounge Bericht erstattet, seine Version zu bevorzugen. »Leute aus dem Osten tun so, als würden sie sich dafür interessieren, wie Filme gemacht werden«, stellt F. Scott Fitzgerald in seinen Notizen über Hollywood fest. »Aber wenn man ihnen dann tatsächlich davon erzählt, entdeckt man ... sie sehen nie den Bauchredner, nur die Puppe. Sogar die Intellektuellen, die es besser wissen müßten, wollen lieber etwas über die Protzerei, die Extravaganzen und die Geschmacklosigkeiten hören – sag ihnen, daß Filme eine eigene Sprache haben, so wie die Politik oder die Automobilindustrie oder die Gesellschaft, und sieh dir an, was für ein leerer Ausdruck dann auf ihren Gesichtern erscheint.«

Natürlich gibt es gute Gründe für diesen leeren Ausdruck, für dieses Übelkeit erregende Unbehagen beim Film. Zu erfahren, daß der Film nichts als ein Nebenprodukt der Action ist, macht es nur noch mühsamer, das eigene Image vom »Kritiker neuer Werke« (wie Kauffmann selbst seinen Job versteht) aufrechtzuerhalten. Filmkritik ist in vielerlei Hinsicht eine so seltsam nebulöse Beschäftigung, daß sich die Frage stellt, warum das überhaupt jemand macht, mal abgesehen von den naheliegenden Möglichkeiten, hin und wieder an Vortragshonorare und zu einer kleinen Karriere zu kommen, allerdings auf einem entmutigend beschränkten Niveau. Ein fertiger Film widersetzt sich allen Versuchen herauszufinden, warum er funktioniert oder nicht: Die Verantwortung für jedes Einzelbild wird nicht nur von den Pannen und Kompromissen der Produktion verschleiert, sondern auch von den Finanzierungsklauseln. *Getaway* war der Film von Sam Peckinpah, aber Steve McQueen hatte das letzte Wort beim »Schnitt« oder die Schlußredaktion inne. *Sandkastenspiele* war der Film von Irvin Kershner, aber Barbra Streisand hatte das letzte Wort beim Schnitt. In einer Interviewreihe mit Regisseuren wurde Carol Reed von Charles Thomas Samuels gefragt, warum er bei so vielen Filmen mit demselben Cutter gearbeitet habe. »Darüber hatte ich keine Kontrolle«, sagte Reed. Samuels fragte Vittorio De Sica, ob er einen bestimmten Effekt in einem seiner Filme mit Sophia Loren nicht etwas aufgesetzt fand. »Das wurde vom zweiten Team gedreht«, sagte De Sica. »Ich führte da nicht die Regie.« Mit anderen Worten, Carlo Ponti wollte das so.

Film als ein »kollektives Medium« zu bezeichnen, beschreibt die Situation nicht wirklich. Wenn man David O. Selznicks Anweisungen an seine Regisseure, Drehbuchautoren, Schauspieler und Abteilungsleiter in seinem *Memo from David O. Selznick* liest, dann kommt man dem tatsächlichen Geist des Filmemachens schon näher, der kein Kollektivgeist ist, sondern einer des bewaffneten Konflikts, in dem einer der Kontrahenten einen Vertrag hat, der ihm nukleare Macht zusichert. Manche Kritiker legen Wert darauf, sich »das Drehbuch anzusehen«, um herauszufinden, wer den Film gemacht hat: Aber um herauszufinden, wer den Film gemacht hat, muß man sich nicht unbedingt das Drehbuch ansehen, sondern die Geschäftsvereinbarung.

Das Beste, was einem Filmkritiker dann noch einfallen kann, ist wohl, dem Gegenstand der Betrachtung eine eigene engagierte und hochinteressante Interpretation aufzuprägen, wie ein Stickmuster auf Tempotaschentücher, das einem prüfenden Blick selten standhält. »Motive« werden eingeführt, wo keine existierten; Behauptungen werden auf gewagteste Spekulationen gegründet. Vielleicht macht die

Schwierigkeit, überhaupt zu wissen, wer welche Entscheidungen bei einem Film getroffen hat, dieses Vorgehen so ratsam, daß es irgendwann jeden infiziert, der als Filmkritiker Karriere machen will; vielleicht liegt der eigentliche Fehler aber darin, diese Karriere überhaupt zu wählen. Das Besprechen neuer Filme mag so wie das Besprechen neuer Autos ein nützlicher Kundenservice sein oder auch nicht (da Menschen auf eine helle Leinwand in einem dunklen Raum in derselben geheimnisvollen und unheimlich irrationalen Art und Weise reagieren, wie auf viele sensorische Reize, neige ich dazu, diesen Service zum großen Teil für unsinnig zu halten, aber egal); aber das Rezensieren von Filmen ist schon immer auch ein Zeitvertreib für Schriftsteller gewesen, deren eigentliche Arbeit woanders stattfindet. Die etwa 400 morgendlichen Pressevorführungen, die Graham Greene in den späten dreißiger Jahren besuchte, waren für ihn »eine Flucht«, eine Lebensform, die er sich »ganz freiwillig aus Spaß« zugelegt hatte. Wenn man diesen Spaß aufbläht zu einer (wieder Kauffmann) »anhaltenden Beziehung mit einer Kunst«, kann es passieren, daß man über das Realitätsprinzip hinausschießt.

Februar in der einzigen noch vorhandenen stabilen Gemeinschaft. Vor einigen Tagen war ich in Beverly Hills zu Mittag essen. Am Nebentisch saßen ein Agent und ein Regisseur, der in diesem Moment auf dem Weg zu einem Drehort hätte sein müssen, um mit den Arbeiten an einem neuen Film zu beginnen. Ich wußte, wo er hätte sein müssen, weil über diesen Film in der ganzen Stadt geredet wurde: Sechs Millionen Dollar standen über dem Strich. Zwei Millionen für einen der Schauspieler. Eine und eine Viertel Million für einen anderen Schauspieler. Der Regisseur war mit 800 000 Dollar dabei. Das Eigentum hatte mehr als eine halbe Million gekostet; die erste Drehbuchfassung 200000 Dollar, die zweite Fassung ein bißchen weniger. Ein dritter Drehbuchautor war für 6000 Dollar die Woche ins Spiel gebracht worden. Unter den drei Autoren waren zwei Oscargewinner und ein Gewinner des New York Film Critics Award. Der Regisseur hatte für seinen vorletzten Film ebenfalls einen Oscar gewonnen.

Und jetzt saß dieser Regisseur in Beverly Hills beim Mittagessen und wollte aussteigen. Das Drehbuch stimmte nicht. Nur 38 Seiten funktionierten, sagte der Regisseur. Die Finanzierung wackelte. »Es liegt da eine Vertragsverletzung vor, und wir alle erkennen Ihr Recht auszusteigen an«, sagte der Agent vorsichtig. Der Agent vertrat viele der Geldgeber und wollte nicht, daß der Regisseur ausstieg. Auf der anderen Seite vertrat er auch den Regisseur, und der Regisseur schien unglücklich. Es war schwer festzustellen, was die einzelnen Beteiligten wollten, außer, daß die Action weiterging. »Wenn Sie aussteigen«, sagte der Agent, »dann ist die Sache gestorben, sofort, nicht, daß ich Ihre Entscheidung beeinflussen wollte.« Der Regisseur griff nach der Flasche Margaux, die sie tranken, und betrachtete das Etikett.

»Netter kleiner Roter«, sagte der Agent.

»Sehr nett.«

Ich ging, als der Sanka serviert wurde. Es war zu keiner Entscheidung gekommen. In den letzten Tagen haben viele über dieses gescheiterte Filmprojekt geredet, immer mit einer Spur des Bedauerns. Es war ein sehr originelles Geschäft gewesen, und sie waren darin so weit gegangen, wie sie konnten, und sie hatten ein bißchen Spaß gehabt, und jetzt war der Spaß vorbei, so wie er vorbei gewesen wäre, wäre der Film gedreht worden.

1973

Stille Tage in Malibu

1.

Es scheint eine der ideosynkratischsten Strandgemeinden zu sein, dreiundvierzig Kilometer Küste ohne Hotel, ohne ein anständiges Restaurant, nichts, was einem Reisenden den Dollar aus der Tasche ziehen könnte. Malibu ist kein Seebad. Niemand macht hier »Ferien« oder »Urlaub« in dem Sinne, in dem das gewöhnlich verstanden wird. Der Pacific Coast Highway, die wichtigste Straße, ist buchstäblich eine Fernverkehrsstraße, California 1, die von der mexikanischen Grenze nach Oregon führt und auf der Greyhound-Busse, Kühlwagen und sechzehnrädrige Tanklastzüge an den Fenstern von Häusern vorbeibrausen, die für über eine Million Dollar gekauft und ständig wiederverkauft werden. Das Meer vor Malibu ist weder so klar noch von so tropischer Farbe wie das Meer vor La Jolla. Die Strände von Malibu sind weder so weiß noch so breit wie der Strand von Carmel. Die Berge sind struppig und karg, bevölkert von Mountainbikern und Klapperschlangen, vernarbt von Rodungen und alten Bränden, verunstaltet von Campingplätzen für Wohnwagen. Aus diesen und anderen Gründen überrascht und enttäuscht Malibu all jene, die es zum erstenmal sehen, und doch steht dieser Name in der Vorstellung von Menschen weltweit für ein unbeschwertes Leben. Vor 1971 hatte ich noch nie an einem Ort gelebt, nach dem ein Chevrolet benannt wurde, und ich werde es wohl auch nie wieder tun.

2.

Dick Haddock, ein Familienmensch, ein Mann, der seit sechsundzwanzig Jahren den gleichen Beruf ausübt, ein Mann, der am Telefon und im Büro dieselbe klare und umgängliche Art eines Managers auf mittlerer Ebene hat, ist in jeder Hinsicht ein typischer, solider Südkalifornier. Er wohnt in San Fernando Valley, in der Nähe eines Binnen-Yachthafens und eines gepflegten Einkaufszentrums. Sein Sohn ist in der Schwimm-Mannschaft der Highschool. Seine Tochter »steht auf Tennis«. Er fährt fünfzig Kilometer zur Arbeit, hat eine Vierzig-Stunden-Woche, nimmt regelmäßig an Fortbildungen teil, um auf dem laufenden zu bleiben, und achtet auf seine Gesundheit, was man ihm ansieht. Spricht er über seinen Werdegang, dann redet er höflich in der unpersönlichen zweiten Person Singular davon, daß »du Fortschritte machen willst wie jeder andere auch«, daß »du bessere Beurteilungen bekommen willst«, daß »du noch stärker ein Gewinn für deine Abteilung sein willst« und davon, »deinen Job wirklich zu beherrschen«. Dick Haddocks Job ist seit sechsundzwanzig Jahren der eines Rettungsschwimmers beim Los Angeles County Department of Beaches, und sein Büro ist ein 190 000 Dollar teurer hellblauer Rettungsturm am Zuma-Strand im Norden von Malibu.

Es war der Morgen von Thanksgiving 1975. Ein Santa-Ana-Wind hatte sich gelegt, nachdem er drei Wochen lang aus Richtung der Mojave-Wüste geweht und 28 000 Hektar Land in Los Angeles County in Brand gesetzt hatte. Vergeblich hatten Flugzeuggeschwader Chemikalien über den Bränden abgeworfen. Interviews mit klagenden Hausbesitzern, deren Häuser ausgebrannt waren, waren zu einem festen Bestandteil der Vorabend-Nachrichten geworden. Der Rauch der Brände hatte sich mehr als hundert Kilometer über den Pazifik ausgedehnt, die Tage verdunkelt und die Nächte erhellt, und am Morgen von Thanksgiving hatte man in ganz Südkalifornien das Gefühl, zur Zeit einer gravierenden solaren Verschiebung zu leben. Es war eine jener Wochen, in denen Los Angeles auf gefährliche und atemberaubende Weise es selbst zu sein schien, der Cartoon einer Naturkatastrophe, und es war eine seltsame Woche, um sie ausgerechnet mit Dick Haddock und dem Rest der Rettungsschwimmer im Hauptquartier von Zuma zu verbringen.

Seit ich nach Malibu gezogen war, hatte ich die Rettungsschwimmer kennenlernen wollen. An manch kaltem Wintermorgen fuhr ich an Zuma vorbei und sah einige von ihnen ihre obligatorischen täglichen achthundert Meter im offenen Meer schwimmen. In manch kalter Winternacht fuhr ich an Zuma vorbei und sah andere hinter den erleuchteten Fenstern der Rettungstürme, die einzigen, die außer mir im Norden von Malibu noch wach waren. Mir schien diese Berufswahl sonderbar zu sein, eine beinahe erhebende Entscheidung, vierzig Stunden in der Woche Menschen in Seenot zu retten, und als sich am Morgen von Thanksgiving der Ruß auf die Rettungstürme am Zuma-Strand legte, bekamen die lakonische Routine und die paramilitärischen Ränge dieser Staatsdiener in roten Shorts eine andächtige, traumgleiche Unvermeidlichkeit. Da war der »Captain«, John McFarlane, ein Mann, der seine täglichen achthundert Meter bereits gelaufen und seine achthundert Meter geschwommen war und jetzt seine Brille aufsetzte, um Schreibarbeiten zu erledigen. Wäre das Wasser kälter als 13 Grad gewesen, hätte er in einem Neoprenanzug schwimmen dürfen, aber es war nicht kälter als 13 Grad, und er war wie immer in seinen roten Shorts geschwommen. Die Wassertemperatur lag bei 14 Grad. John

McFarlane ist 48. Da war »Lieutenant« Dick Haddock, der mir erzählte, daß jeder der 125 festangestellten Rettungsschwimmer (es gab noch weitere 600 Teilzeit- oder Aushilfsrettungsschwimmer) an der Los Angeles County Sheriff's Academy Masseneinsätze übt, an der California Highway Patrol Academy lernt, einen Rettungswagen zu fahren, am Medical Center der U. S. C. in Erste-Hilfe-Maßnahmen ausgebildet wird und außer den täglichen achthundert Meter Laufen und den achthundert Meter Schwimmen einmal im Monat 500 Meter zu paddeln und einen Sprung vom Pier zu absolvieren hat. Ein »Sprung vom Pier« ist genau das, wonach es klingt, und dient dazu, sich mit der starken Brandung in der Nähe der Pfähle vertraut zu machen.

Da war außerdem der Mann, der draußen auf Patrouille war.

Da war die »Truppe im Einsatzwagen«, zwei geübte Taucher und Kletterer, »bereit, jederzeit loszulegen«, in einem sogenannten »Code 3 Fahrzeug mit Rotlicht und Sirene«; zwei Männer, die an diesem Thanksgiving-Morgen allerdings nicht loslegten, sondern im Rettungsturm herumsaßen und sich im Radio anhörten, wie die Los Angeles Rams die Detroit Lions schlugen, in den grauen Horizont starrten und auf das Einsatzkommando warteten.

Das Kommando blieb aus. Die Funkgeräte und die Telefone brachten gelegentlich verrauschte Berichte über andere »Operationen«, die von der Mannschaft in Zuma überwacht wurden: die »Rettungsboot-Operation« in Paradise Cove, die »Strand-Operationen« in Leo Carrillo, Nicholas, Point Dume, Corral, Malibu Surfrider, Malibu Lagoon, Las Tunas, Topanga Nord und Topanga South. Das sind die Namen einiger öffentlicher Strände von Malibu, aber an diesem Tag im Rettungsturm am Strand von Zuma klangen sie wie Kampfgebiete während einer unsicheren Waffenruhe. Alles ruhig in Leo. Lage am Surfrider unter Kontrolle.

Die Rettungsschwimmer schienen sich am wohlsten zu fühlen, wenn sie über »Operationen« und »die Lage« redeten wie »die Lage der Funk-Überwachung« oder die »Rippströmungs-Lage«. Genauso problemlos redeten sie über »Funktionen«, wie »die Funktion, die Sicherheit unserer Position am Strand zu gewährleisten«. Wie andere Männer im Krieg hatten sie Karten, Formulare, Logbücher, Zählungen, die alle zwölf Stunden aktualisiert wurden: *1405 Rettungseinsätze in der Brandung vor Zuma zwischen dem 1. Januar 1975, 12.01 Uhr, und dem Abend von Thanksgiving, 23.59 Uhr. Weiterhin: 36 120 präventive Rettungsmaßnahmen, 872 Erste-Hilfe-Einsätze, 176 Notrufe vom Strand, 12 Wiederbelebungen, 8 See-Notrufe, 107 Boot-Warnrufe, 438 verlorene und wiedergefundene Kinder und 0 Tote*. Null. Keine Leiche. Wenn es einen Anlaß gab, das Wort »Leiche« zu verwenden, zögerte Dick Haddock und sah weg.

Im allgemeinen bevorzugten die Rettungsschwimmer eine Sprache, die so flach und poetisch war wie die im Kontrollzentrum von Houston. An diesem Morgen war alles »glatt gelaufen«. Die Mannschaft im Hauptquartier »fühlte sich gut«. Der Tag »sah gut aus«. Die Brandung in Malibu war »einen halben Meter hoch und nicht in Form«. Am frühen Morgen waren etwa hundert Surfer im Wasser gewesen, etwa hundert dieser ausgeblichenen Kinder unbestimmbaren Alters und Geschlechts, die vor Zuma auf dem Wasser schaukeln und ausschließlich von eingeschweißtem Trockenfleisch zu leben scheinen, aber mittlerweile hatten sie alle ihr Thanksgiving-Fleisch wieder eingepackt und waren zu einem besseren Surfspot weitergezogen. »Kann sich aufheizen. Könnten dann 'n paar mehr Leute gebrauchen«, sagte Dick Haddock gegen Mittag und taxierte die leeren Wachtürme. »Sollten dann so vorgehen, daß wir Turm 1 und 11 öffnen, ich würde über Funk durchgeben, wir brauchen zwei Aushilfen in Zuma, plus, ich würde einen extra Mann in Leo stationieren.«

Es heizte sich nicht auf. Stattdessen begann es zu regnen, und im Radio folgte auf das N. F. L.-Spiel am Morgen das N. F. L.-Spiel am Nachmittag, und nach einer Weile fuhr ich mit einem der Männer von der Einsatzwagentruppe nach Paradise Cove, wo die Besatzung des Rettungsbootes einen Taucher brauchte. Sie brauchten den Taucher nicht, um eine Leiche hochzuholen oder eine Mordwaffe oder eine Kiste mit gestohlener Munition oder sonst irgend etwas, für dessen Bergung vom Staat angestellte Taucher manchmal namentlich in der Zeitung erwähnt werden. Sie brauchten einen Taucher mit Sauerstoffgerät und Taucheranzug, weil sie die Schraube vom Rettungsboot abmontiert hatten und ein Metallteil von der Größe eines Zehn-Cent-Stücks in sechs Meter Tiefe verloren hatten. Ich hatte den starken Verdacht, daß sie den Taucher im Anzug vor allem deshalb brauchten, weil niemand von der Bootsbesatzung noch einmal in seinen Shorts ins Wasser wollte, um die Schraube wieder anzubringen, aber es schien ein stillschweigendes Einvernehmen darüber zu geben, daß das verlorene Teil der Grund für den Tauchgang war.

»Ich schätze, ihr wißt, daß es 14 Grad sind da unten«, sagte der Taucher.

»Du brauchst mir nicht zu sagen, wie kalt es ist«, sagte der Lieutenant auf dem Boot. Er hieß Leonard McKinley und war seit 1942 »verpflichtet« und so alt, daß er Zuma noch als »Badestrand« bezeichnete. »Wenn du das Teil gefunden hast, kannst du doch die Schraube noch für uns anbringen, oder? Wenn du einmal im Wasser bist? In deinem Anzug?«

»Dachte ich mir, daß du das sagst.«

Leonard McKinley und ich standen auf dem Boot und sahen zu, wie der Taucher verschwand. Am Morgen hatte der Ruß von den Bränden nur die Wasseroberfläche bedeckt, aber jetzt war Wind aufgekommen, und der Ruß machte das Wasser trübe. Seetang wogte auf den Wellen. Das Boot schaukelte. Aus den Funkgeräten kamen knisternd Meldungen von einer Yacht namens *Ursula*, die in Seenot war.

»Eines von den anderen Booten kümmert sich drum«, sagte Leonard McKinley. »Nicht wir. An manchen Tagen sitzen wir hier nur rum wie Feuerwehrmänner. Und ein andermal, wenn es Rippströmungen gibt, bin ich zehn Stunden am Stück draußen. Die starken gibt's im Sommer, die kommen mit schweren Wogen von Mexiko rüber. Ein Santa Ana, und schon hast du deine gekenterten Boote, erst neulich hatten wir eines, es war höchste Zeit, kam aus Santa Monica, die waren fast ertrunken, als wir sie eingesammelt haben.«

Ich versuchte mich auf das Wasser zu konzentrieren, das aussah wie grünes Glas, aber ich konnte nicht. Mir war auf den Schnellbooten bei der Überfahrt nach Catalina schlecht geworden und im Golf von Kalifornien und sogar in der Bucht von San Francisco, und jetzt wurde mir auch noch auf einem Boot schlecht, das am Ende des Piers von Paradise Cove vertäut war. Das Funkgerät meldete, daß die *Ursula* nach Marina del Rey geschleppt wurde. Ich konzentrierte mich auf die Pfähle.

»Jetzt bringt er die Schraube an«, sagte Leonard McKinley. »Wollen Sie rausfahren?«

Ich sagte, ich glaubte nicht.

»Kommen Sie ein andermal wieder«, sagte Leonard McKinley, und ich sagte, das würde ich machen, und obwohl ich es seither nicht gemacht habe, vergeht kein Tag, an dem ich nicht an Leonard McKinley denke und an Dick Haddock und daran, was sie tun, welcher Lage und welchen Operationen sie ausgesetzt sind und welch glasgrünem Wasser. Das Wasser hat heute 13 Grad.

3.

Amado Vazquez ist ein Mexikaner, der seit 1947 als Ausländer mit festem Wohnsitz in L. A. County lebt. Wie viele Mexikaner, die schon lange in der Gegend von L. A. leben, sagt er zu Mexiko »da drüben«, fühlt sich immer noch wohler, wenn er spanisch spricht, statt englisch, und strahlt in jeder seiner Bewegungen diese »andere« Art von Anstand aus, eine Korrektheit, eine kulturell bedingte Reserviertheit. Er ist kein Chicano. Er ist eher das, was Mexikaner, die in Kalifornien geboren wurden, einen »Mexikaner aus Mexiko« nennen, was als ein Wort gesprochen wird und dazu dient, genau dieses »andere« zu bezeichnen, dieses Redliche, diese konservative Persönlichkeit. Er wurde in Ahualulco, Jalisco, geboren. Im Alter von zehn Jahren machte er eine Lehre zum Friseur. Mit siebenundzwanzig kam er in den Norden, um seinen Bruder zu besuchen und Arbeit zu finden, er heiratete, wurde Vater von zwei Kindern und ist mittlerweile für eine überschaubare Zahl von Menschen, die die Besonderheit seiner Arbeit, die er in Kalifornien fand, kennen und schätzen, eine Art Legende. Als ich Amado Vazquez zum erstenmal begegnete, war er Chefzüchter bei Arthur Freed Orchids, einer Orchideenzüchterei in Malibu, die der Filmproduzent Arthur Freed gegründet hatte, und gehörte zu der Handvoll wirklich großer Orchideenzüchter in der Welt.

Ich lernte Amado Vazquez nicht deshalb kennen, weil ich mich für Orchideen interessierte, sondern weil ich Gewächshäuser mochte. Alles, was ich über Orchideen wußte, war, daß sie jemand in einem Canyon nahe meinem Haus *in Gewächshäusern* züchtete. Alles, was ich über Amado Vazquez wußte, war, daß er der Mann war, der mich im Gewächshaus allein sein ließ. Um zu verstehen, wie außergewöhnlich mir das schien, müßten Sie nach diesem besonderen Licht und der Stille von Gewächshäusern ebensosehr verlangt haben wie ich: Mein ganzes Leben hatte ich versucht, in dem einen oder anderen Gewächshaus allein zu sein und Zeit zu verbringen, und mein ganzes Leben hatte die Aufsicht des einen oder anderen Gewächshauses versucht, mich zu verscheuchen. Als ich neun war, verpaßte ich absichtlich den Schulbus, um zu Fuß nach Hause zu gehen, weil ich dann an einem Gewächshaus vorbeikam. Ich erinnere mich, daß mir in diesem Gewächshaus gesagt wurde, der Kauf eines Stiefmütterchens für ein paar Pfennige berechtige mich noch lange nicht dazu, »hier den Tag zu verbringen«, und in einem anderen sagte man mir, daß mein Atem »die Luft verbraucht«.

Und so schienen mir die Gewächshäuser in diesem Canyon in der Nähe meines Hauses fünfundzwanzig Jahre später die schönsten der Welt zu sein – das vom Wasser gefilterte Licht, die weiche tropische Luft, die stillen Wolken von Blumen –, und die Aufsicht, Amado Vazquez, war gewillt, nur die allergütigste Notiz von meiner Anwesenheit zu nehmen. Er schien davon auszugehen, daß ich meine Gründe hatte, dort zu sein. Er redete nur, um mir eine Nuß, die er gerade geknackt hatte, oder die Blüte einer Pflanze anzubieten, die er gerade beschnitt. Gelegentlich kam Arthur Freeds Bruder Hugo, der Geschäftsinhaber, mit Kunden ins Gewächshaus, ernste Männer in dunklen Anzügen, die gerade aus Taipeh oder Durban eingeflogen zu sein schienen und mit gedämpften Stimmen sprachen, als wären sie hier, um mittelalterliche Glasuren oder ungeschliffene Diamanten zu inspizieren.

Aber dann gingen die Käufer aus Taipeh oder Durban ins Büro, um das Geschäft abzuschließen, und die Stille im Gewächshaus war wieder vollkommen. Die Temperatur lag immer bei 22 Grad. Die Luftfeuchtigkeit betrug immer 60 Prozent. Große Bögen weißer Phalaenopsis zitterten über meinem Kopf. Ich lernte die Bezeichnungen der verschiedenen Kreuzungen kennen, indem ich die Schilder las, exotische Namen, deren Wert ich damals nicht verstand. *Amabilis* × *Rimestadiana = Elisabethae. Aphrodite* × *Rimestadiana = Gilles Gratiot. Amabilis* × *Gilles Gratiot = Katherine Siegwart und Katherine Siegwart* × *Elisabethae = Doris. Doris* benannt nach Doris Duke. Doris, die zum erstenmal 1940 auf der Duke Farm geblüht hatte. Wenigstens einmal pro Besuch dachte ich an das Stiefmütterchen für ein paar Pfennige, ging zu Amado Vazquez und zeigte ihm eine Pflanze, die ich kaufen wollte, aber er lächelte und schüttelte den Kopf.

»Für die Zucht«, sagte er oder »heute nicht zu verkaufen«. Und dann hob er einen Blütenzweig hoch und zeigte mir eine Stelle, die mir nicht aufgefallen war, einen unmerklichen Unterschied in der Stärke der Blütenblätter oder in der Form der Blüte. »Sehr schön«, sagte er. »Sehr schön, daß Ihnen das gefällt.« Was er nicht sagte, war, daß diese Pflanzen, die er mich berühren ließ, diese Pflanzen, die »für die Zucht« oder »nicht zu verkaufen« waren, einen Wert von zehntausend bis zu mehr als siebenhundertfünfzigtausend Dollar hatten.

Ich glaube, der Tag, an dem mir das klar wurde, war der, an dem ich zum letztenmal ins Gewächshaus von Arthur Freed ging, um dort Mittag zu essen, aber 1976 ging ich noch einmal dorthin, um Amado Vazquez zu besuchen und mit Marvin Saltzman zu sprechen, der 1973 das Geschäft übernommen hatte und mit Arthur Freeds Tochter Barbara verheiratet ist (wie in *Phal. Barbara Freed Saltz-*

man »Jean McPherson«, *Phal. Barbara Freed Saltzman* »Zuma Canyon« und *Phal. Barbara Freed Saltzman* »Malibu Queen«, drei Pflanzen, die »heute nicht zu verkaufen« waren bei Arthur Freed). Es war merkwürdig, mit Marvin Saltzman zu reden, weil ich nie zuvor im Büro von Arthur Freed gewesen war, nie zuvor die Wände gesehen hatte, an denen angelaufene Silberpokale aufgereiht waren, nie zuvor die Karten mit den Stammbäumen der berühmten Hybride von Freed gesehen, nie zuvor irgend etwas über das eigentliche Orchideengeschäft gewußt hatte.

»Ehrlich gesagt, es ist teuer, in dieses Geschäft einzusteigen«, sagte Marvin Saltzman. Er blätterte in *Sander's List*, dem Standardwerk der Orchideenzucht, das alle paar Jahre neu aufgelegt wurde, und die Abstammung jedes einzelnen Hybrids zeigte, der bei der Royal Horticultural Society registriert war, und schien sich der urwüchsigen Stille des Gewächshauses hinter dem Fenster des Büros nicht bewußt. Er hatte mir gezeigt, wie Amado Vazquez den Pollen einer Pflanze in den Fruchtknoten der Blüte einer anderen gab. Er hatte mir erklärt, daß die besten Zeiten dafür die Phase des Vollmonds und die Phase der Flut seien, weil die Gattung der Phalaenopsis dann fruchtbarer sei. Er hatte mir erklärt, daß eine Phalaenopsis bei Vollmond deshalb fruchtbarer sei, weil sie in der Natur nachts von Motten bestäubt werde und im Verlauf der letzten fünfundsechzig Millionen Jahre Evolution die Phase der größten Fruchtbarkeit mit der Phase der größten Sichtbarkeit zusammengefallen sei. Er hatte mir erklärt, daß eine Phalaenopsis bei Flut deshalb fruchtbarer sei, weil der Feuchtigkeitsgehalt der Pflanze auf die Gezeiten reagiere. Für Marvin Saltzman waren das alte Geschichten. Ich konnte den Blick nicht vom Fenster abwenden.

»Man bringt 5000 Sämlinge aus dem Dschungel mit und wartet drei Jahre darauf, daß sie blühen«, sagte Marvin

Saltzman. »Man findet zwei, die einem gefallen, und wirft die anderen viertausendneunhundertachtundneunzig weg und versucht, diese zwei zu vermehren. Kann sein, daß die Befruchtung was bringt, fünfundachtzig Prozent der Versuche bringen nichts. Angenommen, man hat Glück, und es bringt was, dann wartet man noch mal vier Jahre, bevor eine Blüte zu sehen ist. Mittlerweile hat man jede Menge investiert. Ein Arthur Freed konnte 400 000 Dollar pro Jahr von Metro-Goldwyn-Mayer nehmen und 100 000 davon in dieses Geschäft stecken, aber wie viele Leute können das schon? Man sieht jede Menge dieser sogenannten Hinterhofzüchtereien – Leute, die fünfzig oder hundert Pflanzen haben, vielleicht sind zwei darunter, die sie für außergewöhnlich halten und züchten wollen –, aber wenn man über große Züchtereien redet, dann gibt es in den USA vielleicht zehn und weitere zehn in Europa. Das ist alles. Zwanzig.«

Zwanzig ist ungefähr auch die Zahl der Chefzüchter, die es gibt, was unter anderem zu Amado Vazquez legendärem Ruf beiträgt, und nach einer Weile verließ ich das Büro und ging zu ihm hinüber ins Gewächshaus. Im Gewächshaus lief alles wie gewohnt und wie es erforderlich war, um dem spezifischen Feuchtigkeitsniveau des malaysischen Regenwaldes nahezukommen – nicht am Boden, aber vielleicht in dreißig Meter Höhe –, wo epiphytische Orchideen wild wachsen. Im Regenwald werden diese Orchideen von Wind und Regen geknickt. Ihre Befruchtung findet per Zufall statt, selten durch Insekten. Ihre Sämlinge werden von kreischenden Affen und Baumboas zerdrückt, und die Orchideen existieren ungesehen und sterben früh. Im Gewächshaus werden die Orchideen nicht zerdrückt, sie werden von Amado Vazquez bei Vollmond und Flut befruchtet, die Sämlinge werden in einer sterilen Schachtel mit sterilen Handschuhen und sterilen Geräten von Amado Vazquez' Frau Maria behandelt, und die Orchideen scheinen überhaupt nie zu sterben. »Wir wissen nicht, wie lange sie leben werden«, sagte mir Marvin Saltzman. »Dazu werden sie noch nicht lange genug unter geschützten Bedingungen gezogen. Die Botaniker rechnen mit hundertfünfzig, zweihundert Jahren, aber wir wissen es nicht. Was wir wissen, ist, daß eine hundertjährige Pflanze keine Anzeichen von Altersschwäche zeigt.«

Es war sehr friedlich dort im Gewächshaus mit Amado Vazquez und den Pflanzen, die uns beide überleben würden. »Wir haben sie damals in Osmunda gezogen«, sagte er plötzlich. Osmunda ist ein pflanzlicher Nährboden. Amado Vazquez bezieht alles, was er sagt, auf das Wachstum der Orchideen, und gerade hatte er über jene Zeit gesprochen, in der er in dieses Land gekommen war und bei seinem Bruder in einer privaten Orchideensammlung in San Marino Arbeit gefunden hatte, und dann hatte er geschwiegen. »Ich wußte damals nichts von Orchideen, jetzt sind sie wie meine Kinder. Man wartet auf die ersten Blüten, wie man auf die Geburt eines Kindes wartet. Manchmal wartet man vier Jahre, und dann öffnet sie sich, und es ist nicht das, was man erwartet hat, kann sein, daß es einem fast das Herz bricht, aber man liebt sie trotzdem. Man würde nie sagen ›die andere da war aber schöner‹. Man liebt sie einfach. Orchideen sind mein Leben.«

Und so war es. Amado Vazquez' Frau Maria (wie in *Phal. Maria Vasquez* »Malibu«, die Schreibweise von Vazquez wurde mysteriöserweise von allen bei Arthur Freed verändert, mit Ausnahme der Vazquez' selbst), arbeitete bei Arthur Freed im Labor. Sein Sohn George (wie in *Phal. George Vasquez* »Malibu«) war der Verkaufsleiter von Arthur Freed. Seine Tochter Linda (wie in *Phal. Linda Mia* »Innocence«) hatte bis zur Hochzeit bei Arthur Freed gearbeitet. Amado Vazquez steht nachts häufig auf, um eine

Heizung zu kontrollieren, ein Licht zurechtzurücken, einen Topf mit Sämlingen in die Hand zu nehmen und festzustellen, ob es noch Zeit hat bis zum nächsten Morgen, um die Sämlinge in den sterilen Kasten einzubringen. Wenn Amado und Maria Vazquez nach Mittel- oder Südamerika reisen, dann sind sie auf der Suche nach Orchideen. Als Amado und Maria Vazquez vor einigen Jahren zum erstenmal nach Europa reisten, suchten sie nach Orchideen. »Ich habe in ganz Madrid nach Orchideen gefragt«, erinnerte sich Amado Vazquez. »Schließlich hat man mir von diesem einen Ort erzählt. Ich gehe da also hin, ich klopfe an. Schließlich läßt mich die Frau ein. Sie ist damit einverstanden, mir die Orchideen zu zeigen. Sie führt mich ins Haus und ...«

Amado Vazquez brach in Lachen aus.

»Sie hatte drei Orchideen«, brachte er endlich hervor. »Drei. Eine bereits eingegangen. Alle drei aus Oregon.«

Wir standen in einem Meer von Orchideen, einem extravaganten Meer, und er hatte mir einen Arm voll Blüten seiner eigenen Cattleyas für mein Kind geschenkt, vielleicht mehr Blüten, als ganz Madrid besaß. Es schien mir, als hätte ich nie so direkt und ohne Peinlichkeit mit jemandem über das geredet, was er liebte, wie an diesem Tag. Er hatte mir gesagt, daß er nie amerikanischer Staatsbürger geworden war, weil er ein Bild im Kopf hatte, von dem er wußte, daß es falsch war, und das er dennoch nicht loswurde: wie er vor einem Richter stand und die mexikanische Flagge mit Füßen trat. »Und ich liebe mein Land«, hatte er gesagt. Amado Vazquez liebte sein Land. Amado Vazquez liebte seine Familie. Amado Vazquez liebte Orchideen. »Wollen Sie wissen, was ich für diese Pflanzen empfinde«, sagte er, als ich ging. »Ich will es Ihnen sagen. Ich werde in Orchideen sterben.«

4.

In der Ecke von Malibu, wo ich vom Sommer 1971 bis vor kurzem lebte, kannten wir die Autos der anderen und hielten nach ihnen Ausschau auf dem Highway, vor dem Trancas-Markt und an der Point-Dume-Tankstelle. Wir tauschten Neuigkeiten aus auf dem Markt. Wir hinterlegten einander Päckchen und Nachrichten an der Tankstelle. Wir riefen uns bei Sturm, Feuer und Regen an, wir wußten, wann die Klärgruben der anderen ausgepumpt werden mußten, wir achteten auf Rettungswagen auf dem Highway und Hubschrauber am Strand und machten uns Sorgen über die Hunde der anderen, die Pferde, die Kinder, die Parkausweise der Coastal Commission. Leicht konnte jemand, den wir kannten, in einen Unfall auf dem Highway verwickelt sein. Eine Klapperschlange in meiner Einfahrt konnte bedeuten, daß eine andere in deiner war. Das Lagerfeuer eines Fremden am Strand bedeutete Feuergefahr für unser beider Strandzugänge.

Diese Lebensweise hatte ich eigentlich nicht in Malibu erwartet. Als ich 1971 von Hollywood in ein Haus am Pacific Coast Highway zog, war ich von der üblichen Annahme ausgegangen, daß Malibu ein unbeschwertes Leben bedeute, und hatte befürchtet, daß wir vom »wirklichen Leben« abgeschnitten sein würden, womit ich wahrscheinlich nichts anderes meinte als den täglichen Kontakt mit dem Sunset Strip. Als wir Malibu sieben Jahre später verließen, war es für mich längst zu einem Ort gemeinsamer Isolation und geteilter Widrigkeiten geworden, und heute glaube ich, daß ich das Haus am Pacific Coast Highway nie mehr liebte als an jenen Tagen, an denen es unmöglich war, es zu verlassen, weil Brände oder die Flut den Highway abgeriegelt hatten. Wir waren in dieses Haus am Highway gezogen, als unsere Tochter fünf wurde. Als sie zwölf wurde, regnete es, bis der Highway einsackte und eine ihrer Freundinnen am Zuma-Strand ertrank, ein Opfer des Beruhigungsmittels Quaalude.

Eines Morgens während der Brände 1978, einige Monate, nachdem wir das Haus verkauft hatten, brach in Agoura im San Fernando Valley ein Buschfeuer aus. Innerhalb von zwei Stunden hatte ein Santa-Ana-Wind dieses Feuer über 10000 Hektar Land zwanzig Kilometer in Richtung Küste getrieben, wo es als Feuersturm von achthundert Metern Breite den Pacific Coast Highway übersprang und Winde mit einer Geschwindigkeit von 160 Stundenkilometern und Temperaturen von 1300 Grad erzeugte. Flüchtlinge drängten sich am Zuma-Strand. Pferde fingen Feuer und wurden am Strand erschossen, Vögel explodierten in der Luft. Die Häuser explodierten nicht, sondern fielen in sich zusammen wie bei einem Atomangriff. Als der Feuersturm vorüber war, waren 197 Häuser zu Asche zerfallen, viele davon gehörten Menschen, die wir kannten, oder hatten ihnen gehört. Einige Tage, nachdem der Highway wieder geöffnet worden war, fuhr ich nach Malibu, um Amado Vazquez zu besuchen, der einige Monate zuvor aus dem Freed-Nachlaß den gesamten Bestand von Arthur Freed Orchids gekauft hatte und dabei war, ihn einen Kilometer den Canyon hinunter in seine eigene Züchterei zu bringen, Zuma Canyon Orchids. Ich fand ihn im großen Gewächshaus inmitten von dem, was einmal Arthur Freed Orchids gewesen war. Der Ort bestand nicht mehr aus Orchideen, sondern aus gesplittertem Glas und geschmolzenem Metall und den Scherben von tausenden Reagenzgläsern, die die neuesten Kreuzungen der Freed-Sämlinge enthalten hatten. »Ich habe drei Jahre verloren«, sagte Amado Vazquez, und für einen Moment dachte ich, wir würden beide anfangen zu weinen. »Wenn Sie heute Blumen sehen wollen, dann lassen Sie uns zum anderen Anwesen gehen.« Ich wollte an diesem Tag keine Blumen sehen. Nachdem ich mich von Amado Vazquez verabschiedet hatte, fuhren mein Mann, meine Tochter und ich zu dem Haus am Pacific Coast Highway, in dem wir sieben Jahre gewohnt hatten. Das Feuer hatte sich dem Grundstück auf etwa vierzig Meter genähert, dann hatte es angehalten oder gedreht oder war zurückgeschlagen worden, es war schwer zu sagen, was. Wie auch immer, es war nicht mehr unser Haus.

1976–1978